VOYAGES
IMAGINAIRES,
ROMANESQUES, MERVEILLEUX, ALLÉGORIQUES, AMUSANS, COMIQUES ET CRITIQUES. SUIVIS DES
SONGES ET VISIONS,
ET DES
ROMANS CABALISTIQUES.

CE VOLUME CONTIENT:

Le VOYAGE SENTIMENTAL, EN FRANCE, du docteur STERNE;

Le Voyage de CHAPELLE & BACHAUMONT;

Le Voyage de PARIS, EN LIMOUSIN, par LA FONTAINE;

Le Voyage de LANGUEDOC & de PROVENCE, par LEFRANC DE POMPIGNAN;

Le Voyage de BOURGOGNE, par M. BERTIN;

Le Voyage de BEAUNE, par PIRON;

Le Voyage de DIDIER DE LORMEUIL, par M. BERQUIN;

Un Fragment d'un Voyage d'ESPAGNE, par M. DE LA DIXMERIE.

VOYAGES
IMAGINAIRES,
SONGES, VISIONS,
ET
ROMANS CABALISTIQUES.

Ornés de Figures.

TOME VINGT-HUITIÈME.

Quatrième division de la première classe, contenant les Voyages *amusans, comiques & critiques.*

A AMSTERDAM,
Et se trouve à PARIS,
RUE ET HÔTEL SERPENTE.

M. DCC. LXXXVIII.

VOYAGE
SENTIMENTAL,
EN FRANCE.

AVERTISSEMENT
DE L'ÉDITEUR
DES VOYAGES IMAGINAIRES.

Nous commençons cette classe par un ouvrage charmant qui a joui de la plus grande réputation en Angleterre, & dont la traduction n'a pas eu moins de succès parmi nous. Ce sont des observations philosophiques, critiques & morales faites par un voyageur qui ne parcourt le monde que pour étudier les hommes : tel est le *Voyage sentimental*.

N. Sterne, auteur de cet ouvrage qu'il publia sous le nom supposé du docteur Yorick, est mort depuis quelques années en Angleterre. Il avoit, disent quelques-uns, la gaieté de Rabelais, d'autres le comparent à Scarron, nous pensons comme les premiers ; les ouvrages de Sterne sont

A

Avertissement

remplis de plaisanteries quelquefois un peu chargées, mais accompagnées de réflexions profondes sur les erreurs & les foiblesses de l'humanité. On dit que l'auteur étoit lui-même d'une bisarrerie peu commune qui se manifestoit jusques sur son extérieur. Nous ne connoissons de lui que le Voyage sentimental que nous imprimons, & la vie & les opinions de Tristram Shandy : ces deux ouvrages sont récemment traduits en françois.

Nous nous sommes bornés à un très-petit nombre de *voyages amusans*. Ce genre d'ouvrages ne pouvoit être exclus de notre recueil, mais d'un autre côté il ne devoit point y occuper trop de place; c'est une sorte de poésie fugitive qui ne tient que foiblement aux voyages imaginaires.

Nous ne donnerons donc que sept de ces voyages, dont le nombre est d'ailleurs considérable; mais en nous prescrivant des bornes aussi étroites, nous avons mis d'autant plus de sévérité dans notre choix. Il n'est aucune des pièces que nous employons, qui ne soit un vrai chef-d'œuvre.

Le voyage de Chapelle & de Bachaumont qui a servi de modèle à cette espèce de voyage, doit naturellement les précéder tous. Tout le monde connoît le mérite de cette charmante production : la première de ce genre dans notre langue & qui a conservé si long-tems une supériorité transcendante sur toutes les imitations qu'elle a produites en foule.

Claude Emmanuel Lhuillier, plus connu sous le nom de Chapelle, est le principal auteur de ce voyage. Il étoit fils naturel de François Lhuillier, maître des comptes. Il est né à Paris en 1616, & s'est livré de bonne heure au goût (qui l'a toujours dominé) d'une vie molle & voluptueuse. Chapelle étoit un aimable épicurien, qui par son enjouement & les graces naturelles de son esprit, faisoit les délices de la société; mais cette société n'a jamais été pour lui qu'un cercle d'amis. La contrainte étoit ce qu'il abhoroit le plus, & jamais il ne voulut s'assujettir à rien qui mît la moindre entrave à cette liberté dont il faisoit son idole. Nous ne répéterons pas ici une foule d'anecdotes vraies ou fausses que racontent ceux qui ont écrit sa vie, elles tendent toutes à peindre l'amabilité, la franchise, l'enjouement & la philosophie de Chapelle. Il est mort agé d'environ soixante-dix ans, laissant, avec le voyage que nous imprimons, des poésies fugitives qui, de son tems, étoient les meilleures en ce genre, & lui ont acquis beaucoup de célébrité.

François le Coigneux de Bachaumont a eu quelque part à ce voyage; il étoit d'une famille illustre dans la robe & fils d'un Président à mortier au Parlement de Paris : il est né en 1624, & étoit lié d'amitié avec Chapelle ; une sympathie de goûts & de plaisirs, une analogie de talens entre ces deux poëtes a dû cimenter cette amitié. Bachaumont fit cependant des réflexions plus sérieuses que son ami sur la vie voluptueuse qu'il avoit menée : on prétend qu'il changea beaucoup dans ses dernières années, & que la religion occupoit alors tous ses soins. Il mourut en 1702, âgé de soixante-dix-huit ans.

Il suffit de dire que le *Voyage* qui suit est du célèbre *la Fontaine*, pour que tout autre éloge ne nous soit plus permis : nous nous flattons que nos lecteurs y trouveront les graces naïves & inimitables qui caractérisent ce poëte, l'un des principaux ornemens du Parnasse françois.

Jean de la Fontaine est né à Château-

Thierry en 1621. Il entra d'abord chez les Pères de l'Oratoire, mais il y resta peu; l'indolence naturelle de son caractère laissa long-tems son talent enseveli : il ne se doutoit pas lui-même que la nature l'eût fait poëte, lorsque la lecture d'une ode de Malherbe réveilla chez lui un feu qui n'étoit que caché & qui n'attendoit que l'occasion d'éclorre & de se développer. Dès ce moment nos meilleurs auteurs anciens & modernes occupèrent tout son tems. Nous ne redirons point tout ce qu'ont écrit les différens auteurs de sa vie, notre intention n'étant que de donner une légère notice, il nous suffira de dire qu'il est peu d'auteurs qui se soient peints dans leurs ouvrages avec autant de vérité. Outre les fables & les contes de ce poëte qui sont connus de tout le monde, on a de lui des poésies fugitives, parmi lesquelles on distingue la traduction ou plutôt l'imitation des Amours de Psyché & de Cupidon, épisode de l'Ane d'or d'Apulée. La Fontaine est mort en 1695, âgé de soixante-quatorze ans.

Le voyage de Languedoc & de Provence, par Lefranc de Pompignan, est l'imitation la plus heureuse de celui de Chapelle, & celle qui jusques-là approchoit le plus de son modèle.

George Lefranc de Pompignan est né en 1709 : ses querelles avec Voltaire & les injures que celui-ci lui a prodiguées, n'ont fait aucun tort à la réputation de Pompignan, & ne lui ont point ravi la place qu'il occupe, à juste titre, parmi nos poëtes les plus distingués. Ses poésies sacrées ne le cèdent qu'à celles du grand Rousseau, & sa tragédie de Didon suffit seule pour le mettre au nombre de nos meilleurs poëtes dramatiques. Le voyage que nous imprimons prouve qu'il avoit aussi des talens pour la poésie légère ; avec autant de titres pour mériter nos suffrages, Pompignan n'a point à craindre les attaques de ses ennemis. L'Académie Françoise l'a admis dans son sein en 17.., & la littérature a perdu cet illustre académicien en Octobre 1784.

Le voyage de Bourgogne de M. le Chevalier Bertin, est une autre imitation du voyage de Chapelle, qui égale au moins celle de Pompignan, & que Chapelle lui-même n'auroit pas désavouée.

Nous faisons encore voyager nos lecteurs en Bourgogne ; c'est à *Baune* que nous les conduisons, & nous leur donnons la compagnie du charmant auteur de *la Métromanie* ; nous n'avons pas à craindre qu'ils y prennent de l'ennui & qu'ils nous reprochent de leur faire faire une seconde fois ce voyage.

Alexis Piron, né à Dijon en 1689, est

l'un des poëtes les plus gais & les plus spirituels de notre siècle; il s'est exercé dans tous les genres avec succès; ses épigrammes surtout l'ont fait connoître avantageusement & l'ont rendu redoutable à cette foule de critiques qui s'empressent d'attaquer les jeunes écrivains, & parviennent souvent à étouffer leurs talens; mais ce qui a mis le sceau à la réputation de Piron, est *la Métromanie*, l'une des meilleurs comédies qui aient paru depuis Moliere : ce poëte est mort en Février 1773, âgé de quatre-vingt-quatre ans.

Le petit voyage qui suit est d'un autre genre : c'est un chef-d'œuvre de graces & une peinture charmante de l'enfance, cet âge heureux que plusieurs regardent comme le véritable âge d'or. *Didier de Lormeuil*, enfant de huit à dix ans, fait un *voyage*, & envoye à sa sœur une petite relation de ses courses, de ses aventures

& de ses observations, écrite avec cette naïveté qui caractérise son âge, & que M. Berquin a su parfaitement saisir.

On termine les voyages amusans par un *Fragment de Voyage* de M. de la Dixmerie. Nous avons déjà employé de cet estimable littérateur, une agréable fiction : *l'isle Taciturne* & *l'isle Enjouée* : on ne trouvera pas moins de gaieté & de philosophie dans *son voyage d'Espagne.*

VOYAGE SENTIMENTAL, EN FRANCE.

PREMIÈRE PARTIE.

CHAPITRE PREMIER.

JE PARS ET J'ARRIVE.

« Cette affaire, dis-je, est mieux réglée en
» France ».

Vous avez été en France, me dit le plus poliment du monde & avec un air de triomphe, la
personne avec laquelle je disputois...... Il est

bien surprenant, dis-je en moi-même, que la navigation de vingt-un milles puisse donner tant de droit à un homme...... Je les examinerai..... Ce projet fait aussitôt cesser la dispute...... Je me retire chez moi...... Je fais un paquet d'une demi-douzaine de chemises, d'une culotte de soie noire...... Je jette un coup-d'œil sur les manches de mon habit; je vois qu'il peut passer...... Je prends une place dans la voiture publique de Douvres. J'arrive. On me dit que le paquebot part le lendemain matin à neuf heures. Je m'embarque; & à trois heures après midi, je mange en France une fricassée de poulets, avec une telle certitude d'y être, que, s'il m'étoit arrivé la nuit suivante de mourir d'indigestion, le monde entier n'auroit pu suspendre l'effet du droit d'aubaine. Mes chemises, ma culotte de soie noire, mon porte-manteau, le tout auroit appartenu au roi de France, & ce petit portrait que j'ai si long-tems porté, & que je t'ai si souvent dit, ma Lisette, que j'emporterois avec moi dans le tombeau : hélas! que seroit-il devenu? On me l'auroit arraché du cou...... En vérité, c'est être peu généreux, que de se saisir des effets d'un imprudent étranger, que la politesse & la civilité de vos sujets engagent à parcourir vos états...... Par le ciel, sire, le trait n'est pas beau. Il ne convient pas au monarque d'un peuple si honnête, & dont la délicatesse des sentimens est si vantée par-tout, d'en agir ainsi avec moi, qui ne desire autre chose que de le connoître & de me familiariser avec lui......

A peine ai-je mis le pied dans vos états......

CHAPITRE II.
CALAIS.
Sensations.

Je dînai. Je bus, pour l'acquit de ma conscience, quelques rasades à la santé du roi de France, à qui je ne voulois point de mal; je l'honorois & respectois, au contraire, infiniment, à cause de son humeur affable & humaine; & quand cela fut fait, je me levai de table en me croyant d'un pouce plus grand.

Non...... dis-je, la race des Bourbons est bien éloignée d'être cruelle...... Ils peuvent se laisser surprendre; c'est le sort de presque tous les princes; mais il est dans leur sang d'être doux & modérés. Tandis que cette vérité se rendoit sensible à mon ame, je sentois sur ma joue un épanchement d'une espèce plus délicate, une chaleur plus douce & plus propice que celle que pouvoit produire le vin de Bourgogne que je venois de boire, & qui coûtoit au moins quarante sols la bouteille.

Juste dieu! m'écriai-je en donnant un coup de pied dans mon porte-manteau, qu'y a-t-il donc dans les biens de ce monde pour aigrir si fort nos esprits, & causer des querelles si vives entre ce grand nombre d'affectionnés frères qui s'y trouvent?

Lorsqu'un homme vit en paix & en amitié avec les autres, le plus pesant des métaux (1) est plus léger qu'une plume dans sa main. Il tire sa bourse, la tient ouverte, & regarde autour de lui, comme s'il cherchoit un objet avec lequel il pourroit la partager. C'est précisément ce que je cherchois.... Je sentois toutes mes veines se dilater; le battement de mes artères se faisoit avec un concert admirable; toutes les puissances de la vie accomplissoient en moi leurs mouvemens avec la plus grande facilité; & la précieuse la plus instruite de Paris, avec tout son matérialisme, auroit eu de la peine à me reconnoître & à m'appeler une machine......

Je suis persuadé, me disois-je à moi-même, que je bouleverserois son *Credo*.

Cette idée, qui se joignit à celles que j'avois, éleva en moi, dans ce moment, la nature aussi haut qu'elle pouvoit monter...... J'étois en paix avec tout le monde auparavant, & cette pensée

_____
(1) L'or.

acheva de me faire conclure le même traité avec moi-même.

Si j'étois à présent roi de France, me disois-je, quel moment favorable à un orphelin, pour me demander, malgré le droit d'aubaine, le portemanteau de son père!

CHAPITRE III.
Le moine a Calais.

Cette exclamation étoit à peine sortie de ma bouche, qu'un moine de l'ordre de Saint-François entra dans ma chambre, pour me demander quelque chose pour son couvent. Personne ne veut que le hasard dirige ses vertus. Un homme peut n'être généreux que de la même manière qu'un autre, selon la distinction des casuistes, peut être puissant...... *Sed non ad hanc......*

Quoi qu'il en soit.... mais peut-on raisonner régulièrement sur le flux & le reflux de nos humeurs?........ Elles dépendent peut-être des mêmes causes que les marées; &, si cela étoit, ce seroit une espèce d'excuse de cette inconstance à laquelle nous sommes si sujets. Je sais bien, pour ce qui me regarde, que j'aimerois mieux qu'on dît de moi dans une affaire où il n'y auroit ni péché ni honte, que j'ai été dirigé par les influences de la lune, que d'entendre attribuer l'action où il y en auroit, à mon libre arbitre.

Quoi qu'il en soit, car il faut revenir où j'en étois, je n'eus pas si-tôt jeté les yeux sur le moine, que je me sentis prédéterminé à ne lui pas donner un sou. Je renouai effectivement le cordon de ma bourse, & je la remis dans ma poche. Je pris un certain air, &, la tête haute, j'avançai gravement vers lui; je crois même qu'il y avoit quelque chose de rude & de rebutant dans mes regards. Sa figure est encore présente à mes yeux, & il me semble, en me la rappelant, qu'elle méritoit un accueil plus honnête. Si j'en juge par sa tête chauve & le peu de cheveux blancs qui lui restoient, il pouvoit avoir soixante-dix ans. Cependant, ses yeux, où l'on voyoit une espèce de feu que l'usage du monde avoit plutôt modéré que le nombre des années, n'indiquoient que soixante ans. La vérité étoit peut-être au milieu de ces deux calculs, c'est-à-dire qu'il pouvoit avoir soixante-cinq ans. Sa physionomie en général lui donnoit cet âge; les rides dont elle étoit sillonnée ne font rien à la chose; elles pouvoient être prématurées.

C'étoient une de ces têtes qui sont si souvent sorties du pinceau du Guide; une figure douce, pâle, n'ayant point l'air d'une ignorance nourrie par la présomption; des yeux pénétrans, & qui

cependant

cependant se baissoient avec modestie vers la terre, & sembloient viser à quelque chose au-delà de ce monde. Dieu sait mieux que moi comment cette tête & cette figure avoient été placées sur les épaules d'un moine, & surtout d'un moine de son ordre: elles auroient mieux convenu à un bracmane; mais il les avoit, & je l'aurois respecté si je l'avois rencontré dans les plaines de l'Indoustan.

Le reste de sa figure étoit ordinaire, & il auroit été aisé de la peindre, parce qu'il n'y avoit rien d'agréable ni de rebutant, que ce que le caractère & l'expression rendoient tel. Sa taille, au-dessus de la médiocre, étoit un peu raccourcie par une courbure ou un pli qu'elle faisoit en avant; mais c'étoit l'attitude d'un moine qui se voue à l'art de mendier & à tout prendre; telle qu'elle se présente en ce moment à mon imagination, elle gagnoit plus qu'elle ne perdoit à être ainsi.

Il fit trois pas en avant dans la chambre, mit la main gauche sur sa poitrine, & se tint debout avec un bâton blanc dans sa main droite. Il me détailla les besoins de son couvent, & la pauvreté de son ordre..... Il le fit d'un air si naturel, si gracieux, si humble, qu'il falloit que j'eusse été ensorcelé pour n'en être pas touché......

Mais la meilleure raison que je puisse alléguer de mon insensibilité, c'est que j'étois prédéterminé à ne lui pas donner un sou.

B

CHAPITRE IV.

Cause de repentir.

Il est bien vrai, lui dis-je, pour répondre à une élévation de ses yeux qui avoit terminé son discours; il est bien vrai..... Je souhaite que le ciel soit propice à ceux qui n'ont d'autre ressource que la charité publique; mais je crains qu'elle ne soit pas assez zélée pour satisfaire à toutes les demandes qu'on lui a faites à chaque instant.

A ce mot de demande il jeta un coup-d'œil léger sur une des manches de sa robe.... Je sentis toute l'éloquence de ce langage. Je l'avoue, dis-je, un habit grossier qu'il ne faut user qu'en trois ans, & un ordinaire apparemment fort mince...... je l'avoue, tout cela n'est pas grand'chose : mais encore est-ce dommage qu'on puisse les acquérir dans ce monde avec aussi peu d'industrie que votre ordre en emploie pour se les procurer. Il ne les obtient qu'aux dépens des fonds destinés aux aveugles, aux infirmes, aux estropiés & aux personnes âgées.... Le captif qui, le soir en se couchant, compte les heures de ses afflictions, languit après une partie de cette aumône à laquelle il aspire...... Que n'êtes-vous de l'ordre de la Merci, au lieu d'être de celui de Saint François? Pauvre comme je suis, vous voyez mon porte-manteau, il est léger; mais il se seroit ouvert avec plaisir, pour contribuer à rançonner des malheureux...... Le moine me salua..... Mais surtout, ajoutai-je, les infortunés de notre propre pays exigent la préférence, & j'en ai laissé des milliers sur les rivages de ma patrie.... Il fit un mouvement de tête, plein de cordialité, qui sembloit me dire que la misère règne dans tous les coins du monde, aussi bien que dans son couvent...... Mais, nous distinguons, lui dis-je, en posant la main sur la manche de sa robe, dans l'intention de répondre à son signe de tête, nous distinguons, mon bon père, ceux qui ne desirent d'avoir du pain que par leur propre travail, d'avec ceux qui, au contraire, ne veulent vivre qu'aux dépens du travail des autres, & qui, en demandant le nécessaire pour l'amour de Dieu, n'ont d'autre plan de vie que de l'acquérir par le moyen de leur oisiveté & de leur ignorance.

Le pauvre franciscain ne répliqua pas...... Un rayon de rougeur traversa ses joues, & se dissipa dans un clin-d'œil; il sembloit que la nature épuisée ne lui fournissoit point de ressentiment...... du moins il n'en fit pas voir. Il laissa tomber son bâton blanc sur son bras, se baissa avec résignation sur ses deux mains, & se retira.

CHAPITRE V.

L'utilité des avocats.

Il n'eut pas si-tôt fermé la porte, que mon cœur me fit un reproche de dureté. Je voulus, à trois fois différentes, prendre un air de sans-souci, mais ma tranquillité ne revenoit pas. Tout ce que je lui avois dit de désagréable se présenta de nouveau à mon imagination. Je fis réflexion que je n'avois d'autre droit sur ce pauvre moine que de le refuser, & que c'étoit une peine assez grande pour lui, sans y ajouter des paroles dures. Je me rappelois ses cheveux gris; sa figure, son air honnête, se retraçoient à mes yeux, & il me sembloit l'entendre dire: quel mal vous ai-je fait?..... Pourquoi me traiter ainsi?...... En vérité, j'aurois, dans ce moment, donné vingt francs pour avoir un avocat........ Il m'auroit trouvé des raisons pour concilier tout cela........ Cependant je me consolai un peu...... Je me suis mal comporté, me disois-je...... Mais ne vais-je pas courir le monde? Je ne fais que commencer mes voyages..... J'apprendrai, par la suite, à me mieux conduire.

CHAPITRE VI.

La Désobligeante a Calais.

J'AVOIS remarqué qu'un homme mécontent de lui-même, étoit dans une position d'esprit admirable pour faire un marché. Il me falloit une voiture pour voyager en France; les piétons sont mal reçus dans les auberges. J'apperçus des chaises dans la cour de l'hôtellerie, & je descendis de ma chambre pour en acheter ou pour en louer une. Une vieille désobligeante, qui étoit placée dans le coin le plus reculé de la cour, me frappa d'abord les yeux, & je sautai dedans : je la trouvai assez commode, elle me plut, & je fis appeler M. Dessein, le maître de l'hôtellerie........ Mais M. Dessein étoit allé à vêpres. Cela me fâcha un peu : j'aurois fait tout de suite mon affaire...... J'allois descendre lorsque j'apperçus le moine de l'autre côté de la cour, causant avec une dame qui venoit d'arriver à l'auberge...... Je ne voulois pas qu'ils me vissent; je tirai le rideau de taffetas. Mais que faire dans une désobligeante?..... Parbleu, me voilà bien embarrassé, dis-je; j'ai envie d'écrire mon voyage : qui m'empêche d'en faire ici la préface?..... Je tirai de ma poche ma plume sans fin, & je me mis à écrire.

CHAPITRE VII.

Préface dans la Désobligeante.

JE ne doute point qu'il n'y ait des philosophes, péripatéticiens ou autres, il n'importe, qui n'aient observé que la nature, de sa propre autorité, avoit mis des bornes au mécontentement de l'homme; pour moi, je l'ai remarqué, & j'ai cru voir qu'elle avoit agi pour lui de la manière la plus commode & la plus favorable : elle l'a, en effet, obligé à travailler pour obtenir ses aisances, & pour soutenir les revers de la fortune dans son propre pays. Ce n'est que chez lui qu'elle l'a pourvu d'objets les plus propres à participer à son bonheur, où à supporter une partie de ses peines; fardeau qui, dans tous les âges & dans toutes les contrées, a toujours paru trop pesant pour les épaules d'une seule personne. Il arrive quelquefois, malgré cela, que nous pouvons étendre notre bonheur au-delà des limites de notre patrie; mais l'embarras de s'exprimer, le manque de connoissances, le défaut de liaisons, la différence qui se trouve dans l'éducation, les mœurs, les coutumes, tout cela forme tant de difficultés, nous trouvons tant d'obstacles à communiquer nos sensations hors de notre propre sphère, qu'il est presqu'impossible de les surmonter.

Il s'enfuit delà, que la balance du commerce sentimental est toujours contre celui qui sort de chez lui. Les gens qu'il rencontre lui font acheter, au prix qu'ils le veulent, les choses dont il n'a guère besoin ; ils prennent rarement sa conversation en échange pour la leur, sans qu'il y perde..... & il est forcé de changer souvent de correspondans, pour tâcher d'en trouver de plus équitables. On devine aisément tout ce qu'il a à souffrir.

Cela me conduit à mon sujet, & si le mouvement que je fais faire à la désobligeante me permet d'écrire, je vais développer les causes qui excitent à voyager.

Les gens oisifs, qui quittent leur pays natal pour aller chez les étrangers, ont leurs raisons; elles viennent de l'une ou de l'autre de ces trois causes générales :

Infirmités du corps,
Foiblesse d'esprit,
Nécessité inévitable.

Les deux premières causes renferment ceux que l'orgueil, la curiosité, la vanité, une humeur sombre, excitent à s'expatrier ; & cela peut être combiné & subdivisé à l'infini.

La troisième classe offre une armée de pélerins, ou plutôt de martyrs. C'est ainsi que voyagent, sur l'obédience d'un supérieur, les moines de toutes les couleurs. C'est ainsi que les coupables vont chercher le châtiment de leurs crimes; & vous, heureux enfans de famille, aimables libertins, n'est-ce pas aussi de cette manière que vous faites des voyages auxquels vous êtes forcés par des parens barbares, qui s'érigent en perturbateurs de vos plaisirs?

Mais, qu'ai-je fait?.... Réparons promptement cette faute: j'ai oublié une autre classe. On ne peut, dans un ouvrage de la nature de celui-ci, observer trop de délicatesse & de précision, pour ne point confondre les caractères. Les hommes dont je veux parler ici, sont ceux qui traversent les mers, & séjournent chez les étrangers, dans l'idée d'y faire fortune, ou de dépenser moins que chez eux. L'imagination la plus vive ne pourroit se retracer la variété de leurs prétextes. Peut-être s'épargneroient-ils beaucoup de peines inutiles en restant dans leur pays..... Mais cette réflexion n'empêche pas leurs essaims nombreux de se répandre; & comme leurs raisons de voyager ne sont pas aussi uniformes que celles des autres voyageurs, je les distinguerai seulement sous le titre de simples voyageurs.

Et voici comme je divise le cercle entier des voyageurs:

Voyageurs oisifs,
Voyageurs curieux,
Voyageurs menteurs,
Voyageurs orgueilleux,

Voyageurs vains,

Voyageurs sombres.

Viennent ensuite :

Les voyageurs contraints, les moines, les bandits, &c.

Les voyageurs innocens & infortunés,

Les voyageurs simples.

Enfin, s'il vous plaît, le voyageur sentimental, ou moi-même qui ai aussi voyagé....... Je vais rendre compte de mes voyages; & si l'on me demande pourquoi je les ai faits, je n'ai rien de caché pour vous, mon cher lecteur. Je les ai faits par nécessité, & par le besoin que j'avois de voyager autant que tout autre.

Je sais que mes observations sont d'une tournure différente que celles des écrivains qui m'ont précédé, & que j'aurois peut-être pu exiger pour moi seul une niche à part; mais en voulant attirer l'attention sur moi, ce seroit empiéter sur les droits du voyageur vain, & j'abandonne l'autre prétention jusqu'à ce qu'elle soit mieux fondée que sur l'unique nouveauté de ma voiture.

Mon lecteur se placera lui-même comme il voudra dans le catalogue. Il ne lui faut, s'il a voyagé, que peu d'étude & de réflexion, pour se mettre dans le rang qui lui convient. Ce sera toujours un pas qu'il aura fait pour se connoître; & je parierois, malgré ses voyages, qu'il s'appercevra qu'il a conservé quelque teinture de ce qu'il étoit avant qu'il ne les commençât.

L'homme, qui, le premier, tranfplanta des ceps de vigne de Bourgogne au cap de Bonne-Efpérance, ne s'imagina pas, fans doute, quoique Hollandois, qu'il boiroit au cap du même vin que ces ceps de vignes auroient produit fur les côteaux de Beaune & de Pomar...... Il étoit trop phlegmatique pour s'attendre à pareille chofe; mais il étoit au moins dans l'idée qu'il boiroit une efpèce de liqueur vineufe, bonne, médiocre, ou tout à fait mauvaife. Il favoit que cela ne dépendoit pas de fon choix, & que ce qu'on appelle hafard devoit décider du fuccès. Cependant il en efpéroit la meilleure réuffite : mais M. Vanmynher, par une confiance trop préfomptueufe dans la force de fa tête & dans la profondeur de fa difcrétion, auroit bien pu voir renverfer l'une & l'autre par les fruits de fon nouveau vignoble, & devenir la rifée du peuple. Il n'auroit pas été le premier cultivateur des côteaux, qui, pour prix de fes foins, eût montré fa nudité.

Il en eft de même d'un pauvre voyageur qui fe hiffe dans un vaiffeau, ou qui court la pofte à travers les royaumes les plus policés du globe, pour s'avancer dans la recherche des connoiffances & des perfections.

On peut en acquérir en courant les mers & la

poste dans cette vue ; mais c'est mettre à la loterie. En supposant qu'on obtienne ainsi des connoissances utiles & des perfections réelles, il faut encore savoir se servir de ce fonds acquis avec précaution & avec économie, pour le faire tourner à profit. Malheureusement les chances vont ordinairement au revers & pour l'acquisition & pour l'application. Cela me fait croire qu'un homme pourroit vivre tout aussi content dans son pays, sans connoissances & sans perfections étrangères, surtout si on n'y avoit pas absolument besoin des unes & des autres. Je tombe en défaillance quand j'observe tous les pas que fait un voyageur curieux, pour jeter les yeux sur des spectacles & des découvertes qu'il auroit pu voir chez lui. Eh ! pourquoi tant de peines & de fatigues, disent en duo Don Quichotte & Sancho-Pança ? Le siècle est si éclairé, qu'à peine il y a quelque pays, ou quelque coin dans l'Europe, dont les rayons ne soient pas traversés ou échangés réciproquement avec d'autres. Les rameaux divers des connoissances ressemblent à la musique dans les rues des villes d'Italie ; on participe *gratis* à ses agrémens. Mais il n'y a pas de nation sous le ciel, & Dieu, à qui je rendrai compte un jour de cet ouvrage, Dieu est témoin que je parle sans ostentation ; il n'y a pas, dis-je, une nation sous le ciel qui soit plus féconde dans les genres variés de la littérature..... où l'on fête plus les sciences..... où on puisse les acquérir avec plus de sûreté..... où les arts soient plus encouragés & plutôt portés à leur perfection..... où la nature soit plus approfondie..... où le génie soit mieux soutenu par la variété des esprits & des caractères..... Où allez-vous donc, mes chers compatriotes ?

Nous ? dirent-ils, nous ne faisons que regarder cette chaise. Votre très-humble serviteur, leur dis-je en sautant dehors & en ôtant mon chapeau. L'un d'eux, qui étoit un voyageur curieux, me dit qu'ils avoient envie de savoir d'où venoit ce mouvement qu'ils avoient remarqué dans la chaise. C'étoit, comme vous voyez, l'agitation d'un homme qui écrivoit une préface..... Je n'ai jamais entendu parler, dit l'autre qui étoit un voyageur simple, d'une préface écrite dans une désobligeante..... Elle auroit peut-être été plus chaudement faite, lui dis-je, dans un vis-à-vis.....

Mais un Anglois ne voyage pas pour voir des Anglois..... Je me retirai dans ma chambre.

CHAPITRE VIII.

Un prêté pour un rendu.

JE marchois dans le long corridor; il me sembloit qu'une ombre plus épaisse que la mienne en obscurcissoit le passage : c'étoit effectivement M. Dessein, qui, étant revenu de vêpres, me suivoit complaisamment, le chapeau sous le bras, pour me faire souvenir que je l'avois demandé. La préface que je venois de faire dans la désobligeante, m'avoit dégoûté de cette espèce de voiture, & M. Dessein ne m'en parla que par un haussement d'épaules, qui vouloit dire qu'elle ne me convenoit pas. Je jugeai aussitôt qu'elle appartenoit à quelque voyageur idiot, qui l'avoit laissée à la probité de M. Dessein, pour en tirer ce qu'il pourroit. Il y avoit quatre mois qu'elle étoit dans le coin de la cour; c'étoit le point marqué où, après avoir fait son tour d'Europe, elle avoit dû revenir. Lorsqu'elle en partit, elle n'avoit pu sortir de la cour sans être raccommodée; elle s'étoit depuis brisée deux fois sur le Mont-Cenis. Toutes ces aventures ne l'avoient pas améliorée, & son repos oisif dans le coin de la cour de M. Dessein, ne lui avoit pas été favorable. Elle ne valoit pas beaucoup, mais encore valoit-elle quelque chose... Peut-être étoit-elle à quelque personne brouillée avec la fortune..... Et quand quelques paroles peuvent soulager la misère, je déteste l'homme qui en est avare.....

Je dis à M. Dessein, en appuyant le bout de mes doigts sur sa poitrine : en vérité, si j'étois à votre place, je me piquerois d'honneur pour me défaire de cette désobligeante ; elle doit vous faire des reproches toutes les fois que vous en approchez.

Mon Dieu ! monsieur, dit M. Dessein, je n'y ai aucun intérêt....... Excepté, dis-je, l'intérêt que des hommes d'une certaine tournure d'esprit, M. Dessein, prennent dans leurs propres sensations..... Je suis persuadé qu'un homme qui sent pour les autres aussi bien que pour lui-même...... Mais, M. Dessein, je vous connois aussi bien que si je vous avois vu toute ma vie...... Vous vous déguisez inutilement ; je suis persuadé que chaque nuit pluvieuse vous fait de la peine..... Vous souffrez autant que la machine.....

J'ai toujours observé, lorsqu'il y a de l'aigredoux dans un compliment, qu'un Anglois est en doute s'il se fâchera, ou non. Un François n'est jamais embarrassé. M. Dessein me salua. Ce que vous me dites est bien vrai, monsieur, dit-il, mais je ne ferois dans ce cas-là que changer d'inquiétude & avec perte. Figurez-vous, je vous prie, mon cher monsieur, si je vous vendois une voiture qui tombât en lambeaux avant d'être à la moitié du chemin, figurez-vous ce que j'aurois à souffrir de la mauvaise opinion que j'aurois donnée de moi à un homme d'honneur, & de m'y être exposé vis-à-vis d'un homme d'esprit.

La dose étoit exactement pesée au poids que j'avois prescrit; il fallut que je la prisse.... Je rendis à M. Dessein son salut, &, sans parler davantage de cas de conscience, nous marchâmes vers sa remise, pour voir son magasin de chaises.

CHAPITRE IX.

DANS LA RUE A CALAIS.

LE globe que nous habitons est apparemment une espèce de monde querelleur. Comment, sans cela, l'acheteur d'une aussi petite chose qu'une mauvaise chaise de poste, pourroit-il sortir dans la rue avec celui qui veut la vendre dans des dispositions pareilles à celles où j'étois? Il ne devoit tout au plus être question que d'en régler le prix, & je me trouvois dans la même position d'esprit; je regardois mon marchand de chaises avec les mêmes yeux de colère, que si j'avois été en chemin pour aller au coin de Hyde-Parc me battre en duel avec lui. Je ne savois pas trop bien manier l'épée, & je ne me croyois pas capable de mesurer la mienne avec celle de M. Dessein..... mais cela n'empêchoit pas que je ne sentisse en moi les mouvemens dont on est agité dans cette espèce de situation..... Je regardois M. Dessein avec des yeux perçans..... Je les jetois sur lui en profil.... ensuite en face..... Il me sembloit un Juif.... un Turc.... Sa perruque me déplaisoit..... J'implorois tous mes dieux, pour qu'ils le maudissent..... Je le souhaitois à tous les diables.....

Le cœur doit-il donc être en proie à toutes ces émotions pour une bagatelle ? Qu'est-ce que c'est que trois ou quatre louis qu'il peut me faire payer de trop ?... Passion basse ! me dis-je, en me retournant avec la précipitation naturelle d'un homme qui change subitement de façon de penser..... Passion basse, vile !..... tu fais la guerre aux humains : ils devroient être en garde contre toi..... Dieu m'en préserve, s'écria-t-elle, en mettant la main sur son front..... & je vis, en me retournant, la dame que le moine avoit abordée dans la cour..... Elle nous avoit suivis sans que nous nous en fussions apperçus. Dieu vous conserve ! lui dis-je, en lui offrant mon bras..... Elle avoit des gants de soie noire,

noire, qui étoient ouverts au bout des pouces & des doigts.... Elle accepta mon bras sans façon, & je la conduisis à la porte de la remise.

M. Dessein dit plus de cinquante fois : le diable emporte les clefs !.... Il ne trouvoit pas la bonne. Nous étions aussi impatiens que lui, de voir cette porte ouverte; & nous étions si attentifs à l'obstacle, que je pris la main de la dame sans presque m'en appercevoir. La clef ne se trouva point, & M. Dessein nous laissa ensemble, la main de la dame dans la mienne, & le visage tourné vers la porte de la remise, en nous disant qu'il seroit de retour dans cinq ou six minutes.

Un colloque de cinq ou six minutes dans une pareille situation, fait plus d'effet que s'il duroit cinq ou six siècles le visage tourné vers la rue. Ce que l'on se dit, dans ce dernier cas, ne vient ordinairement que des accidens qui arrivent au dehors..... Mais quand les yeux ne sont point distraits, & qu'ils se portent sur un point fixe, le sujet du dialogue ne vient uniquement que de nous-mêmes..... Je sentis l'importance de la situation..... Un moment de silence après le départ de M. Dessein y eût été fatal..... La dame se seroit infailliblement retournée..... Je commençai la conversation sur le champ.

Je n'écris pas pour excuser les foiblesses de mon cœur........ Un voyageur doit être fidèle dans ses récits.... Je vais donc décrire toutes les tentations que j'éprouvai dans cette occasion.... On me dira peut-être que je les décris avec trop de simplicité..... Pourquoi mettrois-je du fard à ce qui n'en a point eu?

CHAPITRE X.

La porte de la remise a Calais.

J'Ai dit que je ne voulois pas sortir de la désobligeante, parce que je voyois le moine en conférence avec une dame qui venoit d'arriver, & j'ai dit le vrai.... Cependant je n'ai pas dit tout le vrai; l'air, la figure de la dame me retenoient autant que lui. Je soupçonnois qu'il lui rendoit compte de ce qui s'étoit passé entre nous.... Cela m'humilioit.... J'aurois souhaité que le moine eût été dans son couvent.

Lorsque le cœur devance le jugement, il épargne au jugement bien des peines.... Le mien m'assura qu'elle étoit d'une bauté d'Ange.... La beauté mérite qu'on y fasse attention.... Mais un objet fait oublier l'autre.... Je tirai le rideau de taffetas, j'écrivis ma préface; & la dame & sa beauté s'évanouirent: je ne songeai plus à elle.

Mais l'impression qu'elle avoit faite sur moi,

revint aussitôt que je la rencontrai dans la rue. L'air franc & en même tems réservé, avec lequel elle me donna le bras, me parut une preuve d'éducation & de bon-sens. Je sentois, en la conduisant, je ne sais quelle douceur autour d'elle, qui répandoit la tranquillité dans tous mes esprits.

Bon Dieu, me disois-je, avec quel plaisir on meneroit une pareille créature avec soi autour du monde !

Je n'avois pas encore vu son visage.... mais qu'importe ? Son portrait étoit achevé avant d'arriver à la remise. L'imagination m'avoit peint toute sa tête, & se plaisoit à me faire croire qu'elle étoit aussi bien une déesse que si je l'eusse retirée du fond du Tybre.... O magicienne ! tu es séduite, & tu n'es toi-même qu'une friponne séduisante.... Tu nous trompes sept fois par jour avec tes portraits agréables, tes images riantes.... cependant tu les fais avec tant de graces ; ils sont si charmans.... tes peintures sont si brillantes, qu'on a du regret de rompre avec toi.

Lorsque nous fûmes près de la porte de la remise, elle ôta sa main de devant son visage, & se laissa voir.... C'étoit une figure à-peu-près de vingt-six ans.... une brune claire, piquante, sans rouge, sans poudre, & accommodée le plus simplement. A l'examiner en détail, ce n'étoit pas une beauté ; mais ses attraits, dans la situation

d'esprit où je me trouvois, m'attachoient plus qu'une beauté éblouissante.... Sa physionomie intéressoit.... elle avoit l'air d'une veuve qui avoit surmonté les fortes impressions de la douleur, & qui commençoit à se réconcilier avec sa perte : mais mille autres revers de la fortune avoient pu tracer les mêmes lignes sur son visage.... J'aurois voulu savoir ses malheurs.... & si le ton qui régnoit dans les conversations du tems d'Esdras, eût été à la mode en celui-ci, je lui aurois dit : Qu'avez-vous ? pourquoi cet air inquiet ? qu'est-ce qui vous chagrine ? d'où vous vient ce trouble d'esprit ? ....
En un mot, je me sentis de la bienveillance pour elle, & je pris la résolution de lui faire ma cour d'une manière ou d'autre.... enfin, de lui offrir mes services.

Voilà de quoi je fus tenté, & j'étois disposé à céder à mes tentations, & à les satisfaire. Qu'on juge où cela pouvoit me conduire ! Nous étions seuls ; elle avoit sa main dans la mienne, & nous avions le visage tourné vers la remise, & beaucoup plus près de la porte que la nécessité ne l'exigeoit.

CHAPITRE XI.

TOUT SE PASSE EN CONVERSATION.

BELLE dame, lui dis-je, en élevant légèrement sa main, voici un de ces évènemens qu'amène la capricieuse fortune. Nous sommes probablement de différens coins du globe; nous ne nous sommes jamais vus, & elle nous place d'abord ensemble d'une manière si cordiale, que l'amitié en pourroit à peine faire autant après un mois de la liaison la plus intime.... « Et votre réflexion sur » ce point, monsieur, fait voir combien l'aventure » vous a embarrassé....»

Je sentis tout mon idiotisme. A quel propos, en effet, parler des circonstances d'une situation où l'on se trouve, quand elle est telle qu'on l'a souhaitée ? Vous remerciez la fortune, continua-t-elle, vous avez raison.... Le cœur le savoit, & le cœur étoit content. Il n'y avoit qu'un philosophe Anglois qui pût en avertir une cruelle, afin de lui faire changer de manière de penser....

En disant cela, elle dégagea sa main avec un coup-d'œil qui me parut un commentaire suffisant sur le texte.

Je l'avoue, j'éprouvai une peine qu'une cause, peut-être plus digne, ne m'auroit pas fait ressentir.... La perte de sa main me mortifioit, & la manière dont je l'avois perdue ne portoit point de baume sur la blessure.... Je sentis alors, plus que je n'ai jamais fait de ma vie, le désagrément que cause une sotte infériorité.

Mais de pareilles victoires ne donnent qu'un triomphe momentané; un cœur vraiment féminin n'en jouit pas longtems. Cinq ou six secondes changèrent la scène: elle ne m'avoit pas tout dit; elle appuya sa main sur mon bras pour achever, & je me remis, sans savoir comment, dans ma première situation.....

J'attendois qu'elle me parlât..... elle n'avoit rien à ajouter.

Je donnai alors une autre tournure à la conversation. La morale & l'esprit de la sienne m'avoient fait voir que je n'avois pas bien saisi son caractère. Elle tourna son visage vers moi, & je m'apperçus que le feu qui l'avoit coloré pendant qu'elle me parloit, s'étoit évanoui.... ses muscles s'étoient relâchés, & je revis ce même air de peine qui m'avoit d'abord intéressé en sa faveur. Qu'il étoit triste de voir cet esprit fin & délicat en proie à la douleur! Je la plaignis de toute mon ame. Ce que je vais dire va peut-être paroître ridicule à un cœur insensible..... Mais, en vérité, j'aurois pu en ce moment la prendre & la serrer dans mes bras, quoique dans la rue, sans en rougir.

Mes doigts ferroient les siens, & le battement de mes artères qui s'y faisoient sentir, lui apprit ce qui se passoit en moi..... Elle baissa les yeux.... Un moment de silence s'ensuivit.

Je craignis d'avoir fait, dans cet intervalle, quelques légers efforts pour serrer davantage sa main; car j'éprouvai une sensation plus subtile dans la mienne..... Ce n'est pas qu'elle voulût la retirer.... Non.... Mais la pensée auroit pu lui en venir, & je l'aurois infailliblement perdue une seconde fois, si l'instinct, plus que la raison, ne m'eût suggéré fort à propos une dernière ressource dans ces sortes de périls..... Je tins alors sa main si légèrement, qu'il sembloit que j'étois sur le point de lui rendre sa liberté de mon propre gré ; & c'est ainsi qu'elle me la laissa. Elle étoit encore dans la mienne, lorsque je vis M. Dessein qui revenoit avec les clefs. Je tombai alors dans une inquiétude terrible; l'idée du moine me revint, & je craignois qu'il n'eût donné de moi de mauvaises impressions à la dame, en lui contant mon histoire : j'étois fort embarrassé de savoir comment je les effacerois.

CHAPITRE XII.
LA TABATIÈRE A CALAIS.

ON ne parle pas si-tôt d'un loup, dit-on, que...; il faut qu'il en soit de même quand on n'y fait seulement que penser ; & il faut apparemment aussi que ce proverbe s'applique à d'autres êtres qu'aux loups....

Le bon vieillard de moine étoit effectivement à quatre pas de nous, lorsque je me rappelois ce qui s'étoit passé entre lui & moi...... Il avançoit d'un pas timide, dans la crainte, sans doute, de se rendre importun.... Il approche enfin d'un air libre.... il avoit sa tabatière à la main, & il me la présenta ouverte avec beaucoup de franchise. — Vous goûterez de mon tabac, lui dis-je, en tirant de ma poche une petite tabatière d'écaille, que je mis dans sa main...... Il est excellent, dit-il. Hé bien ! lui dis-je, faites-moi donc la grace de garder le tabac & la tabatière..... Je vous prie, lorsque vous en prendrez une prise, de vous souvenir que c'est l'offrande de paix d'un homme qui vous a traité brusquement.... mais qui ne vous vouloit point de mal.

Le pauvre moine devint rouge comme de l'écarlate.... Mon Dieu, dit-il, en serrant ses mains l'une contre l'autre, vous n'avez jamais été brusque à mon égard....

Oh! pour cela, dit la dame, je crois qu'il en est incapable....

Je rougis à mon tour...... Et quelle en fut la cause? Je la laisse à deviner à ceux qui ont du sentiment....

Padonnez-moi, madame, je l'ai traité rudement & sans sujet.....

Cela est impossible, dit-elle.... Oui, s'écria le moine avec une vivacité qui lui paroissoit étrangère..., ç'a été ma faute & l'indiscrétion de mon zèle.... La dame dit que cela ne pouvoit pas être, & je m'unis à elle pour soutenir qu'il étoit impossible qu'un homme aussi honnête que lui pût offenser qui que ce soit.

J'ignorois, avant ce moment, qu'une dispute pût causer une irritation aussi douce & aussi agréable dans toutes les parties sensitives de notre existence. Nous restâmes dans le silence..., & nous y restâmes sans éprouver cette peine ridicule que l'on ressent, pour l'ordinaire, dans une compagnie où l'on s'entre-regarde dix minutes sans dire mot....

Le moine, pendant cet intervalle, frottoit une tabatière de corne sur la manche de son froc..... Dès qu'il lui eut donné un peu de lustre, il fit une profonde inclination, & me dit qu'il ne favoit pas fi c'étoit la foibleffe ou la bonté de nos cœurs qui nous avoit engagés dans cette conteftation..... Quoi qu'il en foit, monfieur, je vous prie de faire un échange de boîtes.... Il me préfenta la fienne d'un air gai, baifa la mienne, la mit dans fon fein.... & s'en alla fans rien dire....

Ah !.... je conferve fa boîte.... elle vient au fecours de ma religion, pour aider mon efprit à s'élever au-deffus des chofes terreftres.... Je la porte toujours fur moi..... elle me fait fouvenir de la douceur & de la modération de celui qui la poffédoit, & je tâche de le prendre pour modèle dans tous les embarras de ce monde. Il en avoit effuyé beaucoup. Son hiftoire, qu'on m'a racontée depuis, étoit un tiffu de peines & de défagrémens; il les avoit fupportés jufqu'à l'âge de quarante-cinq ans : mais alors, accablé par le chagrin qu'il reffentit des ingratitudes qu'il effuya, & par les revers qui lui étoient arrivés dans une tendre paffion, il abandonna & le monde & le beau fexe, & fe retira dans le fanctuaire, ou plutôt en lui-même.

Je fens un poids fur mes efprits, lorfque je fonge qu'en repaffant par Calais, on me dit que le P. Laurent étoit mort depuis quelques mois. Il étoit enterré dans un petit cimetière, à deux lieues de la ville.... je voulois aller vifiter fon tombeau.... Assis près de sa tombe..., tirant de ma poche sa petite boîte de corne..., & arrachant quelques orties qui n'avoient que faire de croître dans ce lieu sacré..., toute cette scène frappa tellement mes sens, que je versai un torrent de larmes.... Quelle foiblesse ! Hé ! oui....., je suis aussi foible qu'une femme..... Je prie cependant mes lecteurs de me plaindre, plutôt que de rire de ma tendresse pour le P. Laurent.

CHAPITRE XIII.
Victoire.

Je n'avois point encore lâché la main de la dame.... Il eût même été peu décent, selon moi, de la lâcher sans la baiser, & je m'y hasardai.... O ciel ! quel étrange effet ! que la nature a des nuances délicates, pour animer la beauté modeste !....

Les deux voyageurs qui m'avoient parlé dans la cour, vinrent à passer dans ce moment critique, & s'imaginèrent, pour le moins, que nous étions le mari & la femme. Le voyageur curieux s'approcha, & nous demanda si nous partions pour Paris le lendemain matin.... Je lui dis que je ne pouvois répondre que pour moi-même...; la dame ajouta qu'elle alloit à Amiens. Nous y dînâmes hier, dit le voyageur simple. Vous traverserez cette ville, me dit l'autre, en allant à Paris. J'allois lui faire mille remercîmens de m'avoir appris qu'Amiens étoit sur la route.... mais je tirai de ma poche la petite boîte de corne de mon pauvre moine, pour prendre une prise de tabac.... Je les saluai d'un air tranquille, & leur souhaitai un bon passage à Douvres.... Ils nous laissèrent seuls....

Mais, me disois-je à moi-même, quel mal y auroit-il que j'offrisse à cette dame affligée la moitié de ma chaise?.... Quel grand malheur pourroit-il s'ensuivre?.... Quel malheur? s'écrièrent en foule toutes les passions basses qui se réveillèrent en moi.... Ne voyez-vous pas, disoit l'avarice, que cela vous obligera de prendre un troisième cheval, & qu'il vous en coûtera vingt francs de plus?

Vous ne savez pas qui elle est, disoit la précaution...; ni les embarras que cette affaire peut vous causer, disoit la lâcheté à mon oreille.

Vous pouvez compter, Yorik, ajoutoit la discrétion, que l'on dira que c'est votre maîtresse, & que Calais a été le lieu de votre rendez-vous.

Comment pourrez-vous, après cela, s'écria l'hypocrisie, montrer votre visage en public?.... & vous élever, disoit la pusillanimité, dans l'église?.... au-delà d'un simple canonicat?.... ajoutoit l'orgueil.

Mais, répondois-je à tout cela, c'est une honnêteté.... Je n'agis guère que par ma première impulsion, & j'écoute surtout fort peu les raisonnemens qui contribuent à endurcir le cœur.... Je me tournai précipitamment vers la dame....

Elle n'étoit déjà plus là..... Elle étoit partie, sans que je m'en apperçusse, pendant que cette cause se plaidoit ; & avant que je l'eusse gagnée, elle avoit déjà fait douze ou quinze pas dans la rue. Je courus à elle, pour lui faire ma proposition le mieux qu'il me seroit possible.... mais elle marchoit la joue appuyée sur sa main, les yeux fixés en terre, & du pas lent & mesuré d'une personne qui pense.... J'en fus frappé, & je m'arrêtai. Elle se fait apparemment le même procès que je me suis fait, me dis-je. Que le ciel vienne à son secours ! Elle a probablement quelque marâtre entichée de pruderie, quelque tante hypocrite, quelque vieille femme ignorante à consulter sur ce pas glissant...., & elle s'avise comme je me suis avisé... Gardons-nous, me dis-je, de l'interrompre & de la prendre par surprise.... Je m'en retournai doucement en arrière, & fis deux ou trois tours devant la porte de la remise.

CHAPITRE XIV.

Découverte.

La première fois que je l'avois vue, l'imagination m'avoit prêté ses yeux : je l'avois trouvée charmante. L'imagination inspire aussi de la confiance, & je crus facilement qu'elle étoit au rang des êtres les plus aimables.... Je me figurai ensuite qu'elle étoit veuve & dans l'affliction......, & je m'arrêtai à toutes ces idées. Cette situation me plaisoit..., elle seroit restée avec moi jusqu'à minuit, que je m'en serois tenu à ce système ; c'est ainsi que je l'aurois toujours considérée.

Mais le moment peut-être de nous séparer, n'étoit pas éloigné, & elle n'avoit pas fait vingt pas, que je desirai de savoir plus de particularités....: L'idée d'une plus grande séparation vint me saisir & m'alarmer...; il pouvoit se faire que je ne la reverrois plus.... Le cœur veut épargner autant qu'il peut, & , dans ce malheur, je voulois au moins des traces, sur lesquelles mes souhaits pourroient la rejoindre, si je ne la voyois plus moi-même : en un mot, je voulois savoir son nom...., le nom de sa famille, son état.... Je savois l'endroit où elle alloit..., je voulois savoir encore d'où elle venoit. Mais comment parvenir à toutes ces connoissances? Cent petites délicatesses s'y opposoient. Je formai vingt plans différens..., je ne pouvois pas lui faire de questions directes..., la chose du moins me paroissoit impossible.

Un petit officier François, de fort bon air, qui venoit en dansant au bruit d'une ariette qu'il fredonnoit, me fit voir que ce qui me sembloit si difficile, étoit la chose du monde la plus aisée. Il se trouva entre la dame & moi au moment qu'elle revenoit à la porte de la remise.... Il m'aborda, &, à peine m'avoit-il parlé, qu'il me pria de lui faire l'honneur de le présenter à la dame.... Je n'avois pas été présenté moi-même.... Il se retourna aussitôt, & se présenta sans moi. Vous venez de Paris, apparemment, lui dit-il, madame? Non; mais je vais, dit-elle, prendre cette route. Vous n'êtes pas de Londres? Elle répondit que non. Ah! madame vient de Flandres? Apparemment que vous êtes Flamande? La dame répondit oui.... De Lille, peut-être?.... Non.... Ni d'Arras? ni de Cambrai? ni de Gand? ni de Valenciennes? ni de Bruxelles?.... La dame dit qu'elle étoit de Bruxelles.

Oh! oh! j'ai eu l'honneur d'assister au bombardement de cette ville; il y faisoit chaud....... Il faut l'avouer, cette place étoit admirablement bien située pour cela....... Je m'en souviens; elle étoit remplie de noblesse, quand les Impériaux en furent chassés par les François...... La dame lui fit une légère inclination de tête...... Il lui raconta la part qu'il avoit eue au succès de cette affaire...... la pria de lui faire l'honneur de lui dire son nom... Et madame, sans doute, a son mari, dit-il, en regardant par-dessus son épaule, & faisant deux pas en arrière?.... Je vous joins, s'écria-t-il...., & sans attendre de réponse, il s'en alla, en sautant, joindre ses camarades.

Je le considérai avec des yeux attentifs........ Apparemment, me dis-je, d'un ton de reproche, que je n'ai pas assez médité les importantes leçons de la civilité qu'on a mises dans les mains de mon enfance; car je n'en pourrois pas faire autant.

CHAPITRE XV.

Un autre en profiteroit.

M. Dessein s'étoit arrêté à causer à quelque distance, & il arriva avec la clef de la remise à la main, & nous ouvrit les grands battans de son magasin de chaises.

Le premier objet qui me donna dans l'œil, fut une autre guenille de désobligeante, le vrai portrait de celle qui m'avoit plu une heure auparavant,

mais

mais qui, depuis, avoit excité en moi une sensation si désagréable....... Il me sembloit qu'il n'y avoit qu'un rustre, un homme insociable, qui eût pu imaginer une telle machine, & je pensois à-peu-près de même de ceux qui s'en servoient.

J'observai qu'elle causoit autant de répugnance à la dame qu'à moi...... M. Dessein s'en apperçut, & il nous mena vers deux chaises, qui devinrent tout de suite l'objet de ses éloges. Milord B........, dit-il, les avoit achetées pour faire le grand tour....., mais elles n'ont pas été plus loin que Paris....., cela vaut du neuf...... M. Dessein, elles sont trop bonnes....., & je passai à une autre qui étoit derrière, & qui me parut me convenir....... J'entrai sur le champ en négociation du prix....... Cependant, dis-je, en ouvrant la portière & en montant dedans, il me semble qu'on auroit bien de la peine à y tenir deux....... Ayez la bonté, madame, dit M. Dessein, en lui offrant son bras, d'y monter aussi....... La dame hésita une demi-seconde......., & s'y plaça....., & M. Dessein, à qui un domestique faisoit signe qu'il vouloit lui parler, ferma par inadvertance, sans doute, la portière sur nous, & nous laissa.

CHAPITRE XVI.

Aveu.

Voila qui est plaisant, dit la dame en souriant; c'est la seconde fois que, par des hasards fort indifférens, on nous laisse ensemble : cela est comique.

Il ne manque du moins, pour le rendre tel, lui dis-je, que l'usage comique que la galanterie françoise voudroit faire de cette aventure....... Faire l'amour dans le premier moment....., offrir sa personne au second......

C'est-là leur fort, répondit la dame.

On le suppose, au moins......, & je ne sais trop comment cela est arrivé.....; mais ils ont acquis la réputation de mieux faire l'amour que tous les autres hommes...... Reste à savoir s'ils ont plus d'aptitude à saisir le moment favorable..... Pour moi, je les crois très-mal-adroits....., & qu'ils exercent plus que d'autres la patience de Cupidon......

Quoi ! vous croiriez qu'ils songent à faire l'amour par sentiment ?

C'est comme si je prétendois qu'on pourroit faire un bel habit avec des morceaux de reste & de toutes couleurs......., ou qu'on peut faire réellement l'amour tout d'un coup & à la première rencontre, en disant seulement qu'on le fait...... Ils ne font tout au plus que proposer & la chose & eux-mêmes, avec le pour & le contre, à l'examen d'un esprit solide & qui n'est point animé......

La dame m'écoutoit comme si elle s'attendoit à quelque chose de plus......

Considérez donc, madame, lui dis-je en posant ma main sur la sienne......

Que les personnes graves détestent l'amour, à cause du nom.

Les intéressées le haïssent, parce qu'elles donnent la préférence à autre chose.

Les hypocrites paroissent l'avoir en horreur, en feignant de n'aspirer qu'aux choses célestes.

Le vrai de tout cela, c'est que nous sommes beaucoup plus effrayés que blessés par cette passion... Un homme qui ne prononceroit le mot d'amour qu'après une heure ou deux de silence, paroîtroit tout-à-fait extraordinaire...... Ah! quel homme! qu'il est gauche! Cependant, admirez ma simplicité! Il me semble qu'une suite de petites attentions tranquilles......., qui se montreroient de façon à ne pas alarmer, & ne seroient pourtant pas assez vagues pour être méprisées, un tendre regard de tems en tems, mais peu ou même point du tout de discours à ce sujet....., il me semble..., oui, la nature s'en mêleroit & façonneroit tout cela comme elle l'entend......

Hé bien! dit la dame en rougissant, je crois que vous n'avez point cessé de me faire l'amour, depuis que nous sommes ensemble......

CHAPITRE XVII.

Le malheur et le bonheur.

Le retour de M. Dessein marqua le malheur. Il ouvrit la portière, & dit à la dame, que M. le comte de L....., son frère, venoit d'arriver..... Je souhaitois certainement tout le bien possible à la belle : mais j'avouerai que cet évènement attrista mon cœur; je ne lui cachai pas la peine qu'il me faisoit...... En vérité, madame, il est fatal à une proposition que j'allois vous faire...... Je......

Il est inutile, dit-elle, en m'interrompant & en mettant une de ses mains sur les deux miennes, de m'expliquer votre projet. Il est rare, mon bon monsieur, qu'un homme ait quelque proposition à faire à une femme, sans qu'elle en ait le pressentiment......

Oui, la nature, dis-je, l'arme de ce pressentiment, pour la garantir du piège......

Mais, dit-elle en me fixant, est-ce que j'aurois

eu quelque chose à craindre? Je ne puis le croire: &, à vous parler franchement, j'étois déterminée à accepter votre proposition, si vous me l'eussiez faite...... Elle se tut un moment...... Je suis persuadée, reprit-elle, que vous m'auriez disposée à vous raconter une histoire qui, de tout ce qui auroit pu nous arriver dans le voyage, auroit rendu la compassion la chose la plus dangereuse........

Et me disant cela, elle me tendit la main..... Je la baisai deux fois, & elle descendit de la chaise, en me disant adieu avec un regard mêlé de sensibilité & de douceur.

CHAPITRE XVIII.
LA MANIÈRE DE VOIR.

Elle ne m'eut pas si-tôt quitté, que je commençai à m'ennuyer. Je sentis que les momens étoient plus longs, & je n'ai peut-être jamais fait un marché de douze guinées aussi promptement dans toute ma vie, que celui de ma chaise. Je donnai ordre qu'on m'amenât des chevaux de poste, & je dirigeai mes pas vers l'hôtellerie.

Ciel! dis-je en entendant cinq heures sonner, & en faisant réflexion qu'il n'y avoit que deux heures que j'étois à Calais, quel volume d'aventures cet instant si court ne pourroit-il pas produire? Quel sujet pour un homme qui s'intéresse à tout, & ne laisse rien échapper de ce que le tems & le hasard lui présentent continuellement.

Je ne sais si cet ouvrage aura jamais quelque utilité; peut-être qu'un autre réussira mieux: mais qu'importe? c'est un essai que je fais sur la nature humaine....., il ne me coûte que mon travail. Cette expérience me fait plaisir; elle anime la circulation de mon sang, dissipe les humeurs sombres, éclaire mon jugement & ma raison: c'est assez....., je suis trop payé.

Je plains l'homme qui, voyageant de Dan à Bersheba (1), peut s'écrier: tout est triste! Oui, sans doute, le monde entier est stérile pour ceux qui ne veulent pas cultiver les fruits qu'il présente; mais, me disois-je à moi-même en frottant gaiement mes mains l'une contre l'autre, je serois au milieu d'un désert, que je trouverois de quoi m'affecter..., Un doux myrte, un triste cyprès, m'attireroient sous leur feuillage......je les bénirois de l'ombrage bienfaisant qu'ils m'offriroient......je graverois mon nom sur leur écorce; je leur dirois: vous êtes les arbres les plus agréables de tout le désert. Je gémirois avec eux en voyant leurs feuilles

---

(1) Villes qui étoient situées aux deux extrémités de la Judée.

dessécher & tomber, & ma joie se mêleroit à la leur, quand le retour de la belle saison les couronneroit d'une riante verdure.

Le savant Smelfungus voyagea de Boulogne à Paris, de Paris à Rome, & ainsi de suite: le savant Smelfungus avoit la jaunisse. Accablé d'une humeur sombre, tous les objets qui se présentèrent à ses yeux, lui parurent décolorés & défigurés...... Il nous a donné la relation de ses voyages: ce n'est qu'un triste détail de ses pitoyables sensations.

Je rencontrai Smelfungus sous le grand portique de Panthéon...... il en sortoit........ Eh bien! que dites-vous de ce superbe édifice? lui dis-je. Moi? Ce n'est qu'un vaste cirque pour un combat de coqs...... Je voudrois, lui dis-je, que vous n'eussiez rien dit de pis de la Vénus de Médicis..... J'avois appris, en passant à Florence, qu'il avoit fort maltraité la déesse, parce qu'il la regardoit comme la beauté la plus prostituée du pays.

Smelfungus revenoit de ses voyages, & je le rencontrai encore à Turin...... Il n'eut que de tristes aventures sur la terre & sur l'onde à me raconter. Il n'avoit vu que des gens qui s'entremangent, comme les antropophages......, il avoit été écorché vif, & plus maltraité que Saint-Barthélemy, dans toutes les auberges où il étoit entré.

Oh! je veux le publier dans tout l'univers,

s'écria-t-il. Vous ferez mieux, lui dis-je, d'aller voir votre médecin.

Mundungus, homme dont les richesses étoient immenses, se dit un jour : allons, faisons le grand tour. Il va de Rome à Naples, de Naples à Venise, de Venise à Vienne, à Dresde, à Berlin......, & Mundungus, à son retour, n'avoit pas retenu une seule anecdote agréable........ Il ne disoit pas une seule chose qui eût du bon-sens & de la liaison. Il avoit parcouru les grandes routes, sans jeter les yeux ni d'un côté ni de l'autre, de crainte que l'amour ou la compassion ne le détournât de son chemin.

Que la paix soit avec eux, s'ils peuvent la trouver ! Mais le ciel, s'il étoit possible d'y atteindre avec de pareilles humeurs, n'auroit point d'objets qui pussent fixer & amollir la dureté de leurs cœurs......... Les doux esprits, sur les aîles de l'amour, viendroient se réjouir de leur arrivée ; ils n'entendroient autre chose que des cantiques de joie, des extases de ravissement & de bonheur...... O mes chers lecteurs ! les ames de Smelfungus & de Mundungus......, je les plains......, elles n'ont point apporté de sensibilité....., les douces sensations ne les affectent jamais..... Smelfungus, Mundungus, seroient placés dans la demeure la plus heureuse du ciel ....., les ames de Smelfungus & de Mundungus s'y croiroient malheureuses, & gémiroient pendant toute l'éternité.

CHAPITRE XIX.

Montreuil.

Mon porte-manteau étoit tombé une fois de derrière la chaise; j'avois été obligé de descendre deux fois par la pluie, & je m'étois mis une autre fois dans la boue jusqu'aux genoux, pour aider le postillon à l'attacher...... Je ne savois ce qui causoit un dérangement si fréquent. J'arrive à Montreuil, & l'hôte me demande si je n'ai pas besoin d'un domestique. A ce mot, je devine que c'est le défaut d'un domestique qui est cause que mon porte-manteau se dérange si souvent.

Un domestique? dis-je: oui j'en ai bien besoin; il m'en faut un. Monsieur, dit l'hôte, c'est qu'il y a ici près un jeune homme qui seroit charmé d'avoir l'honneur de servir un Anglois. Et pourquoi plutôt un Anglois qu'un autre? Ils sont si généreux! répond l'hôte. Bon! dis-je en moi-même, je gage que ceci me coûtera vingt sols de plus ce soir...... C'est qu'ils ont de quoi faire les généreux, ajouta-t-il. Courage! me disois-je, autres vingt sols à noter. Pas plus tard qu'hier au soir, continua-t-il, un milord Anglois offrit un écu à la fille...... Tant-pis pour mademoiselle Jeanneton, dis-je.

Mademoiselle Jeanneton étoit fille de l'hôte; & l'hôte s'imaginant que je n'entendois pas bien le françois, se hasarda à m'en donner une leçon. Ce n'est pas tant-pis que vous auriez dû dire, monsieur, c'est tant-mieux. C'est toujours tant-mieux, quand il y a quelque chose à gagner; tant-pis, quand il n'y a rien.

Oh! cela revient au même, lui dis-je. Pardonnez-moi, monsieur, dit l'hôte; cela est bien différent.

Ces deux expressions, tant pis & tant mieux, sont les plus grands pivots de presque toutes les conversations françoises, & il est bon d'avertir qu'un étranger qui va à Paris, feroit bien de s'instruire, avant d'arriver, de toute l'étendue de leur usage.

Un jeune marquis, plein de vivacité, demanda à M. Hume, à la table de notre ambassadeur, s'il étoit M. Hume le poëte : non, dit M. Hume tranquillement. Tant-pis, répond le marquis.

C'est M. Hume l'historien, dit un autre. Ah! tant-mieux, dit le marquis. Et M. Hume, dont le cœur, comme on sait, est excellent, remercia le marquis pour son tant-pis & pour son tant-mieux.

L'hôte après sa leçon, appela Lafleur; c'est ainsi que se nommoit le jeune homme qu'il me proposoit. Je ne puis rien dire de ses talens; monsieur en jugera mieux que moi : mais pour sa probité, j'en réponds.

Je ne sais quel ton il donna à ce qu'il disoit : mais il me fit faire attention à ce que j'allois faire ; & Lafleur, qui attendoit dehors avec cette impatience qu'ont tous les enfans de la nature en certaines occasions, fit son entrée.

CHAPITRE XX.
Il faut savoir s'accommoder d. tout.

Je suis disposé à penser favorablement de tout le monde au premier abord, & surtout d'un pauvre diable qui vient offrir ses services à un aussi pauvre diable que moi : mais ce penchant me donne quelquefois de la défiance ; il m'autorise du moins à en avoir. J'en prends plus ou moins, selon l'humeur qui me domine, & le cas dont il s'agit.... Je puis ajouter aussi, selon le sexe à qui je dois avoir affaire.

Dès que Lafleur entra dans la chambre, son air ouvert & naturel triompha de la défiance. Je me décidai sur le champ en sa faveur, & je l'arrêtai sans hésiter. La prudence me chuchota que je ne savois pas ce qu'il savoit faire. Hé bien ! je découvrirai ses talens à mesure que j'en aurai besoin. D'ailleurs un François est propre à tout.

Cependant la curiosité m'aiguillonna ; & quelle fut ma surprise ! le pauvre Lafleur ne savoit que battre du tambour, & jouer quelques marches sur le fifre. Je sentis que ma foiblesse n'avoit jamais été insultée plus vivement que dans cette occasion par ma sagesse...

Malgré cela, je résolus de me contenter des talens de Lafleur. Il avoit commencé son entrée dans le monde, par satisfaire le noble desir qui enflamme presque tous ses compatriotes.... Il avoit servi le roi plusieurs années ; mais s'étant apperçu que l'honneur d'être tambour n'ouvroit pas les portes de la récompense, ni la carrière de la gloire, il s'étoit retiré sur ses terres, où il vivoit comme il plaisoit à Dieu..., c'est-à-dire, aux dépens de l'air.

Ainsi, me dit la sagesse, vous avez pris un tambour pour vous servir pendant ce voyage ? Et pourquoi ne l'aurois-je pas pris ? dis-je. N'ai-je pas mieux fait que la moitié de notre noblesse qui voyage avec des *lanodors* de laquais qu'elle paye, & qui lui laissent à payer de plus le flûteur, le harpiniste, la clarinette, le diable & tout son train ?.... Lorsqu'on peut se débarrasser d'un mauvais marché par une équivoque..., je trouve qu'on n'est pas à plaindre....

Mais, Lafleur, vous savez sans doute faire quelque chose de plus ? Oh qu'oui !... Il pouvoit faire des guêtres, & jouer un peu du violon. Bravo, dit la sagesse... Moi, lui dis-je, je joue de la basse....., ainsi nous pourrons concerter....

Mais vous savez raser ? Vous accommodez un peu une perruque ?

J'ai les meilleures dispositions..... C'en est assez pour le ciel, lui dis-je en l'interrompant, & cela doit me suffire....

On servit le soupé.... Je me mis à table. J'avois d'un côté de ma chaise un épagneul anglois, un domestique François de l'autre : j'étois aussi gai qu'on peut l'être.... J'étois content de mon empire.... Et si les monarques savoient borner leurs desirs, ils seroient aussi heureux que je l'étois.

CHAPITRE XXI.
Discours préliminaire.

Lafleur ne m'a point quitté pendant tous mes voyages, & il sera souvent question de lui. Il est bien juste que j'instruise un peu mes lecteurs sur son compte ; & pourquoi même ne parviendrois-je pas à les intéresser en sa faveur ? Je n'ai jamais eu de raison de me repentir d'avoir suivi les impulsions qui m'avoient déterminé à le prendre : jamais philosophe n'a eu de domestique plus fidèle, plus attaché, plus véridique. Ses talens de battre du tambour & de faire des guêtres, bons en eux-mêmes, ne m'étoient pas, à la vérité, d'une grande utilité ; mais j'en étois bien récompensé par la gaieté perpétuelle de son humeur.... Elle suppléoit à tous les talens qu'il n'avoit pas ; elle auroit même, dans mon esprit, effacé ses défauts. Sa figure m'étoit une ressource ; j'y trouvois toujours de l'encouragement dans mes embarras, une espèce de fil qui me faisoit sortir des difficultés que je rencontrois..... J'allois dire aussi des siennes ; mais il sembloit que rien n'étoit difficile pour lui. La faim, la soif, le froid, le chaud, les veilles, la fatigue, ne faisoient pas la moindre impression sur sa physionomie ; il étoit éternellement le même. Je ne sais si je suis philosophe : Satan, qui se mêle de tout, veut me le persuader ; mais si je le suis, je l'avoue, je me suis trouvé bien des fois humilié, en réfléchissant aux obligations que j'avois au caractère philosophique de ce pauvre garçon. Combien de fois son exemple ne m'a-t-il pas excité à m'appliquer à une philosophie plus sublime ?... Avec tout cela Lafleur étoit un peu fat ; mais c'étoit plutôt un mouvement de la nature, que l'effet de l'art. Il n'eut pas demeuré trois jours à Paris, que cette fatuité disparut.... Je voulois apprendre tout cela à mes lecteurs ; la chose valoit bien un chapitre.

CHAPITRE XXII.
Ce qui rend vertueux.

J'INSTALLAI, le lendemain matin, Lafleur dans sa charge. Je fis devant lui l'inventaire de mes six chemises & de ma culotte de soie noire, & je lui donnai la clef de mon porte-manteau. Je lui dis de le bien attacher derrière la chaise, de faire atteler les chevaux, & d'avertir l'hôte de m'apporter son compte.

Ce garçon est heureux, dit l'hôte, en adressant la parole à cinq ou six filles qui entouroient Lafleur, & lui souhaitoient affectueusement un bon voyage; voilà sa fortune faite. J'observois cette petite scène. Lafleur baisoit les mains des filles; ses yeux se mouillèrent, il les essuya trois fois, & trois fois il promit d'apporter des pardons de Rome à toute la bande.

Toute la ville l'aime, me dit l'hôte; on le trouvera de manque à tous les coins de Montreuil; il n'a qu'un seul défaut, c'est d'être toujours amoureux.... Bon! dis-je en moi-même, cela m'évitera la peine de mettre chaque nuit ma culotte sous mon oreiller, & je faisois moins, en disant cela, l'éloge de Lafleur, que le mien. J'ai toute ma vie été amoureux d'une princesse ou de quelqu'autre, & je compte bien l'être jusqu'à ma mort. Je suis très-persuadé que si j'étois destiné à faire une action basse, c'est qu'auparavant j'aurois cessé d'aimer, & que je ne la ferois que dans l'intervalle d'une passion à l'autre. J'ai éprouvé quelquefois de ces interrègnes, & je me suis toujours apperçu que mon cœur étoit fermé pendant ce tems: il étoit si endurci, qu'il falloit que je fisse un effort sur moi pour soulager un misérable, en lui donnant seulement six sous. Je me hâtois alors de sortir de cet état d'indifférence. Le moment où je me retrouvois ranimé par la tendre passion, étoit le moment où je redevenois généreux & compatissant. J'aurois tout fait, ou pour obliger mes frères, ou par complaisance pour la compagnie dans laquelle je me trouvois. Je n'y mettois qu'une condition, c'est qu'il n'y auroit point eu de crime.... Mais que fais-je en disant tout ceci? Qu'on ne s'y trompe pas; ce n'est pas mon éloge, c'est celui de la passion.

CHAPITRE XXIII.
Fragment.

De toutes les villes de la Thrace, celle d'Abdère étoit la plus abandonnée à la débauche; elle étoit plongée dans un débordement de mœurs effroyable. C'est en vain que Démocrite, qui y faisoit son séjour, employoit tous les efforts de l'ironie & de la risée pour l'en tirer; il n'y pouvoit réussir. Le poison, les conspirations, le meurtre, le viol, les libelles diffamatoires, les pasquinades, les séditions y régnoient: on n'osoit sortir le jour; c'étoit encore pis la nuit.

Ces horreurs étoient à ce point, lorsqu'on représenta l'Andromède d'Euripide à Abdère; tous les spectateurs en furent charmés: mais de tous les endroits dont ils furent enchantés, rien ne frappa plus leur imagination que les tendres sensations de la nature, qu'Euripide avoit peintes dans le discours pathétique de Persée:

O cupidon! roi des dieux & des hommes.

Tout le monde, le lendemain, parloit en vers iambiques; ce discours de Persée faisoit le sujet de toutes les converſations.... On ne faiſoit que répéter dans chaque maiſon, dans chaque rue :

O cupidon! roi des dieux & des hommes.

Tout retentiſſoit du nom de Cupidon ; le nom de ce dieu mis en refrain flattoit plus que la plus douce mélodie. On n'entendoit de tous côtés, que Cupidon; Cupidon, roi des dieux & des hommes... Le même feu ſaiſit tout le monde; & toute la ville, comme ſi ſes habitans n'avoient eu qu'un même cœur, ſe livra à l'amour.

Les apothicaires d'Abdère ceſsèrent de vendre de l'ellébore ; les faiſeurs d'armes ne vendirent plus d'inſtrumens de mort ; l'amitié, la vertu, régnèrent par-tout ; les ennemis les plus irréconciliables s'entre-donnèrent publiquement le baiſer de paix.... Le ſiècle d'or revint & répandit ſes bienfaits ſur Abdère. Les Abdéritains jouoient des airs tendres ſur le chalumeau ; le beau ſexe quittoit les robes de pourpre, & s'aſſeyoit modeſtement ſur le gazon, pour écouter ces doux concerts.

Il n'y avoit, dit le Fragment, que la puiſſance d'un Dieu dont l'empire s'étend du ciel à la terre, & juſque dans le fond des eaux, qui pût opérer ce prodige.

CHAPITRE XXIV.

PLAISIR RAREMENT GOUTÉ.

Quand tout est prêt & qu'on a discuté chaque article de la dépense, il y a encore, à moins que le mauvais traitement n'ait remué votre bile en aigrissant votre humeur, une autre affaire à ajuster à la porte, avant de monter en chaise. C'est avec les fils & les filles de la pauvreté que vous avez affaire : ils vous entourent..... Eh, que personne ne les rebute !.... Ce que souffrent ces malheureux est déjà trop cruel, pour y ajouter de la dureté ; il vaut mieux avoir quelque monnoie à leur distribuer, & c'est un conseil que je donne à tous les voyageurs.... Ils n'auront pas besoin d'écrire les motifs de leur générosité ; ils seront enregistrés ailleurs.

Personne ne donne moins que moi, parce qu'il y a peu de mes connoissances qui aient moins à donner ; mais c'étoit le premier acte de cette nature que je faisois en France ; je le fis avec plus d'attention.

Hélas ! disois-je en les montrant au bout de mes doigts, je n'ai que huit sous, & je voyois huit pauvres femmes & autant d'hommes pour les recevoir.

Un de ces hommes, sans chemise, & dont l'habit tomboit en lambeaux, se trouvoit au milieu des femmes. Il s'en retira aussitôt en faisant la révérence. Si tout le parterre crioit d'une voix, place aux dames, il ne montreroit pas plus de déférence pour le beau sexe que ce pauvre homme.

Juste ciel ! m'écriai-je en moi-même, par quelles sages raisons avez-vous ordonné que la mendicité & la politesse seroient réunies dans ce pays, quand elles sont si opposées dans les autres régions ?

Je lui offris un de mes huit sous, uniquement parce qu'il avoit été honnête....

Un pauvre petit homme, plein de vivacité, & qui étoit vis-à-vis de moi, après avoir mis sous son bras un fragment de chapeau, tira sa tabatière de sa poche, & offrit généreusement une prise de tabac à toute l'assemblée. C'étoit un don de conséquence, & chacun le refusa en faisant une inclination. ... Il les sollicita avec un air de franchise: prenez, prenez-en, dit-il, en regardant d'un autre côté...., & à la fin ils en prirent. Ce seroit dommage, me dis-je, que ta boîte se vidât. J'y mis deux sous, & j'y pris moi-même une prise de tabac pour lui rendre le don plus agréable..... Il sentit le poids de la seconde obligation plus que celui de la première.... C'étoit lui faire honneur;

l'autre, au contraire, étoit humiliante; il me salua jusqu'à terre.

Tenez, dis-je à un vieux soldat qui n'avoit qu'une main, & sembloit avoir vieilli dans le service, voilà deux sous pour vous.... Vive le roi! s'écria le vieux soldat.

Il ne me restoit plus que trois sous; j'en donnai un pour l'amour de Dieu : c'est à ce titre qu'on me le demandoit. La pauvre femme avoit la cuisse disloquée; on ne peut pas soupçonner que ce fût pour un autre motif.

Mon cher & très-charitable monsieur!.... On ne peut pas renvoyer celui-là, me disois-je, milord Anglois!.... Le seul son de ce mot valoit l'argent, & je le payai du dernier de mes sous.... Mais dans l'empressement où j'avois été de les distribuer, j'avois oublié un pauvre honteux qui n'avoit personne pour faire la quête, & qui peut-être auroit péri avant d'oser demander lui-même. Il étoit près de la chaise, mais hors du cercle; il essuyoit une larme qui découloit le long de son visage, & il avoit l'air d'avoir vu de plus beaux jours. Bon Dieu! me disois-je, & je n'ai pas un sou pour lui donner!.... Vous en avez mille, s'écrièrent à la fois toutes les puissances de la nature, qui étoient en mouvement chez moi. Je m'approchai de lui, & je lui donnai..., il n'importe quoi.... Je rougirois à présent de me souvenir combien...; j'étois heureux alors de penser combien peu.... Si le lecteur devine ma disposition, il peut juger, entre ces deux points donnés, à un écu ou deux près, quelle fut la somme précise.

Je ne pouvois rien donner aux autres.... Que Dieu vous bénisse, leur dis-je ; & le bon Dieu vous bénisse vous-même, s'écrièrent le vieux soldat, le petit homme, &c. Le pauvre honteux ne pouvoit rien dire..., il se retira dans un coin, pour essuyer ses yeux en se détournant. Je crus qu'il me remercioit plus que tous ceux qui parloient.

CHAPITRE XXV.

LE BIDET.

CES petites affaires ne furent pas si-tôt ajustées, que je montai dans ma chaise, très-content de tout ce que j'avois fait à Montreuil.... Lafleur, avec ses grosses bottes, sauta sur un bidet..... Il s'y tenoit aussi droit & aussi heureux qu'un prince.

Mais qu'est-ce que le bonheur & les grandeurs dans cette scène factice de la vie ? Rien n'y est stable ni permanent. Nous n'avions pas encore fait une lieue, qu'un âne mort arrêta tout court Lafleur dans sa course..... Le bidet ne voulut pas passer. La contestation entre Lafleur & lui s'échauffa, & le pauvre garçon fut désarçonné & jeté par terre.

Il souffrit sa chûte avec toute la patience du François qui auroit été le meilleur chrétien, & ne dit pas autre chose que diable ! il remonta à cheval sur le champ, & battit le bidet comme il auroit pu battre son tambour.

Le bidet voloit d'un côté du chemin à l'autre, tantôt par-ci, tantôt par-là ; mais il ne vouloit pas approcher de l'âne mort. Lafleur, pour le corriger, insistoit....., & le bidet entêté le jeta encore par terre.

Qu'a votre bidet, lui dis-je, Lafleur ? Monsieur, c'est le cheval le plus opiniâtre du monde. Hé bien ! s'il est obstiné, repris-je, il faut le laisser aller à sa fantaisie. Lafleur, qui étoit remonté, descendit, & dans l'idée qu'il feroit aller le bidet en avant, il lui donna un grand coup de fouet ; mais le bidet s'en retourna en galopant à Montreuil. Peste ! dit Lafleur.

Je crois qu'il est bon de remarquer ici, que, quoique Lafleur, dans ces accidens, ne se fût servi que de deux termes d'exclamation, il y en a cependant trois dans la langue françoise. Ils répondent à ce que les grammairiens appellent le positif, le comparatif, & le superlatif ; & l'on se sert des uns & des autres dans tous les accidens imprévus de la vie.

Diable est le premier degré, c'est le degré positif; il est d'usage dans les émotions ordinaires de l'esprit, & lorsque de petites choses contraires à notre attente arrivent. Qu'on joue, par exemple, au passe-dix, & que l'on ne rapporte deux fois de suite que double as, ou, comme Lafleur, que l'on soit désarçonné & jeté par terre, ces petites circonstances, & tant d'autres s'expriment par diable; & c'est pour cette raison que le cocuage, qui, en certain pays de l'Europe, exige plus d'énergie, ne se plaint en France que par cette expression....

Mais dans une aventure où il entre quelque chose de dépitant, comme lorsque le bidet s'enfuit en laissant Lafleur étendu par terre dans ses grosses bottes, alors vient le second degré; on se sert de peste!

Pour le troisième.....

Oh! c'est ici que mon cœur se gonfle de compassion, quand je songe à ce qu'un peuple aussi poli doit avoir souffert pour qu'il soit forcé à s'en servir....

Puissance qui délie nos langues & les rend éloquentes dans la douleur, accorde-moi des termes décens pour exprimer ce superlatif, &, quel que soit mon sort, je céderai à la nature!....

Mais il n'y a point de ces termes décens dans la langue françoise.... Je pris mon parti, je formai la résolution de prendre les accidens qui m'arriveroient avec patience & sans faire d'exclamation.

Lafleur n'avoit pas fait cette convention avec lui-même. Il suivit le bidet des yeux tant qu'il le put voir.... Et l'on peut s'imaginer, si l'on veut, dès qu'il ne le vit plus, de quelle expression il fit usage pour conclure la scène.

Il n'y avoit guère de moyens, avec des bottes-fortes aux jambes, de rattraper un cheval effarouché. Je ne voyois qu'une alternative ; c'étoit de faire monter Lafleur derrière la chaise, ou de l'y faire entrer....

Il vint s'asseoir à côté de moi, & dans une demi-heure nous arrivâmes à la poste de Nampont.

CHAPITRE XXVI.

L'ANE MORT.

Voici, dit-il, en tirant de son bissac le reste d'une croûte de pain, voici ce que tu aurois partagé avec moi si tu avois vécu.... Je croyois que cet homme apostrophoit son enfant.... Mais c'étoit à son âne qu'il adressoit la parole, & c'étoit le même âne que nous avions vu en chemin, & qui avoit été si fatal à Lafleur.... Il paroissoit le regretter si vivement, qu'il me fit souvenir des plaintes que Sancho-Pança avoit faites dans une occasion semblable. Mais cet homme se plaignoit avec des touches plus conformes à la nature.

Il étoit assis sur un banc de pierre à la porte. Le panneau & la bride de l'âne étoient à côté de lui : il les levoit de tems en tems, & les laissoit ensuite tomber...., puis les regardoit fréquemment en levant la tête.... Il reprit ensuite sa croûte de pain, comme s'il alloit la manger.... Mais après l'avoir tenue quelque tems à la main, il la posa sur le mords de la bride en regardant avec des yeux de désir l'arrangement qu'il venoit de faire, & il soupira.

La simplicité de sa douleur assembla une foule de monde autour de lui; & Lafleur s'y mêla pendant qu'on atteloit les chevaux. Moi, j'étois resté dans la chaise, & je voyois & j'entendois par-dessus la tête des autres.

Il disoit qu'il venoit d'Espagne, où il étoit allé du fond de la Franconie, & qu'il s'en retournoit chez lui. Chacun étoit curieux de savoir ce qui avoit pu engager ce pauvre vieillard à entreprendre un si long voyage.

Hélas ! dit-il, le ciel m'avoit donné trois fils; c'étoient les plus beaux garçons de toute l'Allemagne. La petite vérole m'enleva les deux aînés. Le plus jeune étoit frappé de la même maladie ; je craignis aussi de le perdre, & je fis vœu, s'il en revenoit, d'aller par reconnoissance en pélerinage à Saint-Jacques de Compostelle.

Là, il s'arrêta pour payer un tribut à la nature.... & pleura amèrement.

Il continua.... Le ciel, dit-il, me fit la faveur d'accepter la condition, & je partis de mon hameau avec le pauvre animal que j'ai perdu.... Il a participé à toutes les fatigues de mon voyage; il a mangé le même pain que moi pendant toute la route...; enfin, il a été mon compagnon & mon ami.

Chacun prenoit part à la douleur de ce pauvre homme. Lafleur lui offrit de l'argent.... Il dit qu'il n'en avoit pas besoin. Hélas! ce n'est pas la valeur de l'âne que je regrette, c'est sa perte.... J'étois assuré qu'il m'aimoit.... Il leur raconta l'histoire d'un malheur qui leur étoit arrivé en passant les Pyrénées.... Ils s'étoient perdus & avoient été séparés trois jours l'un de l'autre : pendant ce tems, l'âne l'avoit cherché autant qu'il avoit cherché l'âne, à peine purent-ils manger l'un & l'autre qu'ils ne se fussent retrouvés.

Vous avez au moins une consolation, lui dis-je, dans votre perte; c'est que je suis persuadé que vous lui avez été un tendre maître. Hélas! dit-il, je le croyois ainsi pendant que le pauvre animal vivoit; mais à présent qu'il est mort, je crains que la fatigue de me porter ne l'ait accablé, & que je ne sois responsable d'avoir abrégé sa vie.....

Quelle honte pour les hommes, me dis-je en moi-même! se croyent-ils indignes de s'entr'aimer au moins autant que ce pauvre homme aimoit son âne?

CHAPITRE XXVII.

LE POSTILLON.

CETTE histoire m'affecta; le postillon n'y prit pas garde, & il m'entraîna sur le pavé au grand galop.

Le voyageur, qui brûle de soif dans les déserts sablonneux de l'Arabie, n'aspire pas plus vivement au bonheur de trouver une source que mon ame aspiroit après des mouvemens tranquilles... J'aurois souhaité que le postillon eût parti moins vîte; mais au moment que le bon pélerin achevoit son histoire, il donna de si grands coups de fouet à ses chevaux, qu'ils partirent comme si le dieu qui poussoit ceux d'Hyppolite, eût été à leurs trousses.

Pour l'amour de Dieu, lui criois-je! allez plus doucement; mais plus je criois, plus il excitoit ses chevaux. Que le diable t'emporte donc, lui dis-je! Vous verrez qu'il continuera d'aller vîte jusqu'à ce qu'il me mette en colère..... Ensuite il ira doucement pour me faire enrager.

Il n'y manqua pas. Il arriva à une hauteur, & fut obligé d'aller pas à pas. Je m'étois fâché contre lui..., je m'étois fâché ensuite contre moi-même pour m'être mis en colère... Un bon galop, dans ce moment, m'auroit fait du bien... Mais...

Allons un peu plus vîte, mon bon garçon, lui dis-je...

Je voulois me rappeler l'histoire du pauvre Allemand & de son âne; mais j'en avois perdu le fil, & il me fut aussi impossible de le retrouver, qu'au postillon d'aller le trot.

Hé bien! que tout aille à l'aventure; je me sens disposé à faire de mon mieux, & tout va de travers.

La nature, dans ses trésors, a toujours des lénitifs pour adoucir nos maux. Je m'endormis, & ne me réveillai qu'au mot d'Amiens qui frappa mon oreille.

Oh! oh! dis-je en me frottant les yeux..., c'est ici que ma belle dame doit venir.

CHAPITRE XXVIII.

RÉSOLUTION.

J'eus à peine prononcé ces mots, que le comte de L... & sa sœur passèrent dans leur chaise de poste; elle me fit un salut de connoissance, mais avec un air qui sembloit signifier qu'elle avoit quelque chose à me dire. Je n'avois effectivement pas encore achevé de souper, que le domestique de son frère m'apporta un billet de sa part; elle me prioit, le premier matin que je n'aurois rien à faire à Paris, de remettre la lettre qu'elle m'envoyoit à madame de R... Elle ajoutoit qu'elle auroit bien voulu me raconter son histoire, & qu'elle étoit bien fâchée de n'avoir pu le faire.., mais que si jamais je passois par Bruxelles, & que je n'eusse pas oublié le nom de madame L... elle auroit cette satisfaction.

Ah! j'irai vous voir, charmante femme, dis-je en moi-même, rien ne me sera plus facile; je n'aurai qu'à traverser l'Allemagne, la Hollande en revenant d'Italie. Et que m'en coûtera-t-il de plus d'aller en Brabant? à peine y a-t-il dix postes; mais il y en auroit mille..., je les franchirois toutes. Quelles délices, pour prix de tous mes voyages, de participer aux incidens d'une triste histoire que la beauté, qui en est le sujet, raconte elle-même!... Quelle félicité de la voir pleurer! c'en seroit une plus grande encore de tarir la source de ses larmes; mais si je ne parviens pas à la desssécher, n'est-ce pas toujours une sensation exquise d'essuyer les joues mouillées d'une belle femme, assis à ses côtés pendant toute la nuit & dans le silence?

Il n'y avoit certainement point de mal dans cette pensée; j'en fis cependant un reproche amer & dur à mon cœur.

J'avois toujours joui du bonheur d'aimer quelque belle; ma dernière flamme éteinte dans un accès de jalousie, s'étoit rallumée depuis trois mois aux beaux yeux de Lisette, & je lui avois juré qu'elle dureroit pendant tous mes voyages... Et pourquoi dissimuler la chose? Je lui avois juré une fidélité éternelle; elle avoit des droits sur tout mon cœur. Partager mes affections, c'étoit diminuer ses droits.., les exposer, c'étoit les risquer... Et qui pouvoit m'assurer qu'il n'y auroit point de perte? Et alors, Yorik, qu'aurez-vous à répondre aux plaintes d'un cœur si rempli de confiance, si bon, si doux?... N'est-il pas irréprochable?... Non, non, dis-je en m'interrompant moi-même, je n'irai jamais à Bruxelles... Mais mon imagination, cependant continue à se promener... Enchanterefse!... ah! cefse de m'offrir tes illusions..; elles sont heureusement dissipées. Je ne vois plus que ma Lisette ; je me rappelle ses regards au dernier moment de notre séparation ; dans ce moment où l'ame, à force de sentir, ne nous permettoit pas d'exprimer notre adieu par le mot même. Et n'est-ce pas là ton portrait, ma chère Lisette? N'est-ce pas toi qui me l'as attaché au cou avec ce ruban noir ? Je rougis en le fixant... Je voulus le baiser..., & je n'osai en approcher mes lèvres. Cette tendre fleur doit-elle se flétrir jusques dans la racine ? & qui en seroit cause? N'est-ce pas moi, au contraire, qui ai promis que mon sein seroit son abri ?

Source éternelle de félicité, m'écriai-je en tombant à genoux! soyez témoin avec tous les esprits célestes, que je n'irai point à Bruxelles, à moins qu'il ne fallût passer par-là pour gagner le ciel, & que Lisette n'y vînt avec moi.

Le cœur, dans des transports de cette nature, dit toujours trop, malgré le jugement.

CHAPITRE

CHAPITRE XXIX.
LA LETTRE.

La Fortune n'avoit pas favorisé Lafleur; il n'avoit pas été heureux dans ses faits de chevalerie, & depuis vingt-quatre heures, à peu près, qu'il étoit à mon service, rien ne s'étoit offert pour qu'il pût signaler son zèle. Le domestique du comte de L..., qui m'avoit apporté la lettre, lui parut une occasion propice, & il la saisit. Dans l'idée qu'il me feroit honneur par ses attentions, il le prit dans un cabinet de l'auberge, & le régala du meilleur vin de Picardie. Le domestique du comte, pour n'être pas en reste de politesse, l'engagea à venir avec lui à l'hôtel. L'humeur gaie & douce de Lafleur mit bientôt tous les gens de la maison à leur aise vis-à-vis de lui. Il n'étoit pas chiche, en vrai François, de montrer les talens qu'il possédoit, & en moins de cinq ou six minutes il prit son fifre, & la femme de chambre, le maître d'hôtel, le cuisinier, la laveuse de vaisselle, les laquais, les chiens, les chats, tout, jusqu'à un vieux singe, se mit aussitôt à danser. Jamais cuisine n'avoit été si gaie.

Madame de L..., en passant de l'appartement

de son frère dans le sien, surprise des ris & du bruit qu'elle entendoit, sonna sa femme de chambre pour en savoir la cause; & dès qu'elle sut que c'étoit le domestique du gentilhomme Anglois, qui avoit répandu la gaieté dans la maison en jouant du fifre, elle lui fit dire de monter.

Lafleur, en montant les escaliers, s'étoit chargé de mille complimens de la part de son maître pour madame, ajoutant bien des choses au sujet de la santé de madame; que son maître seroit au désespoir, si madame se trouvoit incommodée par les fatigues du voyage, & que monsieur avoit reçu la lettre que madame lui avoit fait l'honneur de lui écrire... Et sans doute il m'a fait l'honneur, dit madame en interrompant Lafleur, de me répondre par un billet?...

Elle lui parut dire cela d'un ton qui annonçoit tellement qu'elle étoit sûre du fait, que Lafleur n'osa la détromper... Il trembla que je n'eusse fait une impolitesse, peut-être eut-il peur aussi qu'on ne le regardât comme un sot de s'attacher à un maître qui manquoit d'égards pour les dames ; & lorsqu'elle lui demanda s'il avoit une lettre pour elle : O! qu'oui, dit-il, madame. Il mit aussitôt son chapeau par terre, & saisissant le bas de sa poche droite avec la main gauche, il commença à chercher la lettre avec son autre main... Il fit la même recherche dans sa poche gauche : diable disoit-il. Ensuite il chercha dans les poches de sa veste & même de son gousset : peste!... Enfin il les vida toutes sur le plancher, où il étala un col sale, un mouchoir, un peigne, une mèche de fouet, un bonnet de nuit... Il regarda entre les bords de son chapeau, & peu s'en fallut qu'il ne plaçât là la troisième exclamation; mais son étourderie en prit la place. Excusez, dit-il, madame, il faut que j'aie laissé la lettre sur la table de l'auberge: Je vais courir la chercher, & je serai de retour dans trois minutes.

Je venois de me lever de table quand Lafleur entra pour me conter son aventure. Il me fit naïvement le récit de toute l'histoire, & il ajouta que si monsieur avoit par hasard oublié de répondre à la lettre de madame, il pouvoit réparer cette faute par tout ce qu'il venoit de faire.., sinon que les choses resteroient comme elles étoient d'abord.

Je n'étois pas sûr que l'étiquette m'obligeât de répondre ou non; mes cheveux ne se sont pas blanchis dans l'étude de cette loi. Mais un démon même n'auroit pas pu se fâcher contre Lafleur. C'étoit son zèle pour moi qui l'avoit fait agir. S'y étoit-il mal pris? me jetoit-il dans un embarras?... Son cœur n'avoit pas fait de faute... Je ne crois pas que je fusse obligé d'écrire... Lafleur avoit

cependant l'air d'être si satisfait de lui-même;
que...

Cela est fort bien, lui dis-je, cela suffit... Il
sortit de la chambre avec la vîtesse d'un éclair,
& m'apporta presqu'aussitôt une plume, de l'encre & du papier... Il approcha la table d'un air
si gai, si content, que je ne pus me défendre de
prendre la plume.

Mais qu'écrire? Je commençai & recommençai. Je gâtai inutilement cinq ou six feuilles de
papier.... Je n'étois pas d'humeur à écrire.

Lafleur, qui s'imaginoit que l'encre étoit trop
épaisse, m'apporta de l'eau pour la délayer. Il mit
ensuite devant moi de la poudre & de la cire d'Espagne; tout cela ne faisoit rien. J'écrivois, j'effaçois, je déchirois, je brûlois, & je me remettois
à écrire avec aussi peu de succès. Peste de l'étourdi!... me disois-je à moi-même à voix basse...
Je ne peux pas écrire cette lettre...., Je jetai de
désespoir la plume à terre.

Lafleur, qui vit mon embarras, s'avança d'une
manière respectueuse, & en me faisant mille excuses de la liberté qu'il alloit prendre, il me dit
qu'il avoit dans sa poche une lettre qui pourroit
peut-être me servir de modèle. Un tambour de
son régiment l'avoit écrite à la femme d'un caporal.

Je ne demandois pas mieux que de le contenter. Voyons-là, lui dis-je.

Il tira alors de sa poche un petit porte-feuille rempli de lettres & de billets doux. Il dénoua la corde qui le lioit, en tira les lettres, les mit sur la table, les feuilleta les unes après les autres, & après les avoir repassées à deux reprises différentes, il s'écria : Enfin, monsieur, c'est celle-ci ! Il la déploya, la mit devant moi, & se retira à trois pas de la table pendant que je la lisois.

LETTRE (1).

Madame,

» Je suis pénétré de la douleur la plus vive,
» & réduit en même tems au désespoir, par ce
» retour imprévu du caporal qui rend notre entre-
» vue de ce soir la chose du monde la plus impos-
» sible.

» Mais vive la joie ! & toute la mienne sera de
» penser à vous.

» L'amour n'est rien sans sentiment.

» Et le sentiment est encore moins sans amour.

» On dit qu'on ne doit jamais se désespérer.

» On dit aussi que M. le caporal monte la garde
» mercredi : alors ce sera mon tour.

» Chacun à son tour.

» En attendant, **vive l'amour ! & vive la baga-**
» **telle !**

» Je suis,

Madame,

Avec tous les sentimens les plus respectueux & les plus tendres, tout à vous. Jacques Roc.

_____
(1) Cette lettre est en françois dans l'original.

Il n'y avoit qu'à changer le caporal en comte.., ne point parler de monter la garde le mercredi. La lettre, au surplus n'étoit ni bien ni mal. Ainsi, pour contenter le pauvre Lafleur qui trembloit pour ma réputation, pour la sienne & pour sa lettre, j'habillai ce chef-d'œuvre à ma guise. Je cachetai ce que j'avois écrit. Lafleur le porta à madame de L..., & nous partîmes le lendemain matin pour Paris.

CHAPITRE XXX.

Paris.

L'AGRÉABLE ville, quand on a un bel équipage, une douzaine de laquais & une couple de cuisiniers! Avec quelle liberté, quelle aisance on y vit!

Mais un pauvre prince, sans cavalerie, & qui n'a pour tout bien qu'un fantassin, fait bien mieux d'abandonner le champ de bataille & de se confiner dans le cabinet, s'il peut s'y amuser.

J'avoue que mes premières sensations, dès que je fus seul dans ma chambre, furent bien éloignées d'être aussi flatteuses que je me l'étois figuré.... Je m'approchai de la fenêtre, & je vis à travers les vitres une foule de gens de toutes couleurs qui couroient après le plaisir ; les vieillards avec des lances rompues & des casques qui n'avoient plus leurs masques; les jeunes, chargés d'une armure brillante d'or , ornés de tous les riches plumages de l'orient , & joutant tous en faveur du plaisir, comme les preux chevaliers faisoient autrefois dans les tournois pour acquérir de la gloire & de l'estime.

Hélas! mon pauvre Yorick, m'écriai-je, que fais-tu ici ? A peine es-tu arrivé que ce fracas brillant te jette dans le rang des atômes. Ah! cherche quelque rue détournée, quelque profond cul-de-sac, où l'on n'ait jamais vu de flambeau darder ses rayons, ni entendu de carrosse rouler.... C'est-là où tu peux passer ton tems. Peut-être y trouveras-tu quelque grisette qui te le fera paroître moins long. Voilà les espèces de coteries que tu pourras fréquenter.

Je périrai plutôt, m'écriai-je en tirant de mon porte-feuille la lettre que madame de L.... m'avoit chargé de remettre. J'irai voir madame de R..., & c'est la première chose que je ferai.... Lafleur?... Monsieur. Faites venir un perruquier... Vous donnerez ensuite un coup de vergette à mon habit.

CHAPITRE XXXI.
La Perruque.

LE perruquier entre; il jette un coup d'œil sur ma perruque, & refuse net d'y toucher. C'étoit une chose au-dessus ou au-dessous de son art. Mais comment donc faire, lui dis-je?... Monsieur, il en faut prendre une de ma façon; j'en ai de toutes faites.... Voyons. Il sortit & rentra presqu'aussitôt avec cinq ou six perruques.

Celle-ci vous va à merveille.... Oui. Eh bien! soit.... Mais je crains, mon ami, lui dis-je que cette boucle ne se soutienne pas.... Vous pourriez, dit-il, la tremper dans la mer, elle tiendroit.

Tout est grand à Paris, me disois-je. La plus grande étendue des idées d'un perruquier Anglois, n'auroit jamais été plus loin qu'à lui faire dire : Trempez-la dans un seau d'eau. Quelle différence! c'est comme le tems à l'éternité.

Je l'avouerai, je déteste toutes les conceptions froides & phlegmatiques, & toutes les idées minces & bornées dont elles naissent; je suis ordinairement si frappé des grands ouvrages de la nature, que, si je le pouvois, je n'aurois jamais d'objets de comparaison que ce ne fût pour le moins une montagne. Tout ce qu'on peut dire du sublime François, à cet égard, c'est que sa grandeur consiste plus dans le mot que dans la chose. La mer remplit, sans doute, l'esprit d'une idée vaste; mais Paris est si avant dans les terres, qu'il n'y avoit pas d'apparence que je prisse la poste pour aller à cent milles de là faire l'expérience dont me parloit le perruquier. Ainsi le perruquier ne me disoit rien.

Un seau d'eau fait, sans contredit, une triste figure vis-à-vis de la mer; mais il a l'avantage d'être sous la main, & l'on peut y tremper la boucle en un instant....

Disons le vrai. L'expression françoise exprime plus qu'on ne peut faire. C'est du moins ce que je pense après y avoir bien réfléchi.

Je ne sais si je me trompe, mais il me semble que ces minuties sont des marques beaucoup plus sûres & beaucoup plus distinctives des caractères nationaux, que les affaires les plus importantes de l'état, où il n'y a ordinairement que les grands qui agissent. Ils se ressemblent & parlent à peu près de même dans toutes les nations, & je ne donnerois pas douze sols de plus pour avoir le choix entr'eux tous.

Le perruquier me disoit qu'il vouloit que ma perruque fît sa réputation, & il resta si long-tems à l'accommoder, que je trouvai qu'il étoit trop tard pour aller chez madame R... porter ma lettre.... Cependant, quand un homme est une fois habillé pour sortir, il ne peut guère faire de réflexions sérieuses. Je pris par écrit le nom de l'hôtel de Modène, où j'étois logé, & je sortis sans savoir où j'irois.... J'y songerai, dis-je, en marchant.

CHAPITRE XXXII.

Le Pouls.

Les petites douceurs de la vie en rendent la durée moins ennuyeuse & plus supportable. Les graces, la beauté disposent à l'amour, elles ouvrent la porte & on y entre insensiblement.

Je vous prie, madame, d'avoir la bonté de me dire par où il faut prendre pour aller à l'opéra-comique. Très-volontiers, monsieur, dit-elle, en quittant son ouvrage.

J'avois jeté les yeux dans cinq ou six boutiques, pour chercher une figure qui ne se renfrogneroit pas en lui faisant cette question. Celle-ci me plut & j'entrai.

Elle étoit assise sur une chaise basse dans le fond de la boutique, en face de la porte, & brodoit des manchettes. Très-volontiers, dit-elle, & elle se leva d'un air si gai, si gracieux, que si j'avois dépensé cinquante louis dans sa boutique, j'aurois dit : cette femme est reconnoissante.

Il faut tourner, monsieur, dit-elle, en venant avec moi à la porte, & en me montrant la rue qu'il falloit prendre, il faut d'abord tourner à votre gauche.... Mais prenez garde..., il y a deux rues; c'est la seconde.... Vous la suivrez un peu, & vous verrez une église; quand vous l'aurez passée, vous prendrez à droite, & cette rue vous conduira au bas du Pont-Neuf qu'il faudra passer.... Vous ne trouverez personne alors qui ne se fasse un plaisir de vous montrer le reste du chemin....

Elle me répéta tout cela trois fois avec autant de patience & de bonté qu'elle me l'avoit d'abord dit; & si des tons & des manières ont une signification (& ils en ont une sans doute, à moins que ce ne soit pour des cœurs insensibles), elle sembloit s'intéresser à ce que je ne me perdisse pas.

Cette femme, qui n'étoit guère au-dessus de l'ordre des grisettes, étoit charmante; mais je suppose que ce ne fut pas sa beauté qui

SENTIMENTAL. 93

oublié tout ce qu'elle m'avoit dit.... Je regardai derrière moi, & je la vis qui étoit encore sur sa boutique, pour observer si je prendrois le bon chemin. Je retournai pour lui demander s'il falloit d'abord aller à droite ou à gauche.... J'ai tout oublié, lui dis-je. Est-il possible, dit-elle en souriant. Cela est très-possible, & cela arrive toujours quand on fait moins d'attention aux avis que l'on reçoit, qu'à la personne qui les donne.

Ce que je disois étoit vrai, & elle le prit comme toutes les femmes prennent les choses qui leur sont dues. Elle me fit une légère révérence.

Attendez, me dit-elle, en mettant sa main sur mon bras pour me retenir; je vais envoyer un garçon dans ce quartier-là porter un paquet : si vous voulez avoir la complaisance d'entrer, il sera prêt dans un moment, & il vous accompagnera jusqu'à l'endroit même. Elle cria à son garçon, qui étoit dans l'arrière-boutique, de se dépêcher, & j'entrai avec elle. Je levai de dessus la chaise où elle les avoit mises, les manchettes qu'elle brodoit; elle s'assit sur une chaise basse, & je me mis à côté d'elle.

Allons donc, François, dit-elle. Ne vous impatientez pas, je vous prie, monsieur, il sera prêt dans un moment. Et pendant ce moment, je voudrois; moi, vous dire mille choses agréables pour toutes vos politesses. Il n'y a personne, qui ne puisse, par hasard, faire une action qui annonce un bon naturel; mais quand les actions de ce genre se multiplient, c'est l'effet du caractère & du tempérament. Si le sang qui passe dans le cœur est le même que celui qui coule vers les extrémités, je suis sûr, ajoutai-je en lui soulevant le poignet, qu'il n'y a point de femme dans le monde qui ait un meilleur pouls que le vôtre.... Tâtez-le, dit-elle en tendant le bras, & aussitôt je saisis ses doigts d'une main, & j'appliquai sur l'artère les deux premiers doigts de mon autre main.

Que ne passiez-vous en ce moment, mon cher ami ! Vous m'auriez vu en habit noir & dans une attitude grave, aussi attentivement occupé à compter les battemens de son pouls, que si j'eusse guetté le retour du flux & du reflux de la fièvre. Vous auriez ri, mais peut-être aussi m'auriez-vous moralisé.... Hé bien ! je vous aurois laissé rire sans m'inquiéter de vos sermons.... Croyez-moi, mon cher censeur, il y a de bien plus mauvaises occupations dans le monde que celle de tâter le pouls d'une femme.... Oui..., mais d'une grisette ?... & dans une boutique toute ouverte ?...

Eh ! tant mieux. Quand mes vues sont honnêtes, je ne me mets point en peine de ce qu'on peut dire.

CHAPITRE XXXIII.

Le Mari.

J'avois compté vingt battemens de pouls, & je voulois aller jufqu'à quarante, quand fon mari parut à l'improvifte, & dérangea mon calcul. C'eft mon mari, dit-elle, & cela ne fait rien. Je recommençai donc à compter. Monfieur eft fi complaifant, ajouta-t-elle, qu'en paffant près de chez nous, il eft venu pour me tâter le pouls. Le mari ôta fon chapeau, me falua & me dit que je lui faifois trop d'honneur. Il remit auffitôt fon chapeau & s'en alla.

Bon Dieu! m'écriai-je en moi-même, eft-il poffible que ce foit-là fon mari?

Une foule de gens favent fans doute ce qui pouvoit m'autorifer à faire cette exclamation, & ils vont fe fâcher de ce que je vais l'expliquer à d'autres.... A la bonne heure.

Un marchand de Londres ne femble être avec fa femme qu'un tout, un individu dont une partie brille par les perfections de l'efprit & du corps, & l'autre en poffède auffi qui ne font pas moins utiles. Ils uniffent tout cela, vont de pair & quadrent l'un avec l'autre, autant qu'il eſt poſſible à un mari & à une femme de s'accorder.

Mais ce n'eſt pas ainſi que vont les choſes à Paris. La puiſſance légiſlative & exécutrice de la boutique n'appartient point au mari, c'eſt l'empire de la femme, & le mari, qui n'y paroît qu'en étranger, y paroît rarement. Il ſe tient dans l'arrière-boutique ou dans quelque chambre obſcure, tout ſeul, dans ſon bonnet de nuit. Fils ruſtique de la nature, il reſte au milieu des hommes, tel que la nature l'a formé. Les femmes, par un babillage & un commerce continuel avec tous ceux qui vont & viennent, ſont comme ces cailloux de toutes ſortes de formes, qui, frottés les uns contre les autres, perdent leur rudeſſe & prennent quelquefois le poli d'un diamant…. Ce pays n'a rien de ſalique que la monarchie. On y a cédé tout le reſte aux femmes.

Comment trouvez-vous, monſieur, le battement de mon pouls, dit-elle? Il eſt auſſi doux, lui dis-je en la fixant tranquillement, que je me l'étois imaginé…. Elle alloit me répondre ; mais François, en entrant, dit que le paquet de gants étoit fait. Où faut-il le porter?… A propos, dis-je, j'en voudrois avoir quelques paires.

CHAPITRE

CHAPITRE XXXIV.
Les gants.

LA belle marchande se lève, passe derrière son comptoir, aveint un paquet & le délie. J'avance vis-à-vis d'elle : les gants étoient tous trop larges; elle les mesura l'un après l'autre sur ma main, cela ne les appetissoit pas. Elle me pria d'en essayer une paire qui ne lui paroissoit pas si grande que les autres.... Elle en ouvrit un, & ma main y glissa tout d'un coup.... Cela ne me convient pas, dis-je en remuant un peu la tête. Non, dit-elle en faisant le même mouvement.

Il y a de certains regards combinés, qui, par le mélange des différentes sensations que donnent les humeurs, le bon-sens, la gravité, la sottise, & toutes les autres affections de l'ame, expliquent plus subtilement ce qu'on a à dire, que tous les langages variés de la tour de Babel ne pourroient l'exprimer.... Ils se communiquent & se saisissent avec une telle promptitude, qu'on ne sait auquel des deux attribuer ce qu'ils ont de bon ou de dangereux.... Pour moi, je laisse à messieurs les dissertateurs le soin de grossir de ce sujet leurs agréables volumes.... Il me suffit de répéter que les gants ne convenoient pas.... Nous repliâmes tous deux nos mains dans nos bras, en nous appuyant sur le comptoir. Il étoit si étroit, qu'il n'y avoit de place entre nous que pour le paquet de gants.

La jeune marchande regardoit quelquefois les gants, ensuite la fenêtre, puis les gants..., & jetoit de tems en tems les yeux sur moi.... Elle ne disoit mot, & je n'étois pas disposé à rompre le silence.... Je suivois en tout son exemple. Mes yeux se portoient tour à tour sur elle, & sur la fenêtre & sur les gants.

Mais je perdis beaucoup dans toutes ces attaques d'imitations. Elle avoit des yeux noirs, vifs, qui dardoient leurs rayons à travers deux longues paupières de soie, & ils étoient si perçans, qu'ils pénétroient jusqu'à mon cœur.... Cela peut paroître étrange... mais je ne m'étois interdit que le voyage de Bruxelles.... Ah! Lisette! Lisette!

N'importe, dis-je en prenant sur le champ ma résolution..., je vais m'accommoder de ces deux paires de gants.

On ne me les surfit pas d'un sou, & je fus sensible à ce procédé. J'aurois voulu qu'elle eût demandé quelque chose de plus, & j'étois embarrassé de pouvoir le lui dire.... Croyez-vous, monsieur, me dit-elle en devinant mon embarras, que je voudrois demander seulement un sou de trop à un étranger..., & surtout à un étranger dont la politesse, plus que le besoin des gants, l'engage à prendre ce qui ne lui convient pas, & à se fier à moi? Est-ce que vous m'en auriez cru capable?... Moi! non, je vous assure. Mais vous l'auriez fait, que je vous l'aurois pardonné de tout mon cœur... Je payai, & en la saluant un peu plus profondément que cela n'est d'usage, je la quittai, & le garçon, avec son paquet, me suivit.

CHAPITRE XXXV.
LA TRADUCTION.

ON me mit dans une loge où il n'y avoit qu'un vieil officier. J'aime les militaires dont les mœurs sont adoucies par une profession qui développe souvent les mauvaises qualités de ceux qui sont méchans. J'en ai connu un que la mort m'a enlevé depuis long-tems; mais je me fais un plaisir de le nommer; c'étoit le capitaine Shandy, le plus cher de tous mes amis. Je ne puis penser à la douceur & à l'humanité de ce brave homme, sans verser des larmes, & j'aime, à cause de lui, tout le corps des vétérans. J'enjambai sur le champ les deux bancs qui étoient derrière moi, pour me placer à côté de l'officier qui étoit dans la loge.

Il lisoit attentivement une petite brochure qui étoit probablement une des pièces qu'on alloit jouer. Je fus à peine assis qu'il ôta ses lunettes, les enferma dans un étui de chagrin, & mit le livre & l'étui dans sa poche. Je me levai à demi pour le saluer.

Qu'on traduise ceci dans tous les langages du monde : en voici le sens.

« Voilà un pauvre étranger qui entre dans la
» loge.... Il a l'air de ne connoître personne, &
» il demeureroit sept ans à Paris qu'il n'y connoî-
» troit qui que ce soit, si tous ceux dont il appro-
» cheroit tenoient leurs lunettes sur le nez....
» C'est lui fermer la porte de la conversation : ce
» seroit le traiter pire qu'un Allemand ».

Le vieil officier auroit pu dire tout cela à haute voix, & je ne l'aurois pas mieux entendu.... Je lui aurois, à mon tour, traduit en françois le salut que je lui avois fait; je lui aurois dit « que j'étois
» très-sensible à son attention, & que je lui en
» rendois mille graces ».

Il n'y a point de secret qui aide plus au progrès de la sociabilité, que de se rendre habile dans cette manière abrégée de se faire entendre. On gagne beaucoup à pouvoir expliquer en termes intelligibles les regards, les gestes & toutes leurs différentes inflexions. Je m'en suis fait une telle habitude, que je n'exerce presque cet art que machinalement. Je ne marche point dans les rues de Londres, que je ne traduise tout du long du chemin, & je me suis souvent trouvé dans des cercles dont j'aurois pu rapporter, quoiqu'on n'y eût pas dit quatre mots, vingt conversations différentes, ou les écrire sans risquer de dire quelque chose qui n'auroit pas été vrai.

Un soir que j'allois au concert, comme je me présentois à la porte pour entrer, la marquise de F... sortoit de la salle avec une espèce de précipitation, & elle étoit presque sur moi que je ne l'avois pas vue. Je fis un saut de côté pour la laisser passer. Elle fit de même & du même côté, & nos têtes se touchèrent.... Elle alla aussitôt de l'autre côté, & un mouvement involontaire m'y porta, & je m'opposai encore innocemment à son passage.... Cela se répéta encore malgré nous jusqu'au point de nous faire rougir.... A la fin je fis ce que j'aurois dû faire dès le commencement; je me tins tranquille, & la marquise passa sans difficulté. Je sentis aussitôt ma faute, & il n'étoit pas possible que j'entrasse sans la réparer, autant qu'il seroit en mon pouvoir. Pour cela je suivis des yeux la marquise jusqu'au bout du passage. Elle tourna deux fois les siens vers moi, & sembloit marcher de façon à me faire juger qu'elle vouloit faire place à quelqu'autre qui voudroit passer.... Non, non, dis-je, c'est-là une mauvaise traduction. Elle a droit d'exiger que je lui fasse des excuses, & l'espace qu'elle laisse n'est que pour me donner la facilité de lui en faire.... Je cours donc à elle & lui demande pardon de l'embarras que je lui avois causé, en lui disant que mon intention étoit de lui faire place.... Elle dit qu'elle avoit eu le même dessein à mon égard..., & nous nous remerciâmes réciproquement. Elle étoit au haut de l'escalier, & ne voyant point d'écuyer près d'elle, je lui offris la main pour la conduire à sa voiture.... Nous descendîmes l'escalier en nous arrêtant presque à chaque marche, pour parler du concert qu'on alloit donner, & de notre aventure. Elle étoit déjà dans son carrosse que nous en parlions encore. J'ai fait six efforts différens, lui dis-je, pour vous laisser passer.... Et moi, j'en ai fait autant pour vous laisser entrer.... Je voudrois bien, lui dis-je, que vous en fissiez un septième.... Très-volontiers, dit-elle en me faisant place. La vie est trop courte pour s'occuper de tant de formalités.... Je montai dans la voiture, & je l'accompagnai chez elle... Que devint le concert? Ceux qui y étoient le savent mieux que moi. Je ne veux qu'ajouter que la liaison agréable que je formai, me fit plus de plaisir que si l'on m'eût payé un million pour ma traduction.

CHAPITRE XXXVI.

Le Nain.

Je n'ai jamais ouï dire que quelqu'un, si ce n'est une seule personne que je nommerai probablement dans ce chapitre, eût fait une remarque que je fis au moment même que je jetai les yeux sur le parterre. Je ne me souvenois même pas trop qu'on l'eût faite, & le jeu inconcevable de la nature, en formant un si grand nombre de nains, m'en frappa plus vivement. Elle se joue, sans doute, de tous les pauvres humains dans tous les coins de l'univers; mais à Paris il semble qu'elle ne mette point de bornes à ses amusemens.... La bonne déesse paroît aussi gaie qu'elle est sage.

J'étois à l'opéra-comique, mais toutes mes idées n'y étoient pas renfermées, & elles se promenoient dehors comme si j'y avois été moi-même.... Je mesurois, j'examinois tous ceux que je rencontrois dans les rues : c'étoit une tâche mélancolique, surtout quand la taille étoit petite..., le visage très-brun, les yeux vifs, le nez long, les dents gâtées, la mâchoire de travers.... Je souffrois de voir tant de malheureux que la force des accidens avoit chassés de la classe où ils devoient être, pour les contraindre à faire nombre dans une autre.... Les uns, à cinquante ans, paroissoient à peine être des enfans par leur taille; les autres étoient noués, rachitiques, bossus, ou avoient les jambes torses. Ceux-ci étoient arrêtés dans leur croissance, dès l'âge de six ou sept ans, par les mains de la nature; ceux-là ressembloient à des pommiers nains, qui, dès leur première existence, font voir qu'ils ne parviendront jamais à la hauteur commune des autres arbres de la même espèce.

Un médecin voyageur diroit peut-être que tout cela ne provient que de bandages mal faits & mal appliqués.... Un médecin sombre diroit que c'est faute d'air; & un voyageur curieux, pour appuyer ce système, se mettroit à mesurer la hauteur des maisons, le peu de largeur des rues, & la petitesse extrême des bouges où, au sixième ou septième étage, les gens du peuple mangent & couchent ensemble.

M. Shandy, qui avoit sur bien des choses des idées fort extraordinaires, soutenoit, en causant un soir sur cette matière, que les enfans pouvoient devenir fort grands lorsqu'ils étoient venus au monde sans accident; mais, ajoutoit-il en plaisantant, le malheur des habitans de Paris est d'être si étroitement logés, que je m'étonne qu'ils y trouvent assez de place pour faire même leurs enfans.... Auſſi que font-ils? des riens; car n'eſt-ce pas ainſi, après vingt ou vingt-cinq ans de tendres ſoins & de bonne nourriture, qu'on doit appeler une choſe qui n'eſt pas devenue plus haute que la jambe?... M. Shandy, qui étoit toujours très-laconique, en reſta-là, & il ne dit rien des moyens qu'il y auroit de rendre les hommes plus géans que nains.

Je n'en dirai rien moi-même.... Ce n'eſt pas ici un ouvrage de raiſonnement, & je m'en tiens à la fidélité de la remarque qui peut ſe vérifier dans toutes les rues & dans tous les carrefours de Paris. Je deſcendois un jour de la place du Palais Royal au quai du Louvre, par la rue Froidmanteau; j'apperçus un petit garçon qui avoit de la peine à paſſer le ruiſſeau, & je lui tendis la main pour l'aider. Quelle fut ma ſurpriſe en jetant les yeux ſur lui! Le petit garçon avoit au moins quarante ans... Mais il n'importe, dis-je.., quelqu'autre bonne ame en fera autant pour moi, quand j'en aurai quatre-vingt-dix.

Je ſens en moi je ne ſais quels principes d'égards & de compaſſion pour cette portion défectueuſe & diminutive de mon eſpèce.... Ils n'ont ni la force ni la taille pour ſe pouſſer & pour figurer dans le monde..... Je n'aime point qu'on les humilie..., & je ne fus pas ſi-tôt aſſis à côté de mon vieil officier, que j'eus le chagrin de voir qu'on se moquoit d'un bossu au bas de la loge où nous étions.

Il y a entre l'orchestre & la première loge de côté, un espace où beaucoup de spectateurs se réfugient quand il n'y a plus de place ailleurs. On y est debout, quoiqu'on paye aussi cher que dans l'orchestre. Un pauvre haire de cette espèce s'étoit glissé dans ce lieu incommode. Il étoit entouré de personnes qui avoient au moins deux pieds & demi plus que lui, & le nain bossu souffroit prodigieusement ; mais ce qui le gênoit le plus, étoit un homme de plus de six pieds de haut, épais à proportion, Allemand par dessus tout cela, qui étoit précisément devant lui, & lui déroboit absolument la vue du théâtre & des acteurs. Mon nain faisoit ce qu'il pouvoit pour jeter un coup-d'œil sur ce qui se passoit ; il cherchoit à profiter des ouvertures qui se faisoient quelquefois entre les bras de l'Allemand & son corps ; il guettoit d'un côté, étoit à l'affût de l'autre ; mais ses soins étoient inutiles ; l'Allemand se tenoit massivement dans une attitude carrée ; il auroit été aussi bien au fond d'un puits. Fatigué enfin de ne point voir, il étendit en haut très-civilement sa main jusqu'au bras du géant..., & lui conta sa peine.... L'Allemand tourne la tête, jette en bas les yeux sur lui comme Goliath sur David..., & sans sentiment se remet dans sa situation.

Je prenois en ce moment une prise de tabac dans la tabatière de corne du bon moine.... Ah! votre esprit doux & poli, mon cher P. Laurent, & qui est si bien modelé pour supporter & pour souffrir, auroit prêté une oreille complaisante aux plaintes de ce pauvre nain!...

Le vieil officier me vit lever les yeux avec émotion en faisant cette apostrophe, & me demanda ce qu'il y avoit.

Je lui contai l'histoire en trois mots, en ajoutant que cela étoit inhumain.

Le nain étoit poussé à bout; & dans les premiers transports, qui sont communément déraisonnables, il dit à l'Allemand qu'il couperoit sa longue queue avec ses ciseaux.... L'Allemand le regarda froidement, & lui dit qu'il étoit le maître, s'il pouvoit y atteindre.

Oh! quand l'injure est suivie de l'insulte, tout homme qui a du sentiment, prend le parti de celui qui est offensé, tel qu'il soit...., & j'aurois volontiers sauté en bas pour aller au secours de l'opprimé.... Le vieil officier le soulagea avec beaucoup moins de fracas.!.. Il fit signe à la sentinelle, & lui montra le lieu où se passoit la scène. La sentinelle y pénétra.... Il n'y avoit pas besoin d'explication, la chose étoit visible.... Le soldat fit reculer l'Allemand, & plaça le nain devant l'épais géant.... Cela est bien fait, m'écriai-je en frappant des mains.... Vous ne souffririez pas une chose semblable en Angleterre, dit le vieil officier.

En Angleterre, monsieur, lui dis-je, nous sommes tous assis à notre aise....

Il voulut apparemment me donner quelque satisfaction de moi-même, & me dit : Voilà un bon mot.... Je le regardai.., & je vis bien qu'un bon mot a toujours de la valeur à Paris.... Il m'offrit une prise de tabac.

CHAPITRE XXXVII.

LA ROSE.

Mon tour vint de demander au vieil officier ce qu'il y avoit.... J'entendois de tous côtés crier du parterre : Haut les mains M. l'abbé, & cela m'étoit tout aussi incompréhensible, qu'il avoit peu compris ce que j'avois dit en parlant du moine.

Il me dit que c'étoit apparemment quelqu'abbé qui se trouvoit placé dans une loge, derrière quelques grisettes, & que le parterre l'ayant vu, il vouloit qu'il tînt ses deux mains en l'air pendant la représentation....

Ah ! comment soupçonner, dis-je, qu'un ecclésiastique puisse être un filou ? L'officier sourit..,

&, me parlant à l'oreille, il m'ouvrit une porte de connoissance dont je n'avois pas encore eu la moindre idée.

Bon Dieu ! dis-je en pâlissant d'étonnement, est-il possible qu'un peuple si rempli de sentimens, ait en même tems des idées si étranges, & qu'il se démente jusqu'à ce point?... Quelle grossièreté ! ajoutai-je.

L'officier me dit : c'est une raillerie piquante qui a commencé au théâtre contre les ecclésiastiques, du tems que Molière donna son Tartuffe.... Mais cela se passe peu-à-peu avec le reste de nos mœurs gothiques.... Chaque nation, continuat-il, a des raffinemens & des grossièretés qui règnent pendant quelque tems, & se perdent par la suite.... J'ai été dans plusieurs pays, & je n'en ai pas vu un seul où je n'aie trouvé des délicatesses qui manquoient dans d'autres.... Le pour & le contre se trouvent dans chaque nation.... Il y a une balance de bien & de mal par-tout; il ne s'agit que de la bien observer. C'est le vrai préservatif des préjugés que le vulgaire d'une nation prend contre une autre.... Un voyageur a l'avantage de voir beaucoup & de pouvoir faire le parallèle des hommes & de leurs mœurs, & par-là il apprend à savoir vivre & à nous entre-souffrir. Une tolérance réciproque nous engage à nous ent'aimer.... Il me fit, en difant cela, une inclination & me quitta.

Il me tint ce difcours avec tant de candeur & de bon-fens, qu'il juftifia les impreffions favorables que j'avois eues de fon caractère.... Je croyois aimer l'homme..., mais je craignois de me méprendre fur l'objet.... Il venoit de tracer ma façon de penfer propre.... Je n'aurois pas pu l'exprimer auffi bien; c'étoit la feule différence.

Rien n'eft plus incommode pour un cavalier, que d'avoir un cheval entre fes jambes, qui dreffe les oreilles & fait des écarts à chaque objet qu'il apperçoit; cela m'inquiète fort peu.... Mais j'avoue franchement que j'ai rougi plus d'une fois pendant le premier mois que j'ai paffé à Paris, d'entendre prononcer de certains mots auxquels je n'étois pas accoutumé. Je croyois qu'ils étoient indécens & ils me foulevoient.... Mais je trouvai le fecond mois qu'ils étoient fans conféquence & ne bleffoient point la pudeur.

Madame de R...., après fix femaines de connoiffance, me fit l'honneur de me mener avec elle à deux lieues de Paris, dans fa voiture.... On ne peut être plus polie, plus vertueufe & plus modefte qu'elle dans fes expreffions.... En revenant, elle me pria de tirer le cordon.... Avez-vous befoin de quelque chofe? lui dis-je.... Rien que de...., dit-elle.... Une prude auroit déguisé la chose, sous le nom de son petit tour.

Ami voyageur, ne troublez point madame de R.....; & vous, belles nymphes, qui faites les mystérieuses, allez cueillir des roses, effeuillez-les sur le sentier où vous vous arrêterez.... Madame de R.... n'en fit pas davantage.... Je l'avois aidée à descendre de carrosse, & j'eusse été le prêtre de la chaste Castalie, que je ne me serois pas tenu dans une attitude plus décente & plus respectueuse près de sa fontaine.

CHAPITRE XXXVIII.

LA FEMME-DE-CHAMBRE.

CE que le vieil officier venoit de me dire sur les voyages, me fit souvenir des avis que Polonius donnoit à son frère sur le même sujet; ces avis me rappelèrent Hamlet, & Hamlet retraça à ma mémoire les autres ouvrages de Shakespear. J'entrai, en retournant, dans la boutique d'un libraire, sur le quai de Conti, pour acheter les œuvres de ce poëte Anglois.

Le libraire me dit qu'il n'en avoit point de complettes. Comment ? lui dis-je, en voilà un exemplaire sur votre comptoir.

Cela eft vrai, mais il n'eft pas à moi..., c'eft M. le comte de B.... qui me l'a envoyé ce matin de Verfailles pour le faire relier.

Et que fait M. le comte de B.... de ce livre? lui dis-je. Eft-ce qu'il lit Shakefpear? Oh! dit le libraire, c'eft un efprit fort..., il aime les livres anglois; & ce qui lui fait encore plus d'honneur, monfieur, c'eft qu'il aime auffi les Anglois.

En vérité, lui dis-je, vous parlez fi poliment, que vous forceriez prefque un Anglois, par reconnoiffance, à dépenfer quelques louis dans votre boutique.

Le libraire fit une inclination, & alloit probablement dire quelque chofe, lorfqu'une jeune fille d'environ vingt ans, fort décemment mife, & qui avoit l'air d'être au fervice de quelque dévote à la mode, entra dans la boutique, & demanda les Egaremens du cœur & de l'efprit. Le libraire les lui donna auffitôt: elle tira de fa poche une petite bourfe de fatin vert, enveloppée d'un ruban de même couleur.... Elle la délia, & mit dedans le pouce & le doigt avec délicateffe, mais fans affectation, pour prendre de l'argent, & paya. Rien ne me retenoit dans la boutique, & j'en fortis avec elle.

Ma belle enfant, lui dis-je, quel befoin avez-vous des égaremens du cœur? A peine favez-vous encore que vous en ayez un..., jufqu'à ce que

l'amour

l'amour vous l'ait dit, ou qu'un berger infidèle lui ait causé du mal.... Dieu m'en garde ! répondit-elle. Oui, vous avez raison. Votre cœur est bon, & ce seroit dommage qu'on vous le dérobât.... C'est pour vous un trésor précieux..... Il vous donne un meilleur air que si vous étiez parée de perles & de diamans.

La jeune fille m'écoutoit avec une attention docile, & elle tenoit sa bourse par le ruban. Elle est bien légère, lui dis-je en la saisissant..., & aussitôt elle l'avança vers moi.... Il y a bien peu de chose dedans, continuai-je. Mais soyez toujours aussi sage que vous êtes belle, & le ciel la remplira.... J'a-vois encore dans la main cinq ou six écus que j'a-vois pris pour acheter Shakespear ; elle m'avoit tout-à-fait laissé aller sa bourse, & j'y mis un écu. Je l'enveloppai de ruban, & je la lui rendis.

Elle me fit, sans parler, une humble inclination.... Je ne me trompai pas à ce qu'elle signifioit.... C'étoit une de ces inclinations tranquilles & reconnoissantes, où le cœur a plus de part que le geste. Le cœur sent le bienfait, & le geste exprime la reconnoissance. Je n'ai jamais donné un écu à une fille avec plus de plaisir.

Mon avis ne vous auroit servi à rien, ma chère, sans ce petit présent.... Mais quand vous verrez l'écu, vous vous souviendrez de l'avis.... N'allez pas le dépenser en rubans....

Je vous assure, monsieur, que je le conserverai..., & elle me donna la main.... Oui, monsieur, je le mettrai à part.

Une convention vertueuse qui se fait entre homme & femme, semble sanctifier toutes leurs démarches.... Il étoit déjà tard, & faisoit obscur ; malgré cela, comme nous allions du même côté, nous n'eûmes point de scrupule d'aller ensemble le long du quai de Conti.

Elle me fit une seconde inclination en partant; & nous n'étions pas encore à vingt pas, que, croyant n'avoir pas assez fait, elle s'arrêta pour me remercier encore.

C'est un petit tribut, lui dis-je, que je n'ai pu m'empêcher de payer à la vertu.... Je serois au désespoir si la vertu de la personne ne répondoit pas à l'hommage que je viens de lui rendre.... Mais l'innocence, ma chère, est peinte sur votre visage.... Malheur à celui qui essayeroit de lui tendre des pièges !

Elle parut extrêmement sensible à ce que je lui disois.... Elle fit un profond soupir.... Je ne lui en demandai pas la raison, & nous gardâmes le silence jusqu'au coin de la rue Guénégaud, où nous devions nous séparer.

Est-ce ici le chemin, lui dis-je, ma chère, de l'hôtel de Modène ? Oui..., mais on peut y aller aussi par la rue de Seine.... Eh bien ! j'irai donc par la rue de Seine, pour deux raisons ; d'abord, parce que cela me fera plaisir, & ensuite pour vous accompagner plus long-tems.

En vérité, dit-elle, je souhaiterois que l'hôtel fût dans la rue des Saints-Pères.... C'est peut-être là que vous demeurez ? lui dis-je. Oui, monsieur, je suis femme de chambre de madame de R.... Bon Dieu, m'écriai-je, c'est précisément la dame pour laquelle on m'a chargé d'une lettre à Amiens. Elle me dit que madame de R.... attendoit effectivement un étranger qui devoit lui remettre une lettre, & qu'elle étoit fort impatiente de le voir.... Eh bien ! ma chère enfant, dites-lui que vous l'avez rencontré. Assurez-la de mes respects, & que j'aurai l'honneur de la voir demain matin.

C'est au coin de la rue Guénégaud que nous disions tout cela.... Nous étions arrêtés.... La jeune fille mit dans ses poches les deux volumes qu'elle venoit d'acheter, & je lui prêtai pour cela mon secours.

Qu'il est doux de sentir la finesse des fils qui lient nos affections !

Nous nous remîmes encore en marche.... & nous n'avions pas fait trois pas, qu'elle me prit le bras.... J'allois le lui dire, mais elle le fit d'elle-même avec une simplicité peu réfléchie, & sans songer qu'elle ne m'avoit jamais vu.... Pour moi, je crus sentir si vivement en ce moment les influences de ce qu'on appelle la force du sang, que je la fixai pour voir si je ne pouvois pas trouver en elle quelque ressemblance de famille.... Eh! ne sommes-nous pas, dis-je, tous parens?

Arrivés au coin de la rue de Seine, je m'arrêtai pour lui dire adieu. Elle me remercia encore, & pour ma politesse, & pour lui avoir tenu compagnie. Nous avions quelque peine à nous séparer.... Cela ne se fit qu'en nous disant adieu deux fois. Notre séparation étoit si cordiale, que je l'aurois scellée, je crois, en tout autre lieu, d'un baiser aussi sain, aussi chaud que celui d'un apôtre.

Mais à Paris les baisers ne se donnent guère, du moins publiquement, qu'entre femmes, & qu'entre hommes....

Je fis mieux; je priai Dieu de la bénir.

CHAPITRE XXXIX.

LE PASSE-PORT.

DE retour à l'hôtel. Lafleur me dit qu'on étoit venu de la part de M. le lieutenant de police, pour s'informer de moi.... Diable, dis-je, j'en sais la raison, & il est tems d'en informer le lecteur. J'ai omis de mettre cette partie de l'histoire dans l'ordre qu'elle est arrivée.... Je ne l'avois pas oubliée..., mais j'avois pensé, en écrivant, qu'elle seroit mieux placée ici.

J'étois parti de Londres avec une telle précipitation, que je n'avois pas songé que nous étions en guerre avec la France. J'étois déjà arrivé à Douvres, déjà je voyois, par le secours de ma lunette d'approche, les hauteurs qui sont au-delà de Boulogne, que l'idée de la guerre ne m'étoit pas plus venue à l'esprit, que celle qu'on ne pouvoit pas aller en France sans passe-port.... Aller seulement au bout d'une rue, & m'en retourner sans avoir rien fait, est pour moi une chose penible. Le voyage que je commençois étoit le plus grand effort que j'eusse jamais fait pour acquérir des connoissances, & je ne pouvois supporter l'idée de retourner à Londres sans remplir mon projet.... On me dit que le comte de H.... avoit loué le paquebot.... Il étoit logé dans mon auberge, j'étois légèrement connu de lui, & j'allai le prier de me prendre à sa suite. Il ne fit point de difficulté : mais il me prévint que son inclination à m'obliger ne pourroit s'étendre que jusqu'à Calais, parce qu'il étoit obligé d'aller de-là à Bruxelles. Mais, arrivé à Calais, me dit-il, vous pourrez sans crainte aller à Paris. Lorsque vous y serez, vous chercherez des amis pour pourvoir à votre sûreté. M. le comte, lui dis-je, je me tirerai alors d'embarras.... Je m'embarquai donc, & je ne songeai plus à l'affaire.

Mais quand Lafleur me dit que M. le lieutenant de police avoit envoyé, je sentis dans l'instant de quoi il étoit question.... L'hôte monta presqu'en même tems pour me dire la même chose, en ajoutant qu'on avoit singulièrement demandé mon passe-port. J'espère, dit-il, que vous en avez un.... Moi ? Non, en vérité, lui dis-je, je n'en ai pas.

Vous n'en avez pas ? & il se retira à trois pas, comme s'il eût craint que je ne lui communiquasse la peste ; Lafleur, au contraire, avança trois pas avec cette espèce de mouvement que fait une bonne ame pour venir au secours d'une autre.... Le bon garçon gagna tout-à-fait mon cœur.... Ce seul trait me fit connoître son caractère aussi parfaitement que s'il m'avoit déjà servi avec zèle pendant sept ans ; & je vis que je pouvois me fier entièrement à sa probité & à son attachement...

Milord !... s'écria l'hôte..., mais se reprenant aussitôt, il changea de ton.... Si monsieur, dit-il, n'a pas de passe-port, il a apparemment des amis à Paris qui peuvent lui en procurer un.... Je ne connois personne, lui dis-je avec un air indifférent. Hé bien ! monsieur, en ce cas-là, dit-il, vous pouvez vous attendre à vous voir fourrer à la

Baſtille, ou pour le moins au Châtelet.... Oh! dis-je, je ne crains rien : le roi eſt rempli de bonté, il ne fait de mal à perſonne.... Vous avez raiſon, mais cela n'empêchera pourtant pas qu'on ne vous mette à la Baſtille demain matin.... J'ai loué, repris-je, votre appartement pour un mois, & je ne le quitterai pas avant le tems, quand le roi même me le diroit....

Lafleur vint me dire à l'oreille : monſieur, mais perſonne ne peut s'oppoſer au roi....

Parbleu! dit l'hôte, il faut avouer que ces meſſieurs Anglois ſont des gens bien extraordinaires; & il ſe retira en gromelant.

CHAPITRE XL.

LE SANSONNET.

JE ne montrai tant d'aſſurance à l'hôte, que pour ne point chagriner Lafleur. J'affectai même de paroître plus gai pendant le ſouper, & de cauſer avec lui d'autres choſes. Paris & l'opéra-comique étoient déjà pour moi un ſujet inépuiſable de converſation. Lafleur, ſans que je le ſuſſe, avoit auſſi vu le ſpectacle, & il m'avoit ſuivi en ſortant juſqu'à la boutique du libraire. Il ne m'avoit quitté de vue que quand il apperçut que je cauſois avec la jeune fille, & que j'allois avec elle le long du quai. Les réflexions qui lui vinrent sur cette entrevue, l'empêchèrent de me suivre. Il prit le chemin le plus court pour revenir à l'hôtel, & il avoit appris toute l'affaire de la police avant que j'arrivasse.

Il n'eut pas si-tôt ôté le couvert, que je lui dis de descendre pour souper.... Je me livrai alors aux plus sérieuses réflexions sur ma situation.

Oh ! c'est ici mon cher ami, qu'il faut que je vous rappelle la conversation que nous eûmes ensemble, presque au moment de mon départ.

Vous saviez que je n'étois pas plus chargé d'argent que de réflexion. Vous me demandâtes combien j'avois. Je vous montrai ma bourse.... Eh! mon cher Yorick, tu t'embarques avec si peu de chose !... Tiens, tiens, augmente tes guinées de toutes celles que j'ai.... Mais j'en ai assez des miennes.... Je t'assure que non. Je connois mieux que toi le pays où tu vas voyager. Cela peut être, mais je ne suis pas comme un autre. Je ne serai pas trois jours à Paris sans faire quelqu'étourderie qui me fera mettre à la Bastille, où je vivrai un ou deux mois entièrement aux dépens du roi.... Oh ! j'avois réellement oublié cette ressource, me dites-vous séchement....

L'évènement dont j'avois badiné, alloit probablement se réaliser.

Mais, soit folie, indifférence, philosophie, opiniâtreté, ou je ne sais quelle autre cause, j'eus beau réfléchir sur cette affaire, je ne pus y penser que de la même manière dont j'en avois parlé au moment de mon départ.

La Bastille!.... Mais la terreur est dans le mot... Et, qu'on en dise ce qu'on voudra, ce mot ne signifie autre chose qu'une tour...., & une tour ne veut rien dire de plus qu'une maison dont on ne peut pas sortir.... Que le ciel soit favorable aux goutteux!... Mais ne sont-ils pas dans ce cas deux fois par an?... Oh! avec neuf francs par jour, des plumes, de l'encre, du papier & de la patience, on peut bien garder la maison pendant un mois ou six semaines sans sortir. Que craindre quand on n'a point fait de mal?.... On n'en sort que meilleur & plus sage.... Il seroit à souhaiter que toutes nos imprudences tournassent aussi favorablement ; c'est gagner, au lieu d'être puni.

La tête pleine de ces réflexions, enchanté de mes idées & de mon raisonnement, je descendis dans la cour pour prendre l'air. Je déteste, me disois-je, les pinceaux sombres, & je n'envie point l'art triste de peindre les maux de la vie avec des couleurs aussi noires. L'esprit s'effraie d'objets qu'il s'est grossis, & qu'il s'est rendu horribles à lui-même ; dépouillez-les de tout ce que vous y avez ajouté..., on n'en fait aucun cas.... Je fais cependant, continuai-je, que la Bastille est un désagrément.... Mais ôtez-lui ses tours, comblez ses fossés, ouvrez ses portes, figurez-vous que ce n'est simplement qu'un asyle de contrainte, & supposez que c'est quelque infirmité qui vous y retient ; alors le mal s'évanouit, & vous le souffrez sans vous plaindre.... Je me disois tout cela, quand je fus interrompu, au milieu de mon soliloque, par une voix qui se plaignoit de ce qu'on ne pouvoit sortir. Je regardai sous la porte cochère.... Je ne vis personne, & je revins dans la cour, sans faire la moindre attention à ce que j'avois entendu....

Mais à peine y fus-je revenu, que la même voix répéta deux fois les mêmes expressions.... Je levai les yeux, & je vis qu'elles venoient d'un sansonnet qui étoit renfermé dans une petite cage.... Je ne peux pas sortir, je ne peux pas sortir..., disoit le sansonnet.

Je me mis à contempler l'oiseau. Plusieurs personnes passèrent sous la porte, & il leur fit les mêmes plaintes de sa captivité, en volant de leur côté dans sa cage.... Je ne peux pas sortir.... Oh ! je vais à ton aide, m'écriai-je, je te ferai sortir, coûte qu'il coûte.... La porte de la cage étoit du côté du mur ; mais elle étoit si fortement entrelacée avec du fil d'archal, qu'il étoit impossible de l'ouvrir sans mettre la cage en morceaux.... J'y mis les deux mains.

L'oiseau voloit d'un endroit à l'autre.... Il passoit sa tête à travers le treillis, & y pressoit son estomac, comme s'il étoit impatient.... Je crains bien, pauvre petit captif, lui disois-je, de ne pouvoir te rendre la liberté.... Non...., dit le sansonnet, je ne peux pas sortir...., je ne peux pas sortir....

Jamais mes affections ne furent plus tendrement agitées.... Jamais dans ma vie aucun accident ne m'a rappelé plus promptement mes esprits dissipés par un foible raisonnement. Les notes n'étoient proférées que mécaniquement ; mais elles étoient si conformes à la nature, qu'elles renversèrent en un instant tout mon plan systématique sur la Bastille ; &, le cœur appesanti, je remontai l'escalier avec des pensées bien différentes de celles que j'avois eues en descendant....

Déguise-toi comme tu voudras, tranquille esclavage, disois-je, tu n'es qu'une coupe amère ; & quoique des millions de mortels, dans tous les siècles, aient goûté de ta liqueur, tu n'en es pas moins désagréable. C'est toi, ô charmante déesse ! que tout le monde adore en public ou en secret ; c'est toi, aimable liberté, qui es délicieuse, & qui le seras toujours jusqu'à ce que la nature soit changée.... Nulle teinture ne peut ternir ta robe de neige.... Il n'y a point de puissance chimique qui puisse changer ton sceptre en fer.... Le berger qui jouit de tes faveurs, est plus heureux en mangeant sa croûte, que le monarque, de la cour duquel il est exilé.... Ciel ! m'écriai-je en tombant à genoux sur la dernière marche de l'escalier, accorde-moi, avec la santé, la liberté pour compagne..., & verse des mitres sur la tête de ceux qui les ambitionnent....!

CHAPITRE XLI.

LE CAPTIF.

L'IDÉE du sansonnet en cage me suivit jusque dans ma chambre.... Je m'approchai de la table, &, la tête appuyée sur ma main, toutes les peines d'une prison se retracèrent à mon esprit.... J'étois disposé à réfléchir, & je donnai carrière à mon imagination.

Je commençai à considérer combien il y avoit de millions d'ames qui gémissoient dans l'esclavage.... Mais cette peinture, quelque touchante qu'elle fût, ne rapprochoit pas assez les idées de la situation où j'étois, & la multitude de ces tristes grouppes ne faisoit que me distraire....

Je me représentai donc un seul captif renfermé dans un cachot.... Je le regardai à travers de sa porte grillée, pour faire son portrait à la faveur de la lueur sombre qui éclairoit son triste souterrein.

Je considérai son corps à demi-usé par l'ennui de l'attente & de la contrainte, & je sentis cette espèce de maladie de cœur, qui provient de l'espoir différé.... Je le vis, en l'examinant de plus près, presqu'entièrement défiguré : il étoit pâle & miné par la fièvre.... Depuis trente ans son sang n'avoit point été rafraîchi par le vent oriental. Il n'avoit vu ni le soleil, ni la lune pendant tout ce tems.... Ni amis, ni parens ne lui avoient fait entendre les doux sons de leurs voix à travers ses grilles.... Ses enfans....

Mon cœur commença à saigner.... Je détournai les yeux...., & un instant après mon imagination se le représenta assis sur un peu de paille dans le coin le plus reculé du cachot. C'étoit alternativement son lit & sa chaise.... Il avoit la main sur un calendrier, qu'il s'étoit fait avec de petits bâtons, où il avoit marqué par des entailles les tristes jours qu'il avoit passés dans cet affreux séjour.... Il prit un de ces petits bâtons, & avec un clou rouillé, il ajouta, par une autre entaille, un autre jour au nombre de ceux qui étoient passés.... J'obscurcissois le peu de lumière qu'il avoit.... Il leva des yeux langoureux vers la porte...., fécoua la tête, & continua fon funefte travail. Ses chaînes, en mettant fon petit bâton fur le tas des autres, fe firent entendre.... Il pouffa un profond foupir.... Son ame étoit toute remplie d'amertume.... Ciel ! ô ciel ! m'écriai-je en fondant en larmes.... Je ne pus foutenir l'idée de cet affreux tableau.... Je me levai en furfaut.... J'appelai Lafleur, & je lui ordonnai d'avoir le lendemain matin un carroffe de remife à neuf heures précifes....

J'irai, dis-je, me préfenter directement à M. le duc de C....

Lafleur m'auroit volontiers aidé à me mettre au lit.... Mais je connoiffois fa fenfibilité, & je ne voulus pas lui faire voir mon air trifte & fombre; je lui dis que je me coucherois feul.

CHAPITRE XLII.

ANECDOTES.

JE montai dans mon carroffe à l'heure indiquée. Lafleur fe mit derrière, & je dis au cocher de me mener à Verfailles le plus grand train qu'il pourroit.

Le chemin ne m'offrit rien de ce que je cherche

ordinairement en voyageant. Je pourrois pourtant, aussi bien qu'un autre, donner la description de Chaillot, de Passy, des Bons-Hommes, de Sevre, de Viroflay, & des autres endroits que j'ai vus en courant.... Mais j'aime mieux remplir le vide par l'histoire abrégée de mon sansonnet. C'est un abrégé historique qu'il y aura de plus.... Qu'y faire?

Milord L.... attendoit un jour que le vent devînt favorable, pour passer de Douvres à Calais... Son laquais, en se promenant sur les hauteurs, attrapa le sansonnet avant qu'il pût voler. Il le mit dans son sein, le nourrit, le prit en affection, & l'apporta à Paris.

Son premier soin, en arrivant, fut de lui acheter une cage qui lui coûta vingt-quatre sols. Il n'avoit pas beaucoup d'affaires; & pendant les cinq mois que son maître resta à Paris, il apprit au sansonnet les quatre mots auxquels j'ai tant d'obligation.

Lorsque Milord partit pour l'Italie, son laquais donna le sansonnet & la cage à l'hôte, mais son petit patois, en faveur de la liberté, étant étranger on ne faisoit guere plus de cas de ce qu'il disoit que de lui...... Lafleur offrit une bouteille de vin à l'hôte, & l'hôte lui donna le sansonnet & la cage.

Je l'emportai avec moi, & lui fis revoir mon pays natal...... Je racontai son histoire au lord

A...... & le lord A...... me pria de lui donner l'oiſeau...... Quelques ſemaines après il en fit préſent au lord B......; le lord B...... le donna au lord C......; l'écuyer du lord C..... le vendit au lord D...... pour un ſcheling, & le lord D...... le donna au lord E...... & mon ſanſonnet fit le tour de la moitié de l'alphabet parmi les Milords. De la chambre des Pairs il paſſa dans la chambre des Communes, où il ne trouva pas moins de maîtres ; mais comme tous ces meſſieurs vouloient entrer dedans....., & que le ſanſonnet, au contraire, ne demandoit qu'à ſortir, il fut preſque auſſi mépriſé à Londres qu'à Paris.... Voilà ſouvent ce que produit la manie de ne pas penſer comme les autres......

Pluſieurs de mes lecteurs ont aſſurément entendu parler de lui ....., & ſi quelqu'un par haſard l'a vu, je le prie de ſe ſouvenir qu'il m'a appartenu.... Je ne l'ai plus....., mais je le porte pour cimier de mes armoiries...... Que les héros d'armes lui tordent le cou, s'ils l'oſent.....

CHAPITRE XLIII.
Le placet.

JE ne voudrois pas, quand je vais implorer la protection de quelqu'un, que mon ennemi vît la situation de mon esprit...... C'est cette raison qui fait que je suis ordinairement mon propre protecteur...... Mais c'étoit par force que je m'adressois à M. le duc de C......; si c'eût été une action de choix, je ne l'aurois pas faite autrement, du moins, à ce que je m'imagine, que toutes les autres.

Combien de formes de placets de la tournure la plus basse ne me vinrent-elles pas dans l'idée pendant tout le chemin ? Je méritois d'aller à la bastille pour chacune de ces tournures.

Arrivé à la vue de Versailles, je voulus m'occuper à rassembler des mots, des maximes...... J'essayai de prendre des attitudes, des tons pour tâcher de plaire à M. le Duc. Bon ! disois-je, j'y suis : ceci fera l'affaire. Oui, tout aussi bien qu'un habit qu'on lui auroit fait sans lui prendre la mesure. Sot, continuai-je, en m'apostrophant, ne vous étudiez pas tant. Ce n'est pas en vous-même qu'il faut prendre ce que vous avez à dire......

Voyez M. le duc de C....., observez son visage..., vous y lirez son caractère.....; remarquez son attitude....., & le premier mot qu'il vous dira vous fera saisir le ton qu'il faut prendre. Vous composerez sur le champ votre harangue, de l'assemblage de toutes ces choses; elle ne pourra lui déplaire, c'est lui qui en aura fourni les ingrédiens.

Eh bien, dis-je, je voudrois déjà avoir fait ce pas. Lâche! un homme n'est-il donc pas égal à un autre sur toute la surface du globe? Cela est ainsi dans un champ de bataille...... Pourquoi cela ne seroit-il pas de même face-à-face dans le cabinet? croyez-moi, Yorick, un homme qui ne prend pas cette noble assurance, se manque à lui-même, se dégrade, & dément ses propres ressources...... Si vous vous présentez au duc avec la crainte de la Bastille dans vos regards & sur toute votre physionomie....., soyez assuré que vous serez renvoyé à Paris en moins d'une heure sous bonne escorte......

Ma foi, dis-je, je le crois ainsi...... Eh bien! j'irai au duc avec toute l'assurance & toute la gaieté possible......

Vous vous égarez encore, me dis-je. Un cœur tranquille ne tombe pas dans des extrêmes....., il se possède toujours......

A merveille!...... oh! c'est de cette dernière façon qu'il faut que je paroisse.

Mon carrosse rouloit alors dans les cours, & quand il s'arrêta, je me trouvai, par la leçon que je venois de me donner, aussi calme qu'on peut l'être. Je ne montai l'escalier ni avec cet air craintif qu'ont les victimes de la justice, ni avec cette humeur vive & badine qui m'anime toujours quand je te vais voir, Lisette.

Dès que je parus dans le salon, une personne vint au devant de moi...... Je ne sais si c'est le maître d'hôtel ou le valet de chambre....., peut-être étoit-ce quelque sous-secrétaire; elle me dit que M. le duc de C...... travailloit. J'ignore, lui dis-je, comment il faut s'y prendre pour obtenir audience.....; je suis étranger, &, ce qui est encore pis dans la conjoncture des affaires présentes, c'est que je suis Anglois...... Elle me répondit que cette circonstance ne rendoit pas la chose plus difficile...... Je lui fis une légère inclination...... Monsieur, lui dis-je, ce que j'ai à communiquer à M. le duc est fort important.... Il regarda aussitôt de côté & d'autre, pour voir apparemment s'il n'y avoit personne qui pût en avertir le ministre. Je retournai à lui...... Je ne veux pas, Monsieur, lui dis-je, causer ici de méprise....., ce n'est pas pour M. le duc que l'affaire dont j'ai à lui parler est importante, c'est pour moi.....; oh! c'est une autre affaire dit-il. Non, Monsieur, repris-je, je suis sûr que c'est la même chose pour M. le duc....... Cependant je le priai de me dire quand je pourrois avoir accès. Dans deux heures, dit-il. Le nombre des équipages qui étoient dans la cour, sembloit justifier ce calcul...... Que faire pendant ce tems-là? Se promener en long & en large dans une salle d'audience, ne me paroissoit pas un passe-tems fort agréable. Je descendis, & j'ordonnai au cocher de me mener au cadran bleu.

Mais tel est mon destin...., il est rare que j'aille à l'endroit que je me propose.

CHAPITRE XLIV.
LES PETITS PATÉS.

JE n'étois pas à moitié chemin de l'auberge, qu'une autre idée que celle d'y aller me vint à l'esprit. Je tirai le cordon, & je dis au cocher de me promener par les rues, pour voir la ville. Cela sera bientôt fait, ajoutai-je, car je suppose qu'elle n'est pas grande...... Elle n'est pas grande! Pardonnez-moi, Monsieur, elle est fort grande, & même fort belle. La plupart des seigneurs y ont des hôtels...... Oh! oh!...... A ce mot d'hôtels, je me rappelai tout-à-coup le comte de B...., dont le libraire m'avoit dit tant de bien...... Eh pourquoi n'irois-je pas chez un homme qui a une si haute idée des livres anglois, & des Anglois mêmes ? Je lui raconterois mon aventure, & peut-être...... Je changeai donc d'avis une seconde fois....., à bien compter même, c'étoit la troisième. J'avois eu d'abord envie d'aller chez madame de R....., rue des Saints-Pères...... J'avois chargé sa femme de chambre de l'en avertir..... Mais ce n'est pas moi qui règle les circonstances, ce sont les circonstances qui me gouvernent. J'apperçus de l'autre côté de la rue un homme qui portoit un panier, & paroissoit avoir quelque chose à vendre...... Je dis à Lafleur d'aller lui demander où demeuroit le comte de B......

Lafleur vint précipitamment & avec un air qui peignoit la surprise ; il me dit que c'étoit un chevalier de Saint-Louis qui vendoit des petits pâtés... Quel conte ! lui dis-je ; cela est impossible. Je ne puis, Monsieur, vous expliquer la raison de ce que j'ai vu, mais cela est ; j'ai vu la croix & le ruban attachés à la boutonnière...... J'ai jeté les yeux sur le panier, & j'ai vu des petits pâtés, & il y en a trop pour qu'ils ne soient pas à vendre.

Un tel revers, dans la vie d'un homme, réveille dans une ame sensible un autre principe que la curiosité...... Je l'examinai quelque tems de dedans mon carrosse...... Plus je l'examinois, plus je le voyois avec sa croix & son panier, & plus mon esprit & mon cœur s'échauffoient...... Je descendis de la voiture, & je dirigeai mes pas vers lui.

Il étoit entouré d'un tablier blanc qui tomboit au-dessous de ses genoux. Sa croix pendoit au-dessus de la bavette. Son panier, rempli de petits pâtés, étoit couvert d'une serviette ouvrée. Il y en avoit une autre au fond; & tout cela étoit si propre, que l'on pouvoit acheter ses petits pâtés aussi bien par appétit que par sentiment.

Il ne les offroit à personne, mais il se tenoit tranquille dans l'encoignure d'un hôtel, dans l'espoir qu'on viendroit les prendre.

Il étoit âgé d'environ cinquante ans....., d'une physionomie calme, mais un peu grave...... Cela ne me surprit pas...... Je m'adressai au panier plutôt qu'à lui...... Je levai la serviette, & pris un petit pâté, en le priant, d'un air touché, de m'expliquer ce phénomène.

Il me dit en peu de mots qu'il avoit passé sa jeunesse au service, & qu'il avoit obtenu une compagnie & la croix....., mais qu'ayant été réformé après la précédente guerre, il n'avoit pu avoir d'emploi dans celle-ci, & qu'il se trouvoit dans le monde sans amis, sans argent, & sans autre bien que sa croix...... Il me faisoit pitié: mais il gagna mon estime en achevant ce qu'il avoit à me dire.

Le roi est un prince aussi bon que généreux...., mais il ne peut récompenser ni soulager tout le monde; mon malheur est de me trouver de ce nombre...... Je suis marié....., ma femme que j'aime, & qui m'aime, à cru pouvoir mettre à profit le petit talent qu'elle a de faire de la pâtisserie, & j'ai pensé, moi, qu'il n'y avoit point de déshonneur à nous préserver tous deux des horreurs de la disette, en vendant ce qu'elle fait.

Je priverois les ames sensibles d'un plaisir, si je ne leur racontois pas ce qui arriva à ce pauvre chevalier de Saint-Louis huit ou neuf mois après.

Il se tenoit ordinairement près de la grille du château. Il fut remarqué par plusieurs personnes qui eurent la même curiosité que moi, & il leur raconta la même histoire avec la même modestie qu'il me l'avoit racontée. Le roi en fut informé. Il sut que c'étoit un brave officier qui avoit eu l'estime de tout son corps, & il lui donna une pension de quinze cents livres.

Aimable bienfaisance! sur quels cœurs n'as-tu pas des droits? Je n'ai jamais raconté ce trait, qu'il n'ait fait verser des larmes de sensibilité. Peuple heureux! heureux souverain!......

CHAPITRE XLV.

L'ÉPÉE.

JE fus aussi vivement touché d'une histoire qui arriva à Rennes, pendant le tems que j'y étois.

Je ne sais point quelles étoient les causes qui avoient insensiblement ruiné la maison d'E..... en Bretagne. Le marquis d'E...... avoit lutté avec beaucoup de fermeté contre les adversités de la fortune. Il avoit encore montré avec quelque éclat ce qu'avoient été ses ancêtres...... Mais il se trouva enfin forcé de se condamner à l'obscurité : à peine avoit-il de quoi vivre...... Ses deux fils sembloient lui demander quelque chose de plus que le pur soutien de la vie, & il croyoit qu'ils méritoient un meilleur sort. Il avoit essayé de la voie des armes, mais inutilement...... Pour les avancer dans cette carrière, il falloit faire des dépenses qui étoient au-dessus de ses moyens. Le peu de bien qui lui restoit, exigeoit l'économie la plus exacte. Il n'y avoit donc pour lui qu'une ressource, & c'étoit le commerce......

Mais n'étoit-ce pas flétrir pour toujours la racine du petit arbre que son orgueil & son affection vouloient voir refleurir ?...... Heureusement que la Bretagne a conservé le privilege de secouer le joug de ce préjugé. Il s'en servit. Les états étoient assemblés à Rennes. Suivi un jour de ses deux fils, il parut au théâtre, & fit valoir, avec dignité, la faveur d'une ancienne loi du duché, qui, quoique rarement réclamée, n'en subsistoit pas moins dans toute sa force. Il ôta son épée de son côté. La voici, dit-il, prenez-la; soyez-en les fidèles dépositaires, jusqu'à ce qu'une meilleure fortune me mette en état de la reprendre & de m'en servir avec honneur.

Le président accepta l'épée...... Le marquis la vit déposer dans les archives de sa maison, & se retira.

Il s'embarqua le lendemain avec toute sa famille pour la Martinique...... Une application assidue au commerce pendant dix-neuf ou vingt ans, & quelques legs inattendus de branches éloignées de sa maison, lui rendirent de quoi soutenir sa noblesse, & il revint chez lui pour réclamer son épée. J'eus le bonheur de me trouver à Rennes le jour de cet évènement solemnel; c'est ainsi que je l'appelle. Quel autre nom pourroit lui donner un voyageur sentimental? Malheur à ceux pour qui ces scènes sont indifférentes!

Le marquis tenant par la main une épouse respectable, parut avec modestie au milieu de l'assemblée. Son fils aîné conduisoit sa sœur.....

Le cadet étoit à côté de sa mere...... Un mouchoir cachoit les larmes de ce bon pere.

Le silence le plus profond régnoit dans toute l'assemblée...... Le marquis remit sa femme aux soins de son fils cadet & de sa fille, il avança six pas vers le président, & lui redemanda son épée. On la lui rendit. Il ne l'eut pas si-tôt, qu'il la tira presque toute entière hors du fourreau...... C'étoit la face brillante d'un ami qu'il avoit perdu de vue depuis quelque tems...... Il l'examina attentivement, comme pour s'assurer que c'étoit la même...... Il apperçut un peu de rouille vers la pointe....., il la porta plus près de ses yeux, & je vis tomber une larme sur l'endroit rouillé.

Je trouverai, dit-il, quelque autre moyen pour l'ôter.

Il la remit dans le fourreau, remercia ceux qui en avoient été les dépositaires, & se retira avec son épouse, sa fille & ses deux fils.

Je lui enviois ses sensations.

CHAPITRE XLVI.

Moyen de se nommer.

J'entrai chez M. le comte de B...... sans essuyer la moindre difficulté. Il feuilletoit les ouvrages de Shakespear qui étoient sur son secrétaire, & je lui fis juger, par mes regards, que je les connoissois. Je suis venu, lui dis-je, sans introducteur, parce que je savois que je trouverois dans votre cabinet un ami qui m'introduiroit auprès de vous. Le voilà, c'est le grand Shakespear, mon divin compatriote...... Esprit sublime, m'écriai-je, fais-moi cet honneur-là!

Le comte sourit de la singularité de cette manière de se présenter...... Il s'apperçut, à mon air pâle, que je ne me portois pas bien, & me pria aussitôt de m'asseoir. J'obeis, & pour lui épargner des conjectures sur une visite qui n'étoit certainement pas faite dans les règles ordinaires, je lui racontai naïvement ce qui m'étoit arrivé chez le libraire, & comment cela m'avoit enhardi à venir le trouver plutôt que tout autre, pour lui faire part du petit embarras où je m'étois plongé. Quel est votre embarras? me dit-il avec un air d'inquiétude.

Je lui dis de quoi il s'agiſſoit. Mon hôte, ajoutai-je, M. le comte, m'aſſure qu'on me mettra à la Baſtille. Et vous craignez que cela ne vous arrive ? Je ne crains rien, lui dis-je ; je ſuis au milieu du peuple le plus poli de l'univers ; & ma conſcience me dit que je ſuis intègre...... Je ne ſuis point venu pour joüer ici le rôle d'eſpion, ni pour y obſerver les ornemens ou la nudité de la terre, & les François ſont trop honnêtes & trop généreux pour me faire du mal.

Le comte rougit & rit de mon diſcours...... Ne craignez rien, dit-il...... Moi ? non, monſieur ; d'ailleurs je ſuis venu en riant depuis Londres juſqu'à Paris, & je ne crois pas que M. le duc de C...... ſoit aſſez ennemi de la joie pour me renvoyer en pleurs.

Je me ſuis adreſſé à vous, M. le comte, ajoutai-je en lui faiſant une profonde inclination, pour vous engager à le prier de ne pas faire cet acte de cruauté.

Le comte m'écoutoit avec un grand air de bonté....., ſans cela j'aurois moins parlé...... Il s'écria une ou deux fois : cela eſt bien dit...... Cependant la choſe en reſta-là, & je ne voulus plus en parler.

Il changea même de diſcours ; nous parlâmes de choſes indifférentes, de livres, de nouvelles, de politique, des hommes..., & puis des femmes

Que Dieu béniſſe tout le beau ſexe! lui dis-je; perſonne ne l'aime plus que moi. Après tous les foibles que j'ai vus aux femmes, & toutes les ſatyres que j'ai lues contr'elles, je les aime encore.... Je ſuis fermement perſuadé qu'un homme qui n'a pas une eſpèce d'affection pour elles toutes, n'en peut pas aimer une ſeule comme il le doit.

Eh bien! Monſieur l'Anglois, me dit gaiement le comte, voyons. Vous n'êtes pas venu ici, dites-vous, pour eſpionner les ornemens ou la nudité de la terre...., ni celle de nos femmes, apparemment? Mais ſi par haſard vous en trouviez quelques-unes ſur votre chemin, qui ſe préſentaſſent ainſi à vos yeux, dites-moi, la vue de ces objets vous effraieroit-elle?

Il y a quelque choſe en moi qui ſe révolte à la moindre idée indécente. Je me ſuis ſouvent efforcé de ſurmonter cette répugnance, & ce n'eſt qu'avec beaucoup de peine que j'ai haſardé de dire, dans un cercle de femmes, des choſes dont je n'aurois pas oſé riſquer une ſeule dans le tête-à-tête, m'eût-elle conduit au bonheur.

Excuſez-moi, M. le comte, lui dis-je; ſi un pays auſſi floriſſant ne m'offroit qu'une terre nue, je jeterois les yeux deſſus en pleurant......Pour ce qui eſt de la nudité des femmes, continuai-je en rougiſſant de l'idée qu'il avoit excitée en moi, j'obſerve ſi ſcrupuleuſement l'évangile, je m'attendris tellement sur leurs foiblesses, que si j'en trouvois dans cet état, je les couvrirois d'un manteau, pourvu que je sussé comment il faudroit m'y prendre...... Mais, je l'avoue, je voudrois bien voir la nudité de leurs cœurs, & tâcher, à travers les différens déguisemens des coutumes, du climat, de la religion & des mœurs, de modeler le mien sur ce qu'il y a de bon..... C'est pour cela, M. le comte, que je suis venu à Paris, & que je n'ai pas encore été voir le Palais Royal, le Luxembourg, la façade du Louvre...... Je n'ai point acheté le catalogue des tableaux, des statues, des églises : tout être humain est un temple pour moi, & j'aimerois mieux y distinguer les traits originaux, les légers coups de pinceau qui s'y trouvent, que de voir le fameux tableau de la transfiguration de Raphaël.

L'envie de connoître les hommes m'a amené en France, & me conduira probablement plus loin...... C'est un voyage tranquille que le cœur fait à la poursuite de la nature & des sensations qu'elle fait éprouver, & qui nous portent à nous entr'aimer un peu mieux que nous ne faisons.

M. le comte me dit des choses fort polies à ce sujet. Mais à propos, continua-t-il, savez-vous, monsieur, que je suis fâché contre Shakespear, de ce qu'en me faisant faire connoissance avec vous, il ne m'a point dit qui vous étiez ? Il est si rempli de ses vastes idées, qu'il a oublié de vous nommer......, & vous voilà dans la nécessité de vous nommer vous-même......

Rien ne m'embarrasse plus que d'être obligé de dire qui je suis...... Je parle plus aisément d'un autre que de moi-même; & quand je suis forcé d'en dire quelque chose, je souhaite toujours pouvoir le faire en un seul mot. Je crois qu'on n'a jamais assez-tôt fini quand on parle de soi. J'eus ici une fort belle occasion d'être laconique sur mon compte. Shakespear étoit sous mes yeux. Je me souvins que mon nom étoit dans la tragédie d'Hamlet ; je cherchai la fameuse & ridicule scène des Fossoyeurs, au cinquième acte ; & posant le doigt sur le nom d'Yorick....., M. le comte, regardez...... Eh bien ? je vois qu'il y a là Yorick........ Précisément, & Yorick, c'est moi.

Il importe peu de savoir si la réalité de ma personne avoit effacé ou non de l'esprit du comte l'idée du squelette du pauvre Yorick, ou par quelle magie il se trompa de sept ou huit siècles...... Les François conçoivent mieux qu'ils ne combinent... Rien ne m'étonne dans ce monde, & encore moins ces espèces de méprises...... Je me suis avisé de faire quelques volumes de sermons, bons ou mauvais ; & un de nos évêques, dont je révère d'ailleurs la candeur & la piété, me disoit un jour, qu'il n'avoit pas la patience de feuilleter des sermons qui avoient été composés par le bouffon du roi de Danemarck. Mais, monseigneur, lui dis-je, il y a deux Yorick. Le Yorick dont vous parlez, est mort & enseveli il y a huit siècles....., il fleurissoit à la cour d'Horwendillus...... L'autre Yorick n'a brillé dans aucune cour, & c'est moi qui le suis...... Il secoua la tête. Mon dieu! monseigneur, ajoutai-je, vous voudriez donc me faire penser que vous pourriez confondre Alexandre le Grand, avec l'Alexandre dont parle Saint Paul, & qui n'étoit qu'un chaudronnier?...... Je ne sais, dit-il, mais n'est-ce donc pas le même?......

Ah! si le roi de Macédoine, lui dis-je, monseigneur, pouvoit vous donner un meilleur évêché, je suis bien sûr que vous sauriez le distinguer de l'artisan qui augmenteroit la batterie de votre cuisine......

Le comte de B...... tomba dans la même erreur.

Vous êtes Yorick! s'écria-t-il...... Oui je le suis...... Vous? Oui, moi-même. Bon dieu! dit-il en m'embrassant, c'est Yorick.

Il mit aussitôt le volume de Shakespear dans sa poche, & me laissa seul dans son cabinet.

CHAPITRE

CHAPITRE XLVII.
Passe-tems.

Je ne pouvois pas concevoir pourquoi le comte de B..... étoit sorti si précipitamment, ni pourquoi il avoit mis le volume de Shakespear dans sa poche......; mais des mystères qui s'expliquent d'eux-mêmes par la suite, ne valent pas le tems que l'on perd à vouloir les pénétrer..... Il valoit mieux lire Shakespear...... Je pris un des volumes qui restoit, & je tombai sur la pièce intitulée : *beaucoup de bruit, & de fracas pour rien*; & du fauteuil où j'étois assis, je me transportai sur le champ à Messine; je m'y occupois si fort de don Pèdre, de Benoît, & de Béatrix, que je ne pensois ni à Versailles, ni au comte, ni au passe-port.

Douce flexibilité de l'esprit humain! avec quel charme il se livre à des illusions qui adoucissent les tristes momens de l'attente & de l'ennui!.... Il y a long-tems que je n'existerois plus, si je n'avois erré dans leurs plaines enchantées...... Dès que je trouve un chemin trop rude pour mes pieds, ou trop escarpé pour mes forces, je le quitte pour chercher un sentier velouté & uni, que

K

l'imagination a jonché de boutons de roses. J'y fais quelques tours, & j'en reviens plus robuste & plus frais........ Lorsque ce mal m'accable, & que ce monde ne m'offre aucune retraite pour m'y soustraire, je le quitte, & je prends une nouvelle route....... J'ai une idée beaucoup plus claire des Champ-Elysées, que du ciel; je fais comme Enée, j'y entre par force...... Je le vois qui rencontre l'ombre triste de Didon abandonnée, qu'il cherche à reconnoître...... Elle l'apperçoit & se détourne en silence de l'auteur de sa misère & de sa honte...... Mes sensations se perdent dans les siennes, & se confondent dans ces émotions qui m'arrachoient des larmes sur son sort pendant ma jeunesse.

Le tems qu'on passe ainsi n'est pas inutile..... L'inquiétude que l'on prend du mal des autres, adoucit les peines qu'on ressent soi-même, & donne à la raison le loisir de venir à notre secours....... Je sais bien que je n'ai jamais pu dissiper une triste sensation, qu'en excitant en moi une autre qui fût plus douce & plus agréable.

J'allois finir de lire le troisième acte, lorsque le comte de B..... entra, tenant un papier à la main...... Voilà, me dit-il, votre passe-port. M. le duc de C...... me l'a accordé sur le champ. Un homme qui rit, dit-il, ne peut pas être dangereux. Pour tout autre que le bouffon du

roi, je n'aurois pu l'avoir de plus de deux heures...
Mais, M. le comte, lui dis-je, je ne suis pas le
bouffon du roi...... Mais vous êtes Yorick?
Oui..... Et vous riez, vous plaisantez? Je ris,
je plaisante ; mais je ne suis point payé pour cela...
C'est toujours à mes propres frais que je m'amuse...
Il y a long-tems, M. le comte, que nous n'avons
eu de bouffons à la cour. C'est sous le seul règne
licencieux de Charles II, que le dernier parut.
Nos mœurs, depuis ce tems se sont si épurées,
nos grands seigneurs sont si désintéressés, ils ont
tant de zèle pour l'honneur & la prospérité de la
patrie, nos dames sont si modestes, si réservées,
si chastes, si dévotes..... Ah! M. le comte, un
bouffon n'auroit pas un seul trait de raillerie à
décocher.....

Oh! pour cela, s'écria-t-il, voilà du persifflage.

CHAPITRE XLVIII.

Digression.

LE passe-port étoit adressé à tous les gouverneurs, lieutenans-commandans, officiers généraux & autres officiers de justice ; & M. Yorick, le bouffon du roi, & son bagage, pouvoient voyager tranquillement. On avoit ordre de les laisser passer sans les inquiéter..... J'avoue cependant que le triomphe d'avoir obtenu ce passeport me paroissoit un peu terni par la figure que j'y faisois..... Mais quels biens dans ce monde sont sans mélange! Je connois de grave théologiens qui vont jusqu'à soutenir que la jouissance même est accompagnée d'un soupir, & que la plus délicieuse qu'ils connoissent, se termine ordinairement par une émotion convulsive.

Je me souvins d'un passage du savant Bevoriskius, dans son commentaire sur les générations d'Adam. Il étoit au milieu d'une note, lorsque deux moineaux, qui étoient sur le bord de sa fenêtre, interrompirent le fil de sa généalogie, & la lui firent couper par une digression.

« Cela est étrange! s'écrie-t-il, mais le fait n'en
» est pas moins vrai. Ils me troubloient par
» leurs caresses..... J'eus la curiosité de les
» marquer une à une avec une plume, & le
» moineau mâle, dans le peu de tems qu'il
» m'auroit fallu pour finir ma note, réitéra les
» siennes vingt-trois fois & demie.

» Que le ciel répand de bienfaits sur ses créatures!
» ajoute Bevoriskius ».

Et c'est le plus grave de tes frères, ô malheureux Yorick, qui publie ce que tu peux copier ici sans rougir!

Mais cette anecdote ne m'appartient pas, & n'a

rien de commun avec mes voyages...... Je demande deux fois....., deux fois excuse de cette digression.

CHAPITRE XLIX.

Caractères.

EH bien! me dit le comte, après qu'il m'eut donné le passe-port, comment trouvez-vous les François?

On peut s'imaginer qu'après avoir reçu tant d'honnêtetés, je ne pouvois répondre à cette question que d'une manière fort polie.

Passe pour cela, dit le comte ; mais parlez franchement : trouvez-vous dans les François cette politesse marquée, dont on leur fait honneur par-tout?

Tout ce que j'ai vu, lui dis-je, me confirme dans cette opinion...... Oh! oui, dit le comte, les François sont polis.

Jusqu'à l'excès, répartis-je. A l'excès?.... Ce mot le frappa, & il me dit que j'entendois sûrement par-là plus que je ne disois. J'eus beau lui assurer que non; il insista..... Vous ne voulez pas tout dire....., mais point de réserve....., parlez avec franchise.

Je crois, M. le comte, lui dis-je, qu'il en eſt des queſtions que l'on ſe fait dans la ſociété, comme de la muſique; on a beſoin d'une clef pour répondre aux unes, comme pour régler l'autre. Une note exprimée trop haut ou trop bas, dérange tout le ſyſtème de l'harmonie...... Le comte de B..... me dit qu'il ne ſavoit pas la muſique, & me pria de m'expliquer de quelque autre façon...... Une nation civiliſée, M. le comte, lui dis-je enfin, rend le monde ſon tributaire. La politeſſe en elle-même, ainſi que le beau-ſexe, a d'ailleurs tant de charmes, qu'il eſt honteux d'en dire du mal...... Je crois cependant qu'il n'y a qu'un ſeul point de perfection où l'homme puiſſe arriver...... S'il le paſſe, il change plutôt de qualités qu'il n'en acquiert..... Je ne prétends pas marquer par-là à quel degré cela ſe rapporte aux François ſur le point dont nous parlons..... Mais ſi jamais les Anglois parvenoient à cette politeſſe qui diſtingue les François, ils ne perdroient peut-être pas en même tems cette politeſſe du cœur, qui engage les hommes à faire plutôt des actes d'humanité que de pure civilité; mais ils perdroient au moins ce caractère original & varié, qui les diſtingue les uns des autres, & de tout le reſte du monde.

Je fouillai dans ma poche, & j'en tirai une douzaine de ſchelings, qui avoient été frappés du tems de Guillaume d'Orange, & qui étoient unis comme le verre : ils pouvoient servir à éclaircir ce que je venois de dire.

Voyez, M. le comte, lui dis-je en les jetant devant lui sur son bureau. On ne peut pas les distinguer... Ils ont passé dans tant de mains, que l'empreinte en est absolument effacée. Les Anglois sont comme les anciennes médailles que l'on conserve. Ils se sont tenus séparés des autres hommes, & ils ont conservé le même fil que la fine main de la nature leur a donné...... Ils ne sont pas si agréables : mais en revanche la légende en est si visible, que vous jugez du premier coup-d'œil, de qui est l'effigie & la souscription..... Mais les François, M. le comte..... Je crus m'appercevoir qu'il craignoit que je n'en disse beaucoup de mal ; les François, dis-je, ont tant d'excellentes qualités, qu'ils peuvent bien se passer de celle-là. Il n'y a point de peuple qui soit plus fidèle à son roi, plus généreux, plus brave, plus spirituel, plus agréable. Je ne leur trouve qu'un défaut ; c'est d'être trop sérieux.

Mon Dieu ! s'écria le comte en se levant avec surprise...... Mais vous plaisantez, dit-il..... Je mis la main sur ma poitrine, & l'assurai gravement que c'étoit mon opinion......

Le comte me dit qu'il étoit mortifié de ne pouvoir rester, pour voir comment je m'y prendrois pour justifier cette idée. Il étoit obligé de sortir dans le moment, pour aller dîner chez le duc de C..... Mais, j'espère, me dit-il, que vous ne trouverez pas Versailles trop éloigné de Paris, pour vous empêcher d'y venir dîner avec moi.... Vous ne direz peut-être plus alors que les François sont trop sérieux. En tous cas, nous verrons comment vous soutiendrez la thèse...... Mais prenez-y garde, vous avez l'opinion du monde entier à combattre...... Je promis au comte d'avoir l'honneur de le voir avant de quitter Paris, & je me retirai.

SECONDE PARTIE.

CHAPITRE PREMIER.
LA TENTATION.

JE revins aussitôt à Paris. Le portier me dit qu'une jeune fille, qui avoit une boîte de carton, étoit venue me demander un instant avant que j'arrivasse. Je ne sais, dit-il, si elle s'en est allée ou non. Je pris la clef de ma chambre, & je trouvai dans l'escalier la jeune fille qui descendoit.

C'étoit mon aimable fille du quai de Conti. Madame de R...... l'avoit envoyée chez une marchande de modes, à deux pas de l'hôtel de Modène : je ne l'avois pas été voir, & elle lui avoit dit de s'informer si je n'étois déjà plus à Paris, & en ce cas, si je n'avois pas laissé une lettre à son adresse.

Elle monta avec moi dans ma chambre, pour attendre que j'eusse écrit une carte. C'étoit une belle soirée de la fin du mois de Mai. Les rideaux de la fenêtre, de taffetas cramoisi, étoient tirés l'un contre l'autre...... Le soleil se couchoit, &

il réfléchissoit une si belle teinture sur le visage charmant de la jeune beauté, que je crus qu'elle rougissoit...... Cette idée me fit rougir moi-même...... Nous étions seuls, & cette circonstance me donna une seconde rougeur, avant que la première fût dissipée.

Il y a une espèce agréable de rougeur qui est à moitié criminelle, & qui provient plutôt du sang que de l'homme lui-même..... Le cœur l'envoie avec impétuosité, & la vertu vole à sa suite....; mais ce n'est pas pour la rappeler, c'est pour rendre la sensation plus agréable...... Elle vient en compagnie....., je ne la décrirai pas...... Je sentis d'abord quelque chose en moi qui n'étoit pas conforme à la leçon de vertu que j'avois donnée la veille sur le quai de Conti; je cherchai une carte pendant cinq ou six minutes, quoique je susse que je n'en avois point...... Je pris une plume....., je la laissai tomber; ma main trembloit, le diable m'agitoit.

Je savois aussi bien qu'un autre qu'il s'enfuiroit en lui résistant; mais il est rare que je lui résiste, de peur d'être blessé au combat, quoique vainqueur....., j'aime mieux, pour plus de sûreté, céder le triomphe; & c'est moi-même qui fuis, au lieu de le faire fuir.

La jeune fille s'approcha du secrétaire, où je cherchois si inutilement une carte.... Elle ramassa ma plume, & m'offrit de me tendre le cornet; & cela d'une voix si douce, que j'allois l'accepter; cependant je n'osai pas. Mais, ma chère, je n'ai point de carte, lui dis-je, pour écrire. Qu'importe? écrivez, dit-elle naïvement, sur telle autre chose que ce soit.

Ah! je fus tenté de lui dire, je vais donc l'écrire sur vos lèvres......

Mais je suis perdu, me dis-je, si je fais cela. Mon enfant, je n'écrirai point. Je la pris par la main, & la menai vers la porte en la priant de ne point oublier la leçon que je lui avois donnée..... Elle promit de s'en souvenir, & elle fit cette promesse avec tant d'ardeur, qu'en se retournant elle mit ses deux mains dans les miennes...... Il étoit impossible, dans cette situation, de ne les pas serrer; je souhaitois les laisser aller, & je les retenois encore...... Je ne lui parlois point, je raisonnois en moi-même...... L'action me faisoit de la peine, mais je tenois toujours les mains serrées...... Je voulois finir ce combat en les quittant, & je le recommençois. Mes genoux s'entrechoquoient, mon sang tressailloit.

Le lit n'étoit qu'à deux pas de nous...... Je lui tenois encore les mains....., & je ne sais comment cela arriva....., je ne le lui dis pas....., je ne l'y attirai pas....., je ne pensois pas même au lit....., mais nous nous trouvâmes tous deux assis sur le pied du lit.

Il faut, dit-elle que je vous montre la petite bourse que j'ai faite ce matin pour mettre votre écu...... Elle la chercha dans sa poche droite qui étoit de mon côté, & la chercha pendant quelque tems. Elle la chercha dans sa poche gauche, & ne la trouvant point, elle craignoit de l'avoir perdue... Je n'ai jamais attendu une chose avec autant de patience. Enfin elle la trouva dans sa poche droite, & elle me dit en la tenant du bout de ses doigts : la voilà. Elle étoit de taffetas vert, doublé de satin blanc piqué, & n'étoit pas plus grande qu'il ne falloit pour contenir l'écu qui étoit dedans. Elle étoit joliment faite, & elle me la mit dans la main. Je la tins dix minutes sur son tablier..... Je regardois la bourse. Mes yeux se jetoient quelquefois de côté, mais ils rencontroient plus souvent ceux de la jolie fille.

J'avois un col plissé, dont quelques fils s'étoient rompus. Elle enfila sans rien dire une aiguille, & se mit à le racommoder...... Je prévis alors tout le danger que couroit ma gloire...... Sa main, qu'elle faisoit passer sur mon cou, en gardant le silence, agitoit les lauriers que mon imagination avoit placés sur ma tête, & ils étoient prêts à tomber. La boucle d'un de ses souliers

Je la tiens dix minutes sur son bobler.

s'étoit défaite en marchant ...... Voyez, dit-elle, en levant son pied, j'allois la perdre, si je ne m'en étois pas apperçue ...... Je ne pouvois pas faire moins, en reconnoissance du soin qu'elle avoit pris de raccommoder mon col, que de rattacher la boucle....., & de lever l'autre pied, pour voir si les boucles étoient placées l'une comme l'autre..... Je le fis un peu trop brusquement....., & la belle fille fut renversée...... Et alors......

CHAPITRE II.
La Conquête.

Et alors?...... O vous, dont les mains froides & les cœurs glacés peuvent vaincre ou masquer les passions par le raisonnement, dites moi quelle faute commet un homme à les ressentir! Comment son esprit est-il responsable envers l'Emanateur de tous les esprits, de la conduite qu'il tient quand il en est agité?

Si la nature, en tissant sa toile d'amitié, a entrelacé dans toute la pièce quelques fils d'amour & de desir, faut-il déchirer toute la toile pour les en arracher? Oh! châtie de pareils stoïques, grand maître de la nature! m'écriois-je en moi-même...... En quelqu'endroit que tu me places pour éprouver ma vertu, quel que soit le péril où je me trouve exposé, quelle que soit ma situation, laisse moi sentir les mouvemens des passions qui appartiennent à l'humanité...... Et si je les gouverne comme je le dois, j'aurai toute ma confiance en ta justice....... C'est toi qui nous a formés..... Nous ne nous sommes pas faits nous-mêmes.

Je n'eus pas si-tôt adressé cette courte prière au ciel, que je relevai la jeune fille. Je la pris par la main, & la conduisis hors de la chambre...... Elle se tint près de moi jusqu'à ce que j'eus fermé la porte, & que j'en eusse mis la clef dans ma poche...... Alors la victoire étoit décidée....., & elle ne l'étoit pas un instant auparavant ; alors je lui donnai un baiser sur la joue...., je la repris par la main, & je la menai en toute sûreté jusqu'à la porte de la rue.

CHAPITRE III.

Le Mystère.

Un homme qui connoît le cœur humain, jugera aisément qu'il m'étoit impossible de retourner si-tôt dans ma chambre ; c'eût été passer d'un morceau musical dont le feu avoit animé toutes mes affections, à une clef froide.... Je restai donc quelque tems sur la porte de l'hôtel, & je m'occupai à examiner les passans, & à former sur eux les conjectures que leurs différentes allures me suggéroient; mais un seul objet fixa bientôt toutes mes attentions, & les confondit. C'étoit un grand homme sec, d'un sérieux philosophique, & d'une mine hâlée, qui passoit & repassoit gravement dans la rue, & n'alloit jamais au-delà de soixante pas de chaque côté de la porte. Il paroissoit avoir à peu près cinquante ans, & avoit une petite canne sous le bras...... Son habit, sa veste & sa culotte étoient de drap noir, un peu usé, mais encore propre. A sa manière d'ôter son chapeau, & d'accoster un grand nombre de passans, je jugeai qu'il demandoit l'aumône, & je préparai quelque monnoie pour la lui donner quand il s'adresseroit à moi en passant...... Mais il passa sans me rien demander, & cependant ne fit pas six pas sans s'arrêter vis-à-vis d'une petite femme qui venoit devant lui...... J'avois plus l'air de lui donner, qu'elle...... A peine eut-il fini, qu'il ôta son chapeau à une autre...... Un monsieur d'un certain âge, avançoit lentement vers lui, & il étoit suivi d'un jeune homme fort bien mis.... Il les laissa passer tous deux sans leur rien dire.....; Mais une femme qui survint un instant après en fut saluée...... Je restai à l'observer une bonne demi-heure, & il fit pendant ce tems une douzaine de touts en avant & en arrière, en fuivant conftamment le même plan.

Il y avoit deux chofes dans fa conduite qui m'inquiétoient, & qui me faifoient faire inutilement beaucoup de réflexions; c'étoit de favoir d'abord pourquoi il ne contoit fon hiftoire qu'aux femmes, & enfuite quelle efpèce d'hiftoire c'étoit, & quelle efpèce d'éloquence il employoit pour toucher leurs cœurs, en jugeant apparemment qu'elle étoit inutile pour émouvoir ceux des hommes.

Deux autres circonftances me rendoient encore ce myftère plus impénétrable; c'eft qu'il difoit tout bas à chaque femme ce qu'il avoit à lui dire, & d'une façon qui avoit plutôt l'air d'un fecret confié, que d'une demande; & qu'il réuffiffoit toujours. Il n'arrêta pas une feule femme, qui ne tirât fa bourfe pour lui donner quelque chofe.

J'eus beau réfléchir, je ne pus me former de fyftême pour expliquer ce phénomène. C'étoit une énigme à m'occuper tout le refte de la foirée, & je me retirai dans ma chambre.

CHAPITRE IV.
LE CAS DE CONSCIENCE.

Mon hôte me suivit, & à peine fut-il entré, qu'il me dit de chercher un autre logement. Pourquoi cela, lui dis-je, mon ami?..... Pourquoi?...... N'avez-vous donc pas eu pendant deux heures une jeune fille enfermée avec vous? Cela est contre les règles de ma maison...... Fort bien! lui dis-je, & nous nous quitterons bons amis, car la jeune fille n'a point eu de mal....., ni moi non plus, & je vous laisserai comme je vous ai trouvé...... C'en est assez, reprit-il, pour perdre mon hôtel de réputation..... Cela n'est pas équivoque..... Voyez, ajouta-t-il en me montrant le pied du lit où nous avions été assis...... J'avoue que cela avoit quelqu'apparence d'un témoignage; mais mon orgueil souffroit d'entrer en explication avec lui, &, sans lui faire de détail, je lui dis de se tranquilliser, de dormir aussi bien que je le ferois cette nuit, & que je le payerois demain matin.

Je ne me serois pas soucié, Monsieur, de vous voir une douzaine de filles.....; & je n'ai jamais songé, moi, à en avoir une seule, lui dis-je en l'interrompant...... Pourvu, ajouta-t-il, que

L

c'eût été le matin......, Est-ce que la différence des momens du jour met-à Paris de la différence dans le mal ? Cela en fait beaucoup, Monsieur, par rapport à la décence...... Je goûte une bonne distinction, & je ne pouvois pas me fâcher bien vivement contre cet homme...... J'avoue, poursuivit-il, qu'il est nécessaire à un étranger d'avoir la commodité d'acheter des dentelles, de la broderie, des bas de soie......, & ce n'est rien, quand une femme qui vend de tout cela vient avec une boîte de carton....., cela passe...... Oh! en ce cas votre conscience & la mienne sont à l'abri ; car, sur ma foi, elle en avoit une ....., mais je n'y ai pas regardé...... Monsieur n'a donc rien acheté? dit-il. Rien du tout, dis-je....... C'est que je vous recommande, monsieur, une jeune fille qui vous vendra en conscience......... A la bonne heure, mais il faut que je la voie ce soir...... Il me fit une profonde révérence, & se retira sans réplique.

Je vais triompher de cet homme, me dis-je; mais quel profit en tirerai-je? Je lui ferai voir que ce n'est qu'une ame vile. Et ensuite? ensuite?..... J'étois trop près de moi, pour dire que c'étoit pour l'amour des autres...... Je n'avois point de bonne réponse à me faire à cette question...... Il y avoit plus de mauvaise humeur que de principe dans mon projet......, & il me déplaisoit même avant de l'exécuter.

Une jeune grisette entra quelques minutes après avec une boîte de dentelles...... Elle vient bien inutilement, me dis-je; je n'acheterai certainement rien.

Elle vouloit me faire tout voir....... Mais il étoit difficile de me montrer quelque chose qui me plût...... Cependant elle ne faisoit pas semblant de s'appercevoir de mon indifférence. Son petit magasin étoit ouvert, & elle en étala toutes les dentelles à mes yeux, les déplia & les replia l'une après l'autre avec beaucoup de patience & de douceur........ Il ne tenoit qu'à moi d'acheter ou de ne pas acheter; elle me laissoit le tout pour le prix que je voudrois lui en donner....... La pauvre créature sembloit avoir de l'ardeur pour gagner quelque chose, & fit ce qu'elle put pour vaincre mon obstination...... Le jeu de ses graces étoit cependant plus animé par un air naïf & caressant, que par l'art.

S'il n'y a pas dans l'homme un fonds de complaisance & de bonté qui le rende dupe, tant pis. Mon cœur s'amollit, & ma dernière résolution se changea aussi facilement que la première....... Pourquoi punir quelqu'un de la faute des autres ? Si tu es tributaire de ce tyran d'hôte, me disois-je en fixant la jeune marchande, je plains ton sort.

Je n'aurois eu que quatre louis dans ma bourse,

que je ne l'aurois pas renvoyée sans en dépenser trois. Je lui pris une paire de manchettes.

L'hôte va partager son profit avec elle.......
Qu'importe? Je n'ai fait que payer comme tant d'autres ont fait avant moi pour une action qu'ils n'ont pu commettre, & dont ils n'avoient pas même eu l'idée.

CHAPITRE V.
L'ÉNIGME.

Lafleur, en me servant au souper, me dit que l'hôte étoit bien fâché de l'affront qu'il m'avoit fait en me disant de chercher un autre logement.

Un homme, qui veut passer une nuit tranquille, ne se couche point avec de l'inimitié contre quelqu'un, quand il peut se réconcilier....... Je dis donc à Lafleur de dire à l'hôte que j'étois fâché moi-même de lui avoir donné occasion de me faire ce mauvais compliment: vous pouvez même lui ajouter, si la jeune fille revenoit encore, que je ne veux plus la revoir.

Ce n'étoit pas à lui que je faisois ce sacrifice, c'étoit à moi-même...... Après l'avoir échappé aussi belle, je m'étois résolu de ne plus courir de risques, & de tâcher de quitter Paris avec le même fonds de vertu que j'y avois apporté.

Mais, monsieur, dit Lafleur en me saluant jusqu'à terre, ce n'est pas suivre le ton..., monsieur changera sans doute de sentiment. Si par hasard il vouloit s'amuser...... Je ne trouve point en cela d'amusement, lui dis-je en l'interrompant.

Mon dieu! dit Lafleur en ôtant le couvert.

Il alla souper, & revint une heure après pour me coucher. Personne n'étoit plus attentif que lui; mais il étoit encore plus officieux qu'à l'ordinaire. Je voyois qu'il vouloit me dire quelque chose, & qu'il n'osoit le faire. Je ne pouvois concevoir ce que ce pouvoit être, & je ne me mis pas beaucoup en peine de le savoir. J'avois une autre énigme plus intéressante à développer. Le manège de l'homme que j'avois vu, m'occupoit. J'en aurois bien voulu connoître tous les ressorts, & ce n'est point la curiosité qui m'excitoit. C'est un principe de recherche si bas, que je ne donnerois pas une obole pour la satisfaire...... Mais un secret qui amollissoit si promptement & avec autant d'efficacité le cœur du beau sexe, étoit à mon avis un secret qui valoit la pierre philosophale. Si les deux Indes m'eussent appartenu, j'en aurois donné une pour le savoir.

Je le tournai & retournai inutilement toute la nuit dans ma tête. Mon esprit, le lendemain matin en m'éveillant, étoit aussi épuisé par mes rêves que celui du roi de Babylone l'avoit été par ses songes. Je n'hésitai pas d'affirmer que l'interprétation de cette énigme auroit embarrassé tous les savans de Paris, aussi bien que ceux de la Chaldée.

CHAPITRE VI.
LE DIMANCHE.

CETTE nuit amena le dimanche. Lafleur, en m'apportant du thé, du pain & du beurre pour mon déjeûné, étoit si paré, que j'eus de la peine à le reconnoître.

En le prenant à Montreuil, je lui avois promis un chapeau neuf avec une ganse & un bouton d'argent, & six louis pour s'habiller à Paris. Je lui en avois donné sept pour avoir le tout; & le bon garçon avoit, on ne peut mieux, employé son argent.

Il avoit acheté un fort bel habit d'écarlate, & la culotte de même.......... Cela n'avoit été porté que peu de tems........ Je lui fus mauvais gré de me dire qu'il avoit fait cette emplette à la friperie. L'habillement étoit si frais, que, quoique je susse bien qu'il ne pouvoit pas être neuf, j'aurois souhaité pouvoir m'imaginer que je l'avois fait faire exprès pour lui. Mais c'est une délicatesse qui ne blesse pas beaucoup à Paris.

La veste qu'il avoit achetée étoit de satin bleu, assez bien brodée en argent, un peu usée, mais encore fort apparente; le bleu n'étoit pas trop foncé, & cela s'assortissoit très-bien avec l'habit & la culotte. Il avoit une bourse, un solitaire, des manchettes brodées, des bas de soie; il étoit bien accommodé. La nature lui avoit donné une belle figure qui ne lui avoit pas coûté un sou...... En un mot, tout cela alloit fort bien ensemble.

C'est ainsi qu'il entra dans ma chambre, avec un gros bouquet à la boutonnière de son habit. Il y avoit dans tout son maintien un air de gaieté & de propreté, qui me rappela que c'étoit Dimanche...... Je conjecturai aussitôt, en combinant les choses, que ce qu'il avoit à me dire le soir, étoit de me demander la permission de passer ce jour-là comme on le passe à Paris. J'y avois à peine pensé, que d'un air timide, mêlé cependant d'une sorte de confiance que je ne le refuserois pas, il me pria de lui accorder la journée.

Mais pourquoi faire, Lafleur? Il me dit ingénument que c'étoit pour faire le galant vis-à-vis de sa maîtresse.

Moi, j'avois précisément à le faire vis-à-vis de madame de R....... J'avois retenu exprès mon carrosse de remise; & ma vanité n'auroit pas été peu flattée d'avoir un domestique aussi élégant derrière ma voiture. J'avois de la peine à me réfoudre à me paſſer de lui dans cette occaſion.

Mais il ne faut pas raiſonner dans ces petits embarras; il faut ſentir. Les domeſtiques ſacrifient leur liberté dans le contrat qu'ils font avec nous; mais ils ne ſacrifient pas la nature. Ils ont leur vanité, leurs ſouhaits, auſſi bien que leurs maîtres.... Ils ont mis à prix leur abnégation d'eux-mêmes, ſi je peux me ſervir de cette expreſſion, & leurs attentes ſont quelquefois ſi déraiſonnables, que ſi leur état ne me donnoit pas le moyen de les mortifier, je voudrois ſouvent les en fruſtrer.........
Mais quand je réfléchis qu'ils peuvent me dire, lorſque je les maîtriſe : je le ſais bien........, je ſais que je ſuis votre domeſtique.... Je ſens alors que je ſuis déſarmé de tout le pouvoir d'un maître.

Lafleur, tu peux aller, lui dis-je..... Mais quelle eſpèce de maîtreſſe as-tu faite depuis ſi peu de tems que tu es à Paris?..... Et Lafleur, en me mettant la main ſur ſa poitrine, me dit que c'étoit une demoiſelle qu'il avoit vue chez M. le comte de B..... Lafleur avoit un cœur fait pour la ſociété, &, à dire vrai, il en laiſſoit échapper, de manière ou d'autre, auſſi peu d'occaſions que ſon maître..... Mais comment celle-ci vint-elle? Dieu le ſait. Tout ce qu'il m'en dit, c'eſt que pendant que j'étois chez le comte, il avoit fait connoissance avec la demoiselle au bas de l'escalier. Le comte m'avoit accordé sa protection, & Lafleur avoit su se mettre dans les bonnes graces de la demoiselle. Elle devoit venir ce jour-là à Paris avec deux ou trois autres personnes de la maison de M. le comte, & il avoit fait la partie de passer la journée avec eux sur les boulevarts.

Gens heureux! qui, une fois la semaine au moins, mettez de côté vos embarras & vos soucis, & qui, en chantant & dansant, éloignez gaiement de vous un fardeau de peines & de chagrins qui accable les autres nations.

CHAPITRE VII.

OCCASION IMPRÉVUE.

LAFLEUR, sans y songer plus que moi, m'avoit laissé de quoi m'amuser tout le jour.

Il m'avoit apporté le beurre sur une feuille de figuier. Il faisoit chaud, & il avoit demandé une mauvaise feuille de papier pour mettre entre sa main & la feuille de figuier.

Cela tenoit lieu d'une assiette, & je lui dis de mettre le tout sur la table comme cela étoit. Le congé, que je lui avois donné, m'avoit déterminé à ne point sortir. Je lui dis de s'en aller, &

d'avertir, en paſſant, le traiteur que je dînerois à l'hôtel.

Dès que j'eus déjeûné, je jetai la feuille de figuier par la fenêtre. J'en allois faire autant de la feuille de papier, mais elle étoit imprimée. J'y jetai les yeux. J'en lus une ligne, puis une autre, puis une troiſième; cela excita ma curioſité. Je baiſſai la fenêtre, je m'aſſis & je me mis à lire.

C'étoit du vieux françois, dont la date paroiſſoit être du tems de Rabelais, & c'étoit peut-être lui qui en étoit l'auteur. Le caractère étoit gothique, & ſi effacé par l'humidité & par l'injure du tems, que j'eus bien de la peine à le déchiffrer... J'en abandonnai même la lecture, & j'écrivis une lettre à mon ami Eugène..... Mais je repris le chiffon. Impatienté de nouveau, je t'écrivis auſſi, ma chère Liſette, pour me calmer; mais irrité par la difficulté de débrouiller le maudit papier, je le repris encore & je m'obſtinois à le lire quand le dîner vint.

Je réveillai mes eſprits par une bouteille de vin de Bourgogne, & je repris ma tâche. Gruterus ou Spon (1) n'avoient jamais été plus appliqués à pénétrer le ſens de quelque médaille, & en deux ou trois heures d'eſſai, je crus m'appercevoir que je comprenois ce que je liſois..... Mais

―――――――――――
(1) Savans antiquaires.

pour m'en assurer davantage, je me mis à le traduire en Anglois, pour voir la figure que cela feroit..... Je faisois de tems en tems quelques tours dans ma chambre, je me mettois à la fenêtre, je reprenois la plume, & à neuf heures du soir j'eus enfin achevé mon travail..... On en dira ce qu'on voudra; le voici.

CHAPITRE VIII.

Fragment.

Or, comme la femme du notaire disputoit ce point un peu trop vivement avec le notaire, je voudrois, dit le notaire, en mettant bas son parchemin, qu'il y eût ici un autre notaire pour prendre acte de tout ceci.

Que feriez-vous alors, dit-elle, en se levant précipitamment?.... La femme du notaire étoit une petite femme vaine & colérique..... Et le notaire, pour éviter un ouragan, jugea à propos de répondre avec douceur..... J'irois, dit-il, au lit..... Vous pouvez aller au diable, dit la femme du notaire.

Or, il n'y avoit qu'un lit dans tout l'appartement, parce que ce n'est pas la mode à Paris d'avoir plusieurs chambres qui en soient garnies; &

le notaire, qui ne se soucioit pas de coucher avec une femme qui venoit de l'envoyer au diable, & qui, un peu plus échauffée, n'auroit peut-être pas même fait de façon pour l'envoyer autre part, prit son chapeau, sa canne & son manchon, & sortit de la maison.

La nuit étoit pluvieuse & venteuse, & il marchoit mal à son aise vers le Pont-Neuf.

De tous les ponts qui ont jamais été faits, ceux qui passent sur le Pont-Neuf doivent avouer que c'est le pont le plus beau, le plus noble, le plus magnifique, le mieux éclairé, le plus long, le plus large qui ait jamais joint deux cotés de rivière sur la surface du globe.

> Je ne sais si je me trompe; à ce trait on diroit que l'auteur du fragment n'étoit pas François: mais continuons, cela vaut mieux qu'une mauvaise réflexion.

Le seul reproche que les théologiens, les docteurs de Sorbonne & tous les casuistes fassent à ce pont, c'est que s'il fait du vent à Paris, il n'y a point d'endroit où l'on blasphême plus souvent la nature à l'occasion de ce météore...., & cela est vrai, mes bons amis: il y souffle si vigoureusement, il vous y houspille avec des bouffées si subites & si fortes, que de cinquante personnes qui le passent, il n'y en a pas une qui ne coure les risques de se voir enlever ou de montrer quelque chose.

Le pauvre notaire, qui avoit à garantir son chapeau d'accident, appuya dessus le bout de sa canne; mais comme il passoit en ce moment auprès de la sentinelle, le bout de sa canne, en la levant, attrapa la corne du chapeau de la sentinelle; & le vent, qui n'avoit presque plus rien à faire, emporta le chapeau dans la rivière.

C'est un coup de vent, dit en l'attrapant un bachoteur qui se trouva là.

La sentinelle étoit un gascon; il devint furieux, releva sa moustache & mit son arquebuse en joue.

Dans ce tems-là on ne faisoit partir les arquebuses que par le secours d'une mèche. Le vent, qui fait des choses bien plus étranges, avoit éteint la lanterne de papier d'une vieille femme, & la vieille femme avoit emprunté la mèche de la sentinelle pour la rallumer..... Cela donna le tems au sang du gascon de se réfroidir & de faire tourner l'aventure plus avantageusement pour lui...... Il courut après le notaire, & se saisit de son castor. C'est un coup de vent, dit-il, pour rendre sa capture aussi légitime que celle du bachoteur.

Le pauvre notaire passa le pont sans rien dire; mais arrivé dans la rue Dauphine, il se mit à déplorer son sort.

Que je suis malheureux, disoit-il! Serai-je donc

toute ma vie le jouet des orages, des tempêtes & du vent ? Etois-je né pour entendre toutes les injures, les imprécations qu'on vomit sans cesse contre mes confrères & contre moi ? Ma destinée étoit-elle donc de me voir forcé, par les foudres de l'église, à contracter un mariage avec une femme qui étoit si douce avant qu'elles se mêlassent de cette affaire, & qui est à présent pire qu'une furie ? d'être chassé de chez moi par des vents domestiques, & dépouillé de mon castor par ceux du pont ? Me voilà tête nue & à la merci des bourasques d'une nuit pluvieuse & orageuse, & du flux & reflux des accidens qui l'accompagnent. Où aller ? où passer la nuit ? Quel vent, au moins dans les trente-deux points du compas, poussera chez moi les pratiques de mes confrères ?

Le notaire se plaignoit ainsi, lorsqu'il entendit, du fond d'une allée obscure, une voix qui crioit à quelqu'un d'aller chercher le notaire le plus proche..... Or le notaire qui étoit là, se crut le notaire désigné..... C'est ainsi que l'occasion fait le larron. Il entra dans l'allée & s'y enfonça jusqu'à ce qu'il trouva une petite porte ouverte. Là il entra dans une grande salle, & une vieille servante l'introduisit dans une chambre encore plus grande, où il y avoit pour tous meubles une longue pertuisane, une cuirasse, une vieille épée rouillée & une bandoulière, qui étoient suspendues à des clous à quatre endroits différens, le long du mur.

Un vieux personnage, autrefois gentilhomme, & qui l'étoit encore, en supposant que l'adversité & la misère ne flétrissent pas la noblesse, étoit couché dans un lit à moitié entouré de rideaux, la tête appuyée sur sa main en guise de chevet. Il y avoit une petite table tout auprès du lit, & sur la petite table, une chandelle qui éclairoit tout l'appartement. On avoit placé la seule chaise qu'il y eût, près de la table, & le notaire s'assit sur la chaise. Il tira de sa poche une écritoire & une feuille ou deux de papier qu'il mit sur la table.... Il exprima, du coton de son cornet, un peu d'encre avec sa plume, &, la tête baissée au-dessus de son papier, il attendoit, d'une oreille attentive, que le gentilhomme lui dictât son testament.

Hélas! M. le notaire, dit le gentilhomme, je n'ai rien à donner qui puisse seulement payer les frais de mon testament, si ce n'est mon histoire... Et je vous avoue que je ne mourrois pas tranquillement, si je ne l'avois léguée au public..... Je vous lègue, à vous qui allez l'écrire, les profits qui pourront vous en revenir....., Mais prenez garde que le libraire ne vous les écorne..... C'est une histoire si extraordinaire, que tout le genre humain la lira avec avidité..... Elle fera la fortune de votre maison...... Mais, encore une fois, prenez garde au libraire..... Le notaire, dont l'encre étoit séchée, en puisa encore comme il put..... Puissant directeur de tous les évènemens de ma vie, s'écria le vieux gentilhomme en levant les yeux & les mains vers le ciel! ô toi, dont la main m'a conduit à travers ce labyrinthe d'aventures étranges jusqu'à cette scène de désolation, aide la mémoire fautive d'un homme infirme & affligé!...... Dirige ma langue par l'esprit de ta vérité éternelle, & que cet étranger n'écrive rien qui ne soit déjà écrit dans ce livre invisible qui doit me condamner ou m'absoudre.

Le notaire, qui avoit ouï-dire que les romans n'étoient que des mensonges, étoit enchanté d'en avoir un à écrire qui ne seroit que des vérités..... Il éleva sa plume entre ses yeux & la chandelle, pour voir si rien ne s'opposeroit à la netteté de son écriture, & il n'avoit jamais été si bien préparé.

Cette histoire, M. le notaire, ajoute le moribond, réveillera toutes les sensations de la nature... Elle affligera les cœurs humains.... Les ames les plus dures, les plus cruelles, en seront émues de compassion.

Le notaire brûloit d'impatience de la commencer, & l'on soupçonne même qu'il conçut le projet, dès ce moment, de la donner au public comme si elle étoit de lui.... Il s'imaginoit qu'on regarderoit comme un prodige qu'un notaire eût

su

fu écrire quelque chose en françois.... Il reprit donc de l'encre pour la troisième fois; & le malade, en se tournant de son côté, lui dit: écrivez, M. le notaire; & le notaire écrivit ce qui suit.....

Où est le reste? dis-je à Lafleur qui entra en ce moment dans ma chambre.

CHAPITRE IX.

LE BOUQUET.

LE reste, monsieur? dit-il, quand je lui eus dit ce qui me manquoit. Il n'y en avoit que deux feuilles, celle-ci & une autre dont j'ai enveloppé les tiges du bouquet que j'avois, & que j'ai donné à la demoiselle que j'ai été trouver sur le boulevart.... Je t'en prie, Lafleur, retourne la voir, & demande-lui l'autre feuille, si par hasard elle l'a conservée. Elle l'aura sans doute, dit-il, & il part en volant.

Il ne fut que quelques instans à revenir. Il étoit essoufflé, & plus triste que s'il eût perdu la chose la plus précieuse.... Juste ciel! me dit-il, monsieur, il n'y a qu'un quart d'heure que je lui ai fait le plus tendre adieu; & la volage, en ce peu de tems, a donné le gage de ma tendresse à

M

un valet-de-pied du comte.... J'ai été le lui demander ; il l'avoit donné lui-même à une jeune lingère du coin ; & celle-ci en a fait présent à un joueur de violon, qui l'a emporté je ne fais où...., & la feuille de papier avec. Oui, monsieur...., nos malheurs étoient enveloppés dans la même aventure.... Je foupirai ; & Lafleur foupira, mais un peu plus haut.

Quelle perfidie, s'écrioit Lafleur ! Cela est malheureux, difoit fon maître.

Cela ne m'auroit pas fait de peine, difoit Lafleur, fi elle l'avoit perdu.... Ni à moi, Lafleur, fi je l'avois trouvé....

CHAPITRE X.
L'ACTE DE CHARITÉ.

UN homme qui craint d'entrer dans un paffage obfcur, peut être un très-galant homme, & propre à faire mille chofes ; mais il lui eft impoffible de faire un bon voyageur fentimental. Je fais peu de cas de ce qui fe paffe au grand jour & dans les grandes rues.... La nature eft retenue & n'aime pas à agir devant les fpectateurs. Mais on voit quelquefois, dans un coin retiré, de courtes fcènes qui valent mieux que tous les fentimens d'une douzaine de tragédies du théâtre françois réunies.... Elles font cependant bien bonnes.... Elles font auſſi utiles aux prédicateurs qu'aux rois, aux héros, aux guerriers; & quand je veux faire quelque ſermon plus brillant qu'à l'ordinaire, je les lis, & j'y trouve un fonds inépuiſable de matériaux.... La Cappadoce, le Pont, l'Aſie, la Phrygie, la Pamphilie, le Mexique, me fourniſſent des textes auſſi bons que la Bible.

Il y a un paſſage fort long & fort obſcur, qui va de l'opéra-comique à une rue fort étroite. Il eſt fréquenté par ceux qui attendent humblement l'arrivée d'un fiacre, ou qui veulent ſe retirer tranquillement à pied quand la foule des carroſſes s'eſt écoulée. Le bout de ce paſſage, vers la ſalle, eſt éclairé par un lampion, dont la lumière foible ſe perd avant qu'on arrive à l'autre bout. Ce lumignon eſt peu utile, mais il ſert d'ornement. Il eſt de loin comme une étoile fixe de la moindre grandeur.... Elle brûle, & ne fait aucun bien à l'univers.

J'apperçus dans ce paſſage, à cinq ou ſix pas de la rue, deux dames qui ſe tenoient par le bras, & qui avoient l'air d'attendre une voiture. Je me tapis le long du mur, preſque à côté d'elles, & m'y tins tranquillement.... J'étois en noir, & à peine pouvoit-on diſtinguer qu'il y eût là quelqu'un.

Je ne pouvois pas trop bien difcerner moi-même les traits des deux dames, mais j'avois paffé tout près d'elles, & j'avois, je crois, remarqué que celle dont j'étois le plus proche, étoit grande, maigre, & d'environ trente-fix ans; l'autre étoit auffi grande, auffi maigre, & paroiffoit plus âgée. Je ne fais fi elles étoient mariées, fi elles étoient veuves, ou fi ce n'étoient point par hafard un duo de triftes veftales auffi ennuyées de l'être, que vaines, à leur grand regret, d'en afficher le titre. Ce que je crus voir le mieux, c'eft qu'elles n'avoient pas l'air d'être plus accoutumées au doux langage des amans, qu'à leurs tendres careffes.... Je ne pouvois pourtant pas les rendre heureufes.... Mais le bonheur ce foir étoit deftiné à leur venir d'une autre main.

Une voix baffe, avec une bonne tournure d'expreffions, terminée par une douce cadence, fe fit entendre, & leur demanda, pour l'amour de Dieu, une pièce de douze fous entr'elles d'eux.... Il me parut fingulier d'entendre un mendiant fixer le contingent d'une aumône, & furtout de le fixer à douze fois plus haut qu'on ne donne ordinairement, ou en plein jour, ou dans l'obfcurité.... Les dames en parurent tout auffi furprifes que moi.... Douze fous, dit l'une ! Une pièce de douze fous, dit l'autre ! & point de réponfe.

Je ne fais, mefdames, dit le pauvre, comment

demander moins à des personnes de votre rang, & il leur fit une profonde révérence.

Passez, passez, dirent-elles; nous n'avons point d'argent.

Il garda le silence pendant une minute ou deux, & renouvela sa prière.

Ne fermez pas vos oreilles, mes belles dames, dit-il, à mes accens.... Mais, mon bon homme, dit la plus jeune, nous n'avons point de monnoie.... Que Dieu vous bénisse donc, dit-il, & multiplie envers vous ses faveurs!.... L'aînée mit la main dans sa poche.... Voyons donc, dit-elle, si je trouverai un sou-marqué.... Un sou-marqué. Ah! donnez la pièce de douze sous, dit l'homme; la nature a été libérale à votre égard, soyez-le envers un malheureux qu'elle semble avoir abandonné.

Volontiers, dit la plus jeune, si j'en avois.

Beautés compatissantes, dit-il en s'adressant à toutes deux, il n'y a que votre bonté, votre bienfaisance, qui donnent à vos yeux un éclat si doux & si brillant..., & c'est ce qui faisoit dire tout à l'heure au marquis de Villiers & à son frère en passant, des choses si agréables de vous.....

Les deux dames s'affectèrent, & toutes deux à la fois mirent la main dans leur poche, & en tirèrent chacune une pièce de douze sous. Le pauvre & elles ne luttoient plus: il n'y eut plus de contestations qu'entr'elles, pour savoir qui donneroit la pièce de douze sous; & leur envie paroissoit tenir de l'empressement. La dispute se termina par les donner toutes deux; & l'homme se retira.

CHAPITRE XI.
L'ÉNIGME EXPLIQUÉE.

JE courus vîte après lui, & je fus tout étonné de voir le même homme que j'avois vu devant l'hôtel de Modène, & qui m'avoit jeté l'esprit dans un si grand embarras.... Je découvris tout d'un coup son secret, ou au moins ce qui en étoit la base; c'étoit la flatterie.

Parfum délicieux! quel rafraîchissement ne donnes-tu pas à la nature. Comme tu remues toutes ses puissances & toutes ses foiblesses! Avec quelle douceur tu pénètres dans le sang, & tu l'aides à franchir les passages les plus difficiles qu'il rencontre dans sa route pour aller au cœur!

L'homme, en ce moment, n'étoit pas gêné par le tems, & il prodigua à ces dames ce qu'il étoit sans doute forcé d'épargner dans d'autres circonstances. Il est sûr qu'il savoit se réduire à moins de paroles dans les cas pressés, tels que ceux qui arri-

voient dans la rue; mais comment faisoit-il?...
L'inquiétude de le savoir ne me tourmente pas.
C'est assez pour moi d'être instruit qu'il gagna deux
pièces de douze sous.... Que ceux qui ont fait une
fortune plus considérable par la flatterie, expliquent le reste, ils y réussiront mieux que moi.

CHAPITRE XII.

Essai.

Nous nous avançons moins dans le monde en rendant des services, qu'en en recevant. Nous prenons le rejeton fané d'un œillet, nous le plantons, & nous l'arrosons parce que nous l'avons planté.

M. le comte de B... qui m'avoit été si utile pour mon passe-port, me le fut encore.... Il étoit venu à Paris, & devoit y rester quelques jours.... Il s'empressa de me présenter à quelques personnes de qualité qui devoient me présenter à d'autres, & ainsi de suite.

Je venois de découvrir, assez à tems, le secret que je voulois approfondir, pour tirer parti de ces honneurs, & les mettre à profit. Sans cela, je n'aurois dîné ou soupé qu'une seule fois à la ronde chez toutes ces personnes, comme cela se pratique ordinairement; & en traduisant, selon ma coutume, les figures & les attitudes françoises en anglois, j'aurois vu, à chaque fois que j'avois pris le couvert de quelqu'un, qui auroit été plus agréable à la compagnie que moi. L'effet tout naturel de ma conduite eût été de résigner toutes mes places l'une après l'autre, uniquement parce que je n'aurois pas su les conserver.... Mon secret opéra si bien, que les choses n'allèrent pas mal.

Je fus introduit chez le vieux duc D... Il s'étoit signalé autrefois par une foule de faits de chevalerie dans la cour de Cythère, & il conservoit encore l'idée de ses jeux & de ses tournois.... Mais il auroit voulu faire croire que les choses étoient encore ailleurs que dans sa tête. Je veux, disoit-il, faire un tour en Angleterre, & il s'informoit beaucoup des dames Angloises.... Croyez-moi, lui dis-je, M. le duc, restez où vous êtes. Les seigneurs Anglois ont beaucoup de peine à obtenir de nos dames un seul coup d'œil favorable; & le vieux duc m'invita à dîner.

M. de..., fermier général, me fit une foule de questions sur nos taxes.... J'entends dire, me dit-il, qu'elles sont considérables.... Oui, lui dis-je en lui faisant une profonde révérence; mais vous devriez nous donner le secret de les recueillir, & il me pria à souper dans sa petite maison.

On avoit dit à la vicomtesse de G... que j'étois

un homme d'esprit.... Madame la vicomtesse étoit elle-même une femme d'esprit ; elle brûloit d'impatience de me voir & de m'entendre parler.... Je ne fus pas plutôt assis, que je m'apperçus que la moindre de ses inquiétudes étoit de savoir que j'eusse de l'esprit ou non.... Il me sembla qu'on ne m'avoit laissé entrer que pour que je susse qu'elle en avoit.... Je prends le ciel à témoin que je ne desserrai pas une fois les lèvres ; & madame de G... exigea que je fusse de sa société.

Madame de F... assuroit à tout le monde qu'elle n'avoit jamais eu avec qui que ce soit une conversation plus instructive que celle qu'elle avoit eue avec moi.

Il y a trois époques dans l'empire d'une dame d'un certain ton en France... Elle est coquette... puis déiste... & enfin dévote. L'empire subsiste toujours, elle ne fait que changer de sujets. Les esclaves de l'amour se sont-ils envolés à l'apparition de sa trente-cinquième année, ceux de l'incrédulité leur succèdent; viennent ensuite ceux de l'église.

Madame de F... chanceloit entre les deux premières époques ; ses roses commençoient à se faner, & il y avoit cinq ans au moins, quand je lui rendis ma première visite, qu'elle devoit pencher vers le déisme, & je m'en apperçus bientôt.

Elle me fit placer sur le sofa où elle étoit, afin de parler plus commodément & de plus près sur la religion ; & nous n'avions pas causé quatre minutes, qu'elle me dit : pour moi, je ne crois à rien du tout.

Il se peut, madame, que ce soit votre principe ; mais je suis sûr qu'il n'est pas de votre intérêt de détruire des ouvrages extérieurs aussi puissans. Une citadelle ne résiste guère quand elle en est privée.... Rien n'est si dangereux pour une beauté, que d'être déiste...., & je dois cette dette à mon *credo*, de ne pas vous le cacher. Eh ! bon Dieu, madame, quels ne sont pas vos périls ? Il n'y a que quatre ou cinq minutes que je suis auprès de vous..., & j'ai déjà formé des desseins : qui sait si je n'aurois pas tenté de les suivre, si je n'avois été persuadé que les sentimens de votre religion seroient un obstacle à leur succès ?

Nous ne sommes pas des diamans, lui dis-je en lui prenant la main ; il nous faut des contraintes, jusqu'à ce que l'âge se glise sur nous & nous les donne.... Mais, ma belle dame, ajoutai-je en lui baisant la main que je tenois..., il est encore trop tôt.... Le tems n'est pas encore venu.

Je peux le dire.... Je passai dans tout Paris pour avoir converti madame de F... Elle rencontra D... & l'abbé M... & leur assura que je lui en avois plus dit en quatre minutes en faveur de la religion révélée, qu'ils n'en avoient écrit contr'elle dans toute leur Encyclopédie.... Je fus enregistré sur le champ dans la coterie de madame de F... qui différa de deux ans l'époque déjà commencée de son déisme.

Je me souviens que j'étois chez elle un jour; je tâchois de démontrer au cercle qui s'y étoit formé, la nécessité d'une première cause.... J'étois dans le fort de mes preuves, & tout le monde y étoit attentif, lorsque le jeune comte de S... me prit mystérieusement par la main.... Il m'attira dans le coin le plus réculé du salon, & me dit tout bas.... Vous n'y avez pas pris garde..., votre solitaire est attaché trop serré..., il faut qu'il badine.... Voyez le mien.... Je ne vous en dis pas davantage; un mot, Yorick, suffit au sage...

Et un mot qui vient du sage suffit, M. le comte; & M. le comte m'embrassa avec plus d'ardeur que je ne l'avois jamais été.

Je fus aussi de l'opinion de tout le monde pendant trois semaines. Parbleu! disoit-on, ce M. Yorick a, ma foi, autant d'esprit que nous.... Il raisonne à merveille, disoit quelqu'autre. On ne peut être de meilleure compagnie, ajoutoit quelqu'un. J'aurois pu à ce prix manger dans toutes les maisons de Paris, & passer ainsi ma vie au milieu du beau monde.... Mais quel métier! j'en rougissois. C'étoit jouer le rôle de l'esclave le plus vil; tout sentiment d'honneur se révoltoit contre ce genre de vie.... Plus les sociétés dans lesquelles je me trouvois étoient élevées, & plus je me trouvois forcé de faire usage du secret que j'avois appris dans le cul-de-sac de l'opéra-comique.... Plus la coterie avoit de réputation, & plus elle étoit fréquentée par les enfans de l'art, & il falloit les surpasser pour plaire.... Et je languissois après les enfans de la nature. Une nuit que je m'étois vilement prostitué à une demi-douzaine de personnes du plus haut parage, je me trouvai incommodé.... J'allai me coucher. Je dis le lendemain de grand matin à Lafleur d'aller chercher des chevaux de poste, & je quittai Paris & les bons amis que l'adulation m'y avoit donnés.

CHAPITRE XIII.

HISTOIRE DE JULIETTE.

JE voulois voir la Bretagne, & j'avois des raisons pour passer par la Loire.... Peut-être y rencontrerois-je la charmante Juliette.

Je n'ai jamais senti jusqu'à présent l'embarras que cause l'abondance : mais quel spectacle pour un voyageur, quand il traverse la Touraine dans le tems des vendanges, lorsque la nature verse ses bienfaits sur le cultivateur laborieux, & que tout le monde est dans la joie ! Que ces côteaux si rians

& si agréables de la Loire, sont différens de ces campagnes sombres que nous traversons en Angleterre ! Je donnerois tous les palais de l'Univers pour y avoir une cabane couverte de chaume ; mais c'est à une condition, ma Lisette ; je voudrois que tu l'habitasses avec moi. Quel ravissement pour mon cœur, en faisant ce voyage ! La musique à chaque pas battoit le tems au travail ; & tous ses enfans portoient leurs grappes, en dansant, au pressoir. Mes sensations n'ont jamais été si vives. Les aventures naissoient à toutes les postes où je m'arrêtois

Juste ciel ! quelle ample matière est sous ma main ! Elle me suffiroit pour vingt volumes ; &, hélas ! l'histoire de Juliette, de la pauvre Juliette, va me prendre la moitié de ce qui me reste à écrire.... Mon ami M. Shandy l'avoit connue près d'Amboise ; & l'histoire de cette fille infortunée, dont l'esprit étoit égaré, m'avoit sensiblement affecté.... J'étois au relais de veuves, & je ne pus résister au desir que j'avois de savoir de ses nouvelles. Je fis une demi-lieue à pied, pour aller au village où demeuroient ses parens.

J'avoue que c'étoit aller en chevalier de la triste figure, à la recherche des aventures mélancoliques... Mais je ne sais comment cela arrive... Je ne suis jamais plus convaincu qu'il existe en moi une ame, que quand je me trouve au milieu des accidens funestes.

La vieille mère vint m'ouvrir la porte, & sa physionomie me conta toute l'histoire avant qu'elle ouvrît la bouche. Elle avoit perdu son mari... Il étoit mort, un mois auparavant, de chagrin de voir l'égarement de l'esprit de sa fille Juliette.

Elle avoit d'abord craint que cet événement n'eût dérangé le jugement qui lui restoit ; mais elle étoit, au contraire, un peu revenue à elle-même. Elle me dit qu'elle étoit toujours inquiète : hélas ! dit elle en pleurant, ma pauvre fille rode quelque part autour du village.

Pourquoi mon pouls bat-il langoureusement pendant que j'écris ceci ? Et pourquoi Lafleur, dont le cœur ne sembloit tourné qu'à la joie, passoit-il deux fois le dos de sa main sur ses yeux pendant que la femme nous parloit ?

J'avois dit au postillon de conduire la chaise à Amboise. Lorsque nous n'en étions plus qu'à une demi-lieue, dans un petit sentier qui menoit à un clos de vigne, j'apperçus la pauvre Juliette assise sous un saule. Son coude étoit appuyé sur ses genoux, & sa tête sur sa main... Un petit ruisseau couloit au pied de l'arbre... Je dis à Lafleur de gagner la ville, & d'ordonner le souper...

Elle étoit habillée de blanc, & à-peu-près

comme mon ami me l'avoit dépeinte, si ce n'est que ses cheveux, quand il la vit, étoient retenus par un réseaux de soie, & qu'en ce moment elle les avoit épars & flottans. Elle avoit aussi ajouté à son corset un ruban d'un vert pâle, qui, en passant par-dessus son épaule, tomboit jusqu'à sa ceinture & suspendoit son chalumeau... Sa chèvre lui avoit été aussi infidelle que son amant, & elle avoit, à sa place, un petit chien qu'elle tenoit en lesse avec une petite corde attachée à son bras... Je regardai le chien, & elle le tira vers elle... Tu ne me quitteras pas, Silvio, dit-elle. Je la fixai, & je vis, aux larmes qui couloient de ses yeux pendant qu'elle proféroit ces mots, qu'elle pensoit plus à son père qu'à son amant & à sa chèvre qui avoient été inconstans.

Je m'assis auprès d'elle, & elle me permit d'essuyer ses pleurs avec mon mouchoir... J'essuyai les miens à mon tour..., & je sentis en moi des sensations qui ne pouvoient certainement provenir d'aucune combinaison de la matière & du mouvement.

Oh ! je suis assuré que j'ai une ame. Les matérialistes, & tous les livres dont ils ont infecté le monde, ne pourront jamais me convaincre du contraire.

CHAPITRE XIV.

Suite de l'histoire de Juliette.

Juliette étoit un peu revenue à elle. Je lui demandai si elle se souvenoit d'un grand homme pâle & maigre qui s'étoit assis entr'elle & sa chèvre, il y avoit deux ans... Elle me dit qu'elle avoit eu l'esprit fort aliéné dans ce tems, mais que cependant elle s'en souvenoit par deux circonstances; l'une, qu'elle voyoit bien, puisque je venois la voir, que ce monsieur étoit touché de son sort; & l'autre, parce que sa chèvre lui avoit dérobé son mouchoir, & qu'elle l'avoit battue pour cela. Elle l'avoit retrouvé & lavé dans le ruisseau, & l'avoit conservé depuis dans sa poche, pour le lui rendre jamais si elle le revoyoit... Il me l'a promis à-demi, ajouta-t-elle : elle tira aussitôt le mouchoir de sa poche pour le montrer... Elle l'avoit enveloppé dans des feuilles de vignes qu'elle renouveloit de tems en tems, & qui étoient liées avec un osier... Elle le déploya, & je vis qu'il étoit marqué d'une S dans un des coins.

Elle me raconta qu'elle avoit été depuis ce tems-là à Rome, qu'elle avoit fait une fois le tour de l'église Saint Pierre...., qu'elle avoit trouvé

son

son chemin toute seule à travers de l'Apennin; qu'elle avoit traversé toute la Lombardie sans argent...., & les chemins pierreux de la Savoie sans souliers. Elle ne se souvenoit point de la manière dont elle avoit été nourrie, ni comment elle avoit pu supporter tant de fatigue : mais Dieu, dit-elle, tempère le vent en faveur de l'agneau nouvellement tondu.

Et tondu au vif! lui dis-je..... Ah! si tu étois dans mon pays, où j'ai un petit hameau, je t'y menerois, je te mettrois à l'abri des accidens.... Tu mangerois de mon pain, tu boirois dans ma coupe, j'aurois soin de ton Silvio...... Je te chercherois & te ramenerois quand tu succomberois à tes écarts & à tes foiblesses...... Je dirois mes prières quand le soleil se coucheroit..., & mes prières faites, tu jouerois ton chant du soir sur ton chalumeau...... L'encens de mon sacrifice seroit plus agréable au ciel, quand il seroit accompagné de celui d'un cœur douloureux....

Je sentois la nature fondre en moi, en disant tout cela, & Juliette voyant que je prenois mon mouchoir déja trop mouillé pour m'en servir, voulut le laver dans le ruisseau..... Mais où le ferois-tu sècher, ma chère enfant ? Dans mon sein, dit-elle, cela me feroit du bien.

N

Est-ce que ton cœur ressent encore des feux, ma chère Juliette ?

Je touchois-là une corde sur laquelle étoient tendus tous ses maux..... Elle me fixa quelques momens avec des yeux en désordre, puis; sans rien dire, prit son chalumeau, & joua une hymne à la vierge..... La vibration de la corde que j'avois touchée, cessa..... Juliette revint à elle, laissa tomber son chalumeau, & se leva.

Où vas-tu, ma chère Juliette ? lui dis-je. Elle me dit qu'elle alloit à Amboise. Eh bien, allons ensemble.

Elle me prit le bras, & alongea la corde pour laisser à son chien la facilité de nous suivre avec plus de liberté.

CHAPITRE XV.

LES ADIEUX.

Nous arrivâmes à Amboise : les places & les rues étoient pleines de monde : on y attendoit, pour la première fois, madame la duchesse de.... Sa bienfaisance y avoit devancé depuis long-tems son arrivée, & la joie étoit peinte sur tous les visages; le plaisir respiroit dans tous les cœurs....

Oh! vertu, voilà quels sont tes charmes! tu inspires l'alégresse par-tout où tu te montres.

Nous nous trouvâmes au milieu de la foule empressée. Juliette en étoit connue, & je vis qu'elle intéressoit tout le monde à son sort : je m'arrêtai pour lui faire mon adieu.

Juliette n'étoit pas grande, mais elle étoit bien faite. L'affliction avoit fait impression sur sa physionomie...... Elle avoit un air délicat, & tout ce que le cœur peut desirer en une femme... Ah! si elle pouvoit recouvrer son bon sens, & si les traits de ma Lisette pouvoient s'effacer de mon esprit, Juliette...., oui, elle mangeroit de mon pain, elle boiroit dans ma coupe...... Je ferois plus, elle seroit reçue dans mon sein...., elle seroit ma fille, ou tout ce qu'on peut être de plus cher.

Adieu, fille infortunée. Imbibe l'huile & le vin que la compassion d'un étranger verse en passant sur ta blessure...... L'être qui t'a créée peut seul la guérir.

CHAPITRE XVI.

LA TOURAINE.

JE comptois sur les sensations les plus joyeuses, en parcourant ce pays charmant au milieu des vendanges...... Mais je n'étois pas susceptible d'en éprouver. Les scenes de gaieté qui se présentoient à mes yeux à chaque pas, ne m'en inspiroient point..... Mon imagination me rappeloit sans cesse Juliette, assise d'un air triste & pensif au pied de son saule, & je me trouvois près d'Angers, que son attitude mélancolique n'étoit pas encore effacée de mon esprit.

Charmante sensibilité! source inépuisable de nos plaisirs les plus parfaits, & de nos douleurs les plus cuisantes! tu enchaînes ton martyr sur son lit de paille, ou tu l'élèves jusqu'au ciel. Source éternelle de nos sensations! c'est ta divinité qui me donne ces émotions..... Mon ame, dans certains momens funestes & maladifs, languit dans la nonchalance, & s'effraie de la destruction du corps qu'elle anime..... Mais ce ne sont que des paroles pompeuses..... Je sens en moi que cette destruction doit être suivie des plaisirs & des soins les plus doux. Tout vient de toi, grand émanateur de ce monde! c'est toi qui amollis nos cœurs,

& nous rends compatissans aux maux d'autrui. C'est par toi que mon ami tire les rideaux de mon lit quand je suis languissant, qu'il écoute mes plaintes, & cherche à me consoler. Tu fais passer quelquefois cette douce compassion dans l'ame du pâtre grossier, qui habite les montagnes les plus âpres : il s'attendrit quand il trouve égorgé un agneau du troupeau de son voisin..... Je l'ai vu dans ce moment, sa tête appuyée contre sa houlette, le contempler avec pitié..... Ah! si j'étois arrivé un moment plutôt, s'écrioit-il....... Le pauvre agneau perd tout son sang, il meurt, & son cœur en saigne.

Que la paix soit avec toi, généreux Berger! Tu t'en vas tout affligé....., mais le plaisir balancera ta douleur, car le bonheur entoure ton hameau...... Heureuse est celle qui le partage avec toi! heureux sont les agneaux qui bondissent autour de toi!

CHAPITRE XVII.
Le souper et les graces.

JE voulois aller voir un de mes anciens amis, qui s'étoit retiré dans une petite ville d'Anjou, à six lieues, à droite d'Angers. Le chemin est bien difficile pour la poste, me dit-on........ Monsieur se connoît en difficultés, dit Lafleur..... Venez toujours..... Un fer se détacha d'un pied de devant du cheval de brancard, dans un chemin pierreux. Le postillon descendit & le mit dans sa poche. A peine avions-nous fait une lieue, que le fer de l'autre pied se détacha aussi, & il n'y avoit pas moyen d'aller plus loin, sans courir le risque de faire blesser le cheval. Il falloit au moins lui donner un poids plus léger, & je descendis. J'apperçus une maison à quelques portées de fusil du chemin, & je dis au postillon de m'y suivre. L'air de la maison & de tout ce qui l'entouroit ne me fit point regretter mon désastre. C'étoit une jolie ferme entourée d'un beau clos de vigne. Il y avoit d'un côté un potager rempli de tout ce qui pouvoit entretenir l'abondance dans la maison d'un paysan, & de l'autre un petit bois qui pouvoit fournir de chauffage...... Je laissai au postillon le soin de s'arranger, & j'entrai tout droit dans la maison.

La famille étoit composée d'un vieillard à cheveux blancs, de sa femme, de leurs fils, de leurs gendres, de leurs femmes, & de leurs enfans.

Ils alloient se mettre à table pour manger leur soupe aux lentilles. Un gros pain de froment occupoit le milieu de la table, & une bouteille de vin, à chaque bout, promettoit de la joie pendant le repas : c'étoit un festin d'amour & d'amitié.

Le vieillard se lève aussitôt pour venir à ma rencontre, & m'invite, avec une cordialité respectueuse, à me mettre à table. Mon cœur s'y étoit mis dès le moment que j'étois entré. Je m'assis tout de suite comme un des enfans de la famille, & pour en prendre plutôt le caractère, j'empruntai le couteau du vieillard, & je coupai un gros morceau de pain. Tous les yeux, en me voyant faire, sembloient me dire que j'étois le bien-venu, & qu'on me remercioit de la liberté que j'avois prise.

Etoit-ce cela, ou dis-le moi, nature, étoit-ce autre chose qui me faisoit paroître ce morceau si friand? A quelle magie étois-je redevable des délices que je goûtois en buvant un verre de vin de cette bouteille, & qui semble encore m'affecter le palais?

Le souper étoit de mon goût : les graces qui le suivirent en furent encore plus.

Le souper fini, le vieillard donne un coup sur la table avec le manche de son couteau. C'étoit le signal de se lever de table & de se préparer à danser. Dans l'instant, les femmes & les filles courent dans une chambre à côté pour arranger leurs cheveux, & les hommes & les garçons vont à la porte pour se laver le visage, & quitter leurs sabots pour prendre des souliers. En trois minutes toute la troupe est prête à commencer le bal sur une petite esplanade de gazon qui étoit devant la cour. Le vieillard & sa femme sortent les derniers. Je les accompagne & me place entr'eux sur un petit sofa de verdure.

Le vieillard, dans sa jeunesse, avoit su jouer assez bien de la vielle, & il en jouoit encore passablement. La femme l'accompagnoit de la voix; & les enfans & les petits-enfans dansoient..... Je dansois moi-même, quoiqu'assis......

Au milieu de la seconde danse, & à quelques pauses dans les mouvemens où ils sembloient tous lever les yeux, je crus entrevoir que cette élévation étoit l'effet d'une autre cause que celle de la simple joie...... Il me sembla, en un mot, que la religion étoit mêlée pour quelque chose dans la danse..... Je ne l'avois jamais vue s'engager dans ce plaisir, & je commençois à croire que c'étoit l'illusion d'une imagination qui me trompe continuellement, lorsque, la danse finie, le vieillard me dit: monsieur, c'est-là ma coutume; dans toute ma vie, j'ai toujours eu pour règle, après souper, de faire sortir ma famille pour danser & se réjouir; je m'imagine que le contentement & la gaieté de l'esprit sont les meilleures espèces de graces qu'un homme comme moi, qui n'est point instruit, puisse rendre au ciel.

Ce seroient peut être même aussi les meilleurs des plus savans prélats, lui dis-je.

CHAPITRE XVIII.
Le cas de délicatesse.

Il y a, entre la petite ville où j'allois & Rennes, des chemins presque impraticables par les hauteurs, les descentes, les ruisseaux & les fondrières qu'on trouve en certains endroits. Adieu alors à tous les mouvemens rapides & précipités! Il faut voyager avec précaution; mais il convient mieux aux sentimens de ne pas aller si vîte. Je fis marché avec un voiturier, pour me conduire aussi lentement qu'il voudroit, dans cette traverse difficile. Les habitans en sont pauvres, mais patiens, tranquilles, & doués d'une grande probité. Chers villageois, ne craignez rien! le monde ne vous enviera pas votre pauvreté, trésor inépuisable de vos simples vertus. Nature! parmi tous tes désordes, tu es encore favorable à la modicité que tu fournis. Au milieu des grands ouvrages qui t'environnent, tu n'as laissé que peu ici pour la faux & la faucille : mais ce peu est en sûreté, il est protégé.......Le plus fort n'envahit rien au plus foible. Heureuses les demeures qui sont ainsi mises à l'abri de la cupidité & de l'envie!

Que le voyageur fatigué se plaigne, s'il veut,

des détours & des dangers de vos routes, de vos collines pierreuses, de vos fondrières, & des obstacles de toute espèce qui l'arrêtent dans son chemin...... Moi, mes chers amis, j'aime à voyager parmi vous. Les habitans d'un village voisin avoient travaillé tout le jour à rendre praticable un endroit où nous arrivâmes. Nous n'aurions pu y passer la veille, & ils avoient encore pour deux heures d'ouvrage..... Il n'y avoit point d'autre remède que d'attendre avec patience. La nuit, qui étoit pluvieuse & orageuse, s'approchant, le voiturier fut obligé de s'arrêter dans la seule hôtellerie qu'il y avoit dans le village.

Je pris aussitôt possession de ma chambre à coucher...... L'air étoit devenu très-froid; je fis faire bon feu, & je donnai des ordres pour le souper..... Je remerciois le ciel de ce que les choses n'étoient pas pires, lorsqu'une dame & sa femme de chambre arrivèrent dans l'auberge.

Il n'y avoit pas d'autre chambre à coucher dans la maison que la mienne; & l'hôtesse les y amena sans façon, en leur disant qu'il n'y avoit qu'un gentilhomme Anglois...., qu'il y avoit deux bons lits, & qu'il y en avoit un troisième dans le cabinet à côté...... Mais à la manière dont elle parloit de ce troisième lit, il auroit presque autant valu qu'elle n'en eût point eu..... Elle ajouta qu'elle osoit avancer que le monsieur feroit de son mieux pour arranger les choses; & moi, pour ne pas tenir la dame en suspens, je lui dis que je ferois tout ce que je pourrois.

Mais cela ne vouloit pas dire que je la rendrois la maîtresse absolue de ma chambre..... J'en étois encore propriétaire, & j'avois le droit d'en faire les honneurs. Je priai donc la dame de s'asseoir; je la plaçai dans le coin le plus chaud; je demandai du bois; je dis à l'hôtesse d'augmenter le souper, & de ne point oublier que je lui avois recommandé de donner le meilleur vin.

La dame ne fut pas cinq minutes auprès du feu qu'elle jeta les yeux sur les lits. Plus elle les regardoit, & plus son inquiétude sembloit s'augmenter. J'en étois mortifié, & pour elle & pour moi. & je n'étois peut-être pas moins embarrassé qu'elle.

C'en étoit assez, pour causer cet embarras, que les lits fussent dans la même chambre..... Mais ce qui nous troubloit le plus, c'étoit leur position. Ils étoient parallèles & si proches l'un de l'autre, qu'il n'y avoit de place entre les deux que pour mettre une chaise...... Ils n'étoient guère plus éloignés du feu. Le manteau de la cheminée, d'un côté, s'avançoit fort avant dans la chambre, & avec une grosse poutre, de l'autre, il formoit une espèce d'alcove qui n'étoit point du tout favorable à la délicatesse de nos sensations......

D'ailleurs les lits étoient si étroits, qu'il n'y avoit pas moyen de songer à faire coucher la femme de chambre avec sa maîtresse. Si cela avoit été faisable, l'idée qu'il falloit que je couchasse auprès d'elle, auroit glissé plus aisément sur l'imagination.

Le cabinet n'étoit pas consolant : il étoit humide, froid; la fenêtre en étoit à moitié brisée, il n'y avoit point de vitre...., le vent y souffloit, & il étoit si violent, qu'il me fit tousser quand j'y entrai avec la dame pour le visiter.... L'alternative où nous nous trouvâmes réduits, étoit donc fort inquiétante. La dame sacrifieroit-elle sa santé à sa délicatesse, en abandonnant le lit à la femme de chambre, ou la femme de chambre prendroit-elle le cabinet, en laissant la dame exposée aux entreprises qu'un joli minois peut suggérer à un étranger? Le cas n'étoit pas aisé à résoudre.

La dame étoit une jeune Nantaise, d'environ vingt-cinq ans, dont le teint l'auroit disputé à l'éclat des roses. La femme de chambre étoit Blaisoise, vive, leste, & n'avoit pas plus de vingt ans. Ces circonstances augmentoient les difficultés, & le poids qui accabloit nos esprits, n'étoit pas allégé par la délicatesse que nous avions de ne pas nous communiquer l'un à l'autre ce que nous sentions dans cette occasion.

Le souper vint & nous nous mîmes à table. Je crois que si nous n'eussions pas eu de meilleur vin que celui qu'on nous donna, nos langues auroient été liées jusqu'à ce que la nécessité nous eût forcés de leur donner de la liberté..... Mais la dame avoit heureusement quelques bouteilles de bon vin de Bourgogne dans sa voiture, & elle envoya sa femme de chambre en chercher deux..... Peu à peu nous nous sentîmes inspirés d'une force d'esprit suffisante pour parler au moins, sans réserve, de notre situation; nous l'examinâmes de tous côtés pendant plus d'une heure, pour tâcher de trouver quelque heureux moyen de régler la chose..... Enfin, après l'avoir retournée dans tous les sens, nous convînmes de nos articles; & peut-être n'a-t-on jamais fait un traité de paix qu'on ait exécuté plus religieusement des deux côtés. Voici le nôtre.

Article premier.

Comme de droit la chambre à coucher appartient à monsieur, & qu'il croit que le lit qui est le plus proche du feu est le plus chaud, il le cède à madame.

Accordé de la part de madame, pouvu que les rideaux des deux lits, qui sont d'une toile de coton presque transparente, & trop étroits pour bien fermer, soient attachés à l'ouverture avec des épingles, ou même entièrement cousus avec une aiguille & du fil, afin qu'ils soient censés former une barrière suffisante du côté de monsieur.

Article II.

Il est demandé de la part de madame, que monsieur soit enveloppé toute la nuit dans sa robe de chambre.

Refusé, parce que monsieur n'a pas de robe de chambre, & qu'il n'a dans son porte-manteau que six chemises & une culotte de soie noire.

La mention de la culotte de soie noire fit un changement total dans cet article........ On regarda la culotte comme un équivalent de la robe de chambre. Il fut donc convenu que j'aurois toute la nuit ma culotte de soie noire.

Article III.

Il est stipulé de la part de madame, que dès que monsieur sera au lit, & que le feu & la chandelle seront éteints, monsieur ne dira pas un seul mot pendant toute la nuit.

Accordé, à condition que les prières que monsieur fera, ne seront pas regardées comme une infraction au traité.

Il n'y eut qu'un point d'oublié. C'étoit la

manière dont la dame & moi nous nous déshabillerions & nous nous mettrions au lit..... Il n'y avoit qu'une manière de le faire; & le lecteur peut la deviner...... Je proteste que si elle ne lui paroît pas la plus délicate & la plus décente qu'il y ait dans la nature, c'est la faute de son imagination......

Enfin nous nous couchâmes : je ne sais si c'est la nouveauté de la situation, ou quelqu'autre chose, qui m'empêcha de dormir, mais je ne pus fermer les yeux..... Je me tournois tantôt d'un côté, tantôt de l'autre...., & cela dura jusqu'à deux heures du matin, qu'impatienté de tant de mouvemens inutiles, il m'échappa de m'écrier : ô mon Dieu!

Vous avez rompu le traité, monsieur, dit avec précipitation la dame, qui n'avoit pas plus dormi que moi...... Je lui dis que non, en soutenant que ce n'étoit qu'une exclamation...... Elle voulut que ce fût une infraction entière du traité... Et moi, je prétendois qu'on avoit prévu le cas par le troisième article.

La dame ne voulut pas céder, & la dispute affoiblit un peu sa barrière..... J'entendis tomber par terre deux ou trois épingles des rideaux.

Sur mon honneur, madame, ce n'est pas moi qui les ai détachées, lui dis-je en étendant mon bras hors du lit, comme pour affirmer ce que je disois......, & j'allois ajouter que pour tout l'or du monde, je n'aurois pas voulu violer l'idée de décence que je......

Mais la femme de chambre, qui nous avoit entendus, & qui craignoit les hostilités, étoit sortie de son cabinet, & s'étoit glissée doucement dans le passage qui étoit entre le lit de sa maîtresse & le mien; & en étendant le bras, je saisis la femme de chambre, &.... &c. &c. &c.... *Mais, honni soit qui mal y pense.* Le jour parut, & nous n'eûmes point à rougir de nous voir. Nous partîmes : je gagnai Rennes; & la dame & sa femme de chambre allèrent où elles voulurent....

Fin du Voyage sentimental.

VOYAGE
DE CHAPELLE
ET
DE BACHAUMONT.

VOYAGE
DE MESSIEURS
DE BACHAUMONT
ET
CHAPELLE.

C'est en vers que je vous écris,
Messieurs les deux frères, nourris
Aussi bien que gens de la ville :
Aussi voit-on plus de perdrix
En dix jours chez vous, qu'en dix mille
Chez les plus friands de Paris.
Vous vous attendez à l'histoire
De ce qui nous est arrivé,
Depuis que, par le long pavé
Qui conduit aux rives de Loire,
Nous partîmes pour aller boire
Les eaux dont je me suis trouvé

Assez mal, pour vous faire croire
Que les destins ont réservé
Ma guérison & cette gloire
Au remède tant éprouvé,
Et par qui, de fraîche mémoire,
Un de nos amis s'est sauvé
Du bâton à pomme d'ivoire.

Vous ne serez pas frustrés de votre attente, & vous aurez, je vous assure, une assez bonne relation de nos aventures ; car M. de Bachaumont, qui m'a surpris comme j'en écrivois une mauvaise, a voulu que nous la fissions ensemble, & j'espère qu'avec l'aide d'un si bon second, elle sera digne de vous être envoyée. CHAPELLE.

Contre le serment solemnel, que nous avions fait M. Chapelle & moi, d'être si fort unis dans le voyage, que toutes choses seroient en commun, il n'a pas laissé, par une distinction philosophique, de prétendre en pouvoir séparer ses pensées ; & croyant y gagner, il s'étoit caché de moi pour vous écrire. Je l'ai surpris sur le fait, & n'ai pu souffrir qu'il eût seul cet avantage : ses vers m'ont paru d'une manière si aisée, que m'étant imaginé qu'il étoit bien facile d'en faire de même,

Quoique malade & paresseux,
Je n'ai pu m'empêcher de mettre
Quelques-uns des miens avec eux :
Ainsi le reste de la lettre
Sera l'ouvrage de tous deux.

Bien que nous ne soyons pas tout à fait assurés de quelle façon vous avez traité notre absence; & si vous méritez le soin que nous prenons de vous rendre ainsi compte de nos actions, nous ne laissons pas néanmoins de vous envoyer le récit de tout ce qui s'est passé dans notre voyage, si particulier, que vous en serez assurément satisfait. Nous ne vous ferons pas souvenir de notre sortie de Paris; car vous en fûtes témoins, & peut-être même que vous trouvâtes étrange de ne voir sur nos visages que des marques d'un médiocre chagrin: il est vrai que nous reçûmes vos embrassemens avec assez de fermeté, & nous parûmes sans doute bien philosophes

> Dans les assauts & les alarmes,
> Que donnent les derniers adieux;
> Mais il fallut rendre les armes
> En quittant tout de bon ces lieux,
> Qui pour nous avoient tant de charmes,
> Et ce fut lors que de nos yeux
> Vous eussiez vu couler des larmes.

Deux petits cerveaux desséchés n'en peuvent pas fournir une grande abondance; aussi furent-elles en peu de tems essuyées, & nous vîmes le Bourg-la Reine d'un œil sec. Ce fut en ce lieu que nos pleurs cessèrent, & que notre appétit s'aiguisa: mais l'air de la campagne l'avoit rendu si grand dès sa naissance, qu'il devint tout à fait pressant vers Antoni, & presqu'insupportable à Lonjumeau. Il nous fut impossible de passer outre, sans l'appaiser auprès d'une fontaine, dont l'eau paroissoit la plus claire & la plus vive du monde :

>Là deux perdrix furent tirées
>D'entre les deux croûtes dorées
>D'un bon pain rôti, dont le creux
>Les avoit jusques-là serrées,
>Et d'un appétit vigoureux
>Toutes deux furent dévorées,
>Et nous firent mal à tous deux.

Vous ne croirez pas aisément que des estomacs aussi bons que les nôtres aient eu de la peine à digérer deux perdrix : voilà pourtant, en vérité, la chose comme elle est. Nous en fûmes toujours incommodés jusqu'à Sainte-Euverte, où nous couchâmes deux jours après notre départ, sans qu'il arrivât rien qui mérite de vous être mandé. Vous savez le long séjour que nous y fîmes, & vous savez encore que M. Boyer, dont tous les jours nous espérions l'arrivée, en fut la cause. Des gens qu'on oblige d'attendre, & qu'on tient si long-tems en incertitude, ont apparemment de méchantes heures. Mais nous trouvâmes moyen d'en avoir de bonnes dans la conversation de M. l'Evêque d'Orléans, que nous avions l'honneur de voir assez souvent, & dont l'entretien est tout à fait agréable. Ceux qui le connoissent vous auront pu dire que c'est un des plus honnêtes hommes de France, & vous en serez entièrement persuadés, quand nous vous apprendrons qu'il a

> L'esprit & l'ame d'un d'Elbaine,
> C'est-à-dire, avec la bonté,
> La douceur & l'honnêteté
> D'une vertu mâle & romaine,
> Qu'on respecte en l'antiquité.

Nos matinées se passoient le plus souvent sur les bords de la Loire, & quelquefois nos après-dînées, quand la chaleur étoit plus grande, dans les routes de la forêt qui s'étend du côté de Paris. Un jour, pendant la canicule, à l'heure que le chaud est le plus insupportable, nous fûmes bien surpris d'y voir arriver une manière de courrier assez extraordinaire,

> Qui, sur une masette outrée,
> Bronchant à tout moment, trotoit :
> D'ours sa casaque étoit fourrée,
> Comme le bonnet qu'il portoit ;
> Et le cavalier rare étoit
> Tout couvert de toile cirée,
> Qui, fondant par-tout, dégoûtoit.
> Ainsi l'on peint dans des tableaux
> Un Icare tombant des nues,
> Où l'on voit dans l'air épandues

Ses aîles de cire en lambeaux,
Par l'ardeur du soleil fondues,
Choir autour de lui dans les eaux.

La comparaison d'un homme qui tombe des nues, avec un qui court la poste, vous paroîtra peut-être bien hardie ; mais si vous aviez vu le tableau d'un Icare, que nous trouvâmes quelques jours après dans une hôtellerie, cette vision vous seroit venue comme à nous, ou, tout au moins, vous sembleroit excusable. Enfin, de quelque façon que vous la receviez, elle ne vous sauroit paroître plus bizarre que le fut à nos yeux la figure de ce cavalier, qui étoit par hasard notre ami d'Aubeville. Quoique notre joie fût extrême dans cette rencontre, nous n'osâmes pourtant pas nous hasarder de l'embrasser en l'état qu'il étoit ; mais si-tôt

Qu'au logis il fut retiré,
Débotté, frotté, déciré,
Et qu'il nous parut délassé,
Il fut, comme il faut, embrassé.

Nous écrivîmes en ce tems-là, comme après avoir attendu l'homme, que vous savez, inutilement, nous résolûmes enfin de partir sans lui. Il fallut avoir recours à Blavet pour notre voiture, n'en pouvant trouver de commode à Orléans. Le jour qu'il nous devoit arriver un carrosse de Paris, nous recûmes une lettre de M. Boyer, par laquelle il nous assuroit qu'il viendroit dedans, & que ce soir-là nous souperions ensemble. Après donc avoir donné les ordres nécessaires pour le recevoir, nous allâmes au-devant de lui. A cent pas des portes parut, le long des grands chemins, une manière de coche fort délabré, tiré par quatre vilains chevaux, & conduit par un vrai cocher de louage.

Un équipage en si mauvais ordre ne pouvoit être que ce que nous cherchions, & nous en fûmes bientôt assurés, quand deux personnes qui étoient dedans, ayant reconnu nos livrées, firent arrêter :

 Et lors sortit avec grands cris
 Un béquillard d'une portière,
 Fort basané, sec & tout gris,
 Béquillant de même manière
 Que Boyer béquille à Paris.

A cette démarche, qui n'eût cru voir M. Boyer ? & cependant c'étoit le petit Duc avec M. Potel. Ils s'étoient tous deux servis de la commodité de ce carrosse, l'un pour aller à la maison de M. son frère, auprès de Tours, & l'autre, à quelques affaires qui l'appeloient dans le pays. Après les civilités ordinaires, nous retournâmes tous ensemble à la ville, où nous lûmes une lettre d'excuse, qu'ils apportoient de la part de M. Boyer,

& cette fâcheuse nouvelle nous fut depuis confirmée par ces Messieurs. Ils nous assurèrent que, nonobstant la fièvre qui l'avoit pris malheureusement cette nuit-là, il n'eût pas laissé de partir avec eux, comme il l'avoit promis, si son Médecin, qui se trouva chez lui, par hasard, à quatre heures du matin, ne l'en eût empeché. Nous crûmes, sans beaucoup de peine, que puisqu'il ne venoit pas après tant de sermens, il étoit assurément

> Fort malade, & presqu'aux abois ;
> Car on peut, sans qu'on le cajolle,
> Dire, pour la première fois,
> Qu'il auroit manqué de parole.

Il fallut donc se résoudre à marcher sans M. Boyer. Nous en fûmes d'abord un peu fâchés, mais, avec sa permission, en peu de tems consolés. Le souper préparé pour lui, servit à régaler ceux qui vinrent à sa place, & le lendemain, tous ensemble, nous allâmes coucher à Blois. Durant le chemin, la conversation fut un peu goguenarde ; aussi étions-nous avec des gens de bonne compagnie. Etant arrivés, nous ne songeâmes d'abord qu'à chercher M. Colomb. Après une si longue absence, chacun mouroit d'envie de le voir : il étoit dans une hôtellerie avec M. le président le Bailleul faisant si bien l'honneur de la ville, qu'à peine nous put-il donner un moment pour l'embrasser ; mais le lendemain, à notre aise, nous renouvelâmes une amitié qui, par le peu de commerce que nous avions eu depuis trois années sembloit avoir été interrompue. Après mille questions faites toutes ensemble, comme il arrive ordinairement dans une entrevue de fort bons amis, qui ne se sont pas vus depuis long-tems, nous eûmes, quoiqu'avec un extrême regret, la curiosité d'apprendre de lui, comme de la personne la plus instruite : & que nous savons avoir été le seul témoin de tout le particulier,

> Ce que fit en mourant notre pauvre ami Blot
> Et ses moindres discours, & sa moindre pensée.
> La douleur nous défend d'en dire plus d'un mot :
> Il fit tout ce qu'il fit d'une ame bien sensée.

Enfin, ayant causé de beaucoup d'autres choses, qu'il seroit trop long de vous dire, nous allâmes ensemble faire la révérence à son Altesse Royale, & de-là dîner chez lui, avec M. & Madame la présidente le Bailleul.

> Là, d'une obligeante manière,
> D'un visage ouvert & riant,
> Il nous fit bonne & grande chère,
> Nous donnant, à son ordinaire,
> Tout ce que Blois a de friand.

Son couvert étoit le plus propre du monde : il ne souffroit pas sur la nappe une seule miette de pain. Des verres bien rincés de toutes sortes de figures, brilloient sans nombre sur son buffet, & la glace étoit tout au tour en abondance.

>En ce lieu seul nous bûmes frais ;
>Car il a trouvé des merveilles
>Sur la glace & sur les banquets,
>Et pour empêcher les bouteilles
>D'être à la merci des laquais.

Sa salle étoit préparée pour le ballet du soir; toutes les belles de la ville priées ; tous les violons de la province rassemblés ; & tout cela se faisoit pour divertir Madame le Bailleul.

>Et cette belle présidente
>Nous parut si bien ce jour-là,
>Qu'elle en devoit être contente.
>Assurément elle effaça
>Tant de beautés qu'à Blois on vante.

Ni la bonne compagnie, ni les divertissemens qui se préparoient, ne purent nous empêcher de partir incontinent après le dîner. Amboise devoit être notre couchée ; & comme il étoit déjà tard, nous n'eûmes que le tems qu'il falloit pour y pouvoir arriver. La soirée s'y passa fort mélancoliquement dans le déplaisir de n'avoir plus à voyager sur la levée & sur la vue de cette agréable rivière,

> Qui, par le milieu de la France,
> Entre les plus heureux côteaux,
> Laisse en paix répandre ses eaux,
> Et porter par-tout l'abondance
> Dans cent villes & cent châteaux,
> Qu'elle embellit de sa présence.

Depuis Amboise, jusqu'à Fontallade; nous vous épargnerons la peine de lire les incommodités de quatre méchans gîtes, & à nous le chagrin d'un si fâcheux ressouvenir. Vous saurez seulement que la joie de M. de Lussans ne parut pas petite, de voir arriver chez lui des personnes qu'il aimoit si tendrement; mais, nonobstant la beauté de sa maison, & sa grande chère, il n'aura que les cinq vers que vous avez déjà vus :

> Ni les pays où croît l'encens,
> Ni ceux d'où vient la cassonnade,
> Ne sont point pour charmer les sens,
> Ce qu'est l'aimable Fontallade
> Du tendre & commode Lussans.

Il ne se contenta pas de nous avoir si bien reçus chez lui, il voulut encore nous accompagner jusqu'à Blaye. Nous nous détournâmes un peu de notre chemin, pour aller rendre tous ensemble nos devoirs à M. le marquis de Jonsac, son beau-frère. Un compliment de part & d'autre décida la visite, & de toutes les offres qu'il nous fit, nous n'acceptâmes que des perdreaux & du pain tendre. Cette provision nous fut assez nécessaire, comme vous allez voir :

> Car entre Blayes & Jonsac,
> On ne trouva que Croupignac.
> Le Croupignac est très-funeste;
> Car le Croupignac est un lieu
> Où six mourans faisoient le reste
> De cinq ou six cens que la peste
> Avoit envoyés devant Dieu;
> Et ces six mourans s'étoient mis
> Tous six dans un même logis.
> Un septième, soi-disant prêtre,
> Plus pestiféré que les six,
> Les confessoit par la fenêtre,
> De peur, disoit-il d'être pris
> D'un mal si fâcheux & si traître.

Ce lieu si dangereux & si misérable fut traversé brusquement; & n'espérant pas trouver de village, il fallut se résoudre à manger sur l'herbe, où les perdreaux & le pain tendre de M. de Jonsac furent d'un grand secours. Ensuite d'un repas si cavalier, continuant notre chemin, nous arrivâmes à Blaye; mais si tard, & le lendemain nous en partîmes si matin, qu'il nous fut impossible d'en remarquer la situation qu'avec la clarté des étoiles: le montant, qui commençoit de très-bonne heure, nous obligeoit à cette diligence. Après donc avoir dit mille adieux à Luſſans, & reçu mille baiſers de lui, nous nous embarquâmes dans une petite chaloupe, & voguâmes long-tems avant le jour :

> Mais ſi-tôt que, par ſon flambeau,
> La lumière nous fut rendue,
> Rien ne s'offroit à notre vue
> Que le ciel & notre bateau,
> Tout ſeul dans la vaſte étendue
> D'une affreuſe campagne d'eau.

La garonne eſt effectivement ſi large, depuis qu'au bec des landes d'Ambeſſe elle eſt jointe avec la Dordogne, qu'elle reſſemble tout à fait à la mer; & ſes marées montent avec tant d'impétuoſité, qu'en moins de quatre heures nous fîmes le trajet ordinaire,

> Et vîmes au milieu des eaux,
> Devant nous paroître Bordeaux,
> Dont le port en croiſſant reſſerre
> Plus de barques & de vaiſſeaux
> Qu'aucun autre port de la terre.

Sans mentir, la rivière étoit alors ſi couverte que notre félouque eut bien de la peine à trouver une place pour aborder. La foire, qui ſe devoit tenir dans peu de jours, avoit attiré cette grande quantité de navires, & de marchands quasi de toutes sortes de nations, pour charger les vins de ce pays;

>Car ce fâcheux & rude port,
>En cette saison, a la gloire
>De donner tous les ans à boire
>Presqu'à tous les peuples du nord.

Ces Messieurs emportent de là tous les ans une effroyable quantité de vins; mais ils n'emportent pas les meilleurs: on les traite d'Allemands, & nous apprîmes qu'il étoit défendu non-seulement de leur en vendre pour enlever, mais encore de leur en laisser boire dans les cabarets. Après être descendus sur la grève, & avoir admiré quelque tems la situation de cette ville, nous nous retirâmes au chapeau-rouge, où M. Taleman nous vint prendre aussitôt qu'il sçut notre arrivée. Depuis ce moment, nous nous retirâmes dans notre logis pendant notre séjour à Bordeaux, pour y coucher. Les journées se passoient toutes entières, le plus agréablement du monde, chez M. l'intendant; car les plus honnêtes gens de la ville n'ont pas d'autre réduit que sa maison. Il n'y a pas un homme dans le Parlement, qui ne soit ravi d'être de ses amis: il a trouvé même que la plupart étoient ses cousins, & on le croyoit plutôt le premier président de la province, que l'intendant.

Enfin,

Enfin, il est toujours le même que vous l'avez vu, hormis que sa dépense est plus grande: mais pour madame l'Intendante, nous vous dirons en secret qu'elle est tout-à-fait changée.

>Quoique sa beauté soit extrême,
>Qu'elle ait toujours ce grand œil bleu,
>Plein de douceur & plein de feu,
>Elle n'est pourtant plus la même :
>Car nous avons appris qu'elle aime,
>Et qu'elle aime bien fort le jeu.

Elle qui ne conoissoit pas autrement les cartes, passe maintenant des nuits au lansquenet. Toutes les femmes de la ville sont devenues joueuses pour lui plaire ; elles viennent régulièrement chez elle pour la divertir, & qui veut voir une belle assemblée, n'a qu'à lui rendre visite. Mademoiselle Dupin se trouve là toujours bien à propos pour entretenir ceux qui n'aiment point le jeu. En vérité, sa conversation est si fine & si spirituelle, que ce ne sont pas les plus mal partagés. C'est-là que MM. les Gascons apprennent le bel air & la façon de parler ;

>Mais cette agréable Dupin,
>Qui, dans sa manière, est unique,
>A l'esprit méchant & bien fin ;
>Et si jamais gascon s'en pique,
>Gascon fera mauvaise fin,

P.

Au reste, sans faire ici les goguenards sur Messieurs les Gascons, puisque Gascons y a, nous commençions nous-mêmes à courir quelques risques, & notre retraite un peu précipitée ne fut pas mal à propos. Voyez pourtant quel malheur; nous nous sauvons de Bordeaux, pour donner deux jours après dans Agen!

> Agen, cette ville fameuse,
> De tant de belles le séjour,
> Si fatale & si dangéreuse
> Aux cœurs sensibles à l'amour.
> Dès qu'on en approche l'entrée,
> On doit bien prendre garde à soi;
> Car tel y va de bonne foi,
> Pour n'y passer qu'une journée,
> Qui s'y sent, par je ne sais quoi,
> Arrêté pour plus d'une année.

Un nombre infini de personnes y ont même passé le reste de leur vie, sans en pouvoir sortir. Le fabuleux palais d'Armide ne fut jamais si redoutable. Nous y trouvâmes M. de Saint-Luc arrêté depuis six mois; Nort, depuis quatre années; & Dortis, depuis six semaines; & ce fut lui qui nous instruisit de toutes ces choses, & qui voulut absolument nous faire voir les enchanteresses de ce lieu. Il pria donc toutes les belles de la ville à souper; & tout ce qui se passa dans ce magnifique repas nous fit bien connoître que nous étions dans un pays enchanté. En vérité, ces dames ont tant de beauté, qu'elles nous surprirent dans leur premier abord; & tant d'esprit, qu'elles nous gagnèrent dès la première conversation. Il est impossible de les voir & de conserver sa liberté; & c'est la destinée de tous ceux qui passent en ce lieu-là, s'ils ont la permission d'en sortir, d'y laisser au moins leur cœur pour ôtage d'un prompt retour.

>Ainsi donc qu'avoient fait les autres;
>Il fallut y laisser les nôtres.
>Là, tous deux ils nous furent pris;
>Mais, n'en déplaise à tant de belles,
>Ce fut par l'aimable Dortis;
>Aussi nous traita-t-il mieux qu'elles.

Cela ne se fit assurément que sous leur bon plaisir. Elles ne lui envièrent point cette conquête, & nous jugeant apparemment très-infirmes, elles ne daignèrent pas employer le moindre de leurs charmes pour nous retenir. Aussi, le lendemain de grand matin, trouvâmes-nous les portes ouvertes, & les chemins libres; de sorte que rien ne nous empêcha de gagner Encosse, sur les coureurs que M. de Chamerault nous avoit promis, & qui nous attendoient depuis un mois à Agen. C'est de ce véritable ami qu'on peut assurer,

>Et dire, sans qu'on le cajole,
>Qu'il sait bien tenir sa parole.

Encosse est un lieu dont nous ne vous entretiendrons guère ; car excepté ses eaux qui sont admirables pour l'estomac, rien ne s'y rencontre. Il est au pied des Pyrénées, éloigné de tout commerce, & l'on n'y peut avoir d'autre divertissement que celui de voir revenir sa santé. Un petit ruisseau, qui serpente à vingt pas du village, entre des saules & des prés les plus verts qu'on puisse s'imaginer, étoit toute notre consolation. Nous allions tous les matins prendre nos eaux en ce bel endroit, & les après-dînées nous promener. Un jour que nous étions sur les bords, assis sur l'herbe, & que, nous ressouvenant des hautes marées de la Garonne, dont nous avions la mémoire encore assez fraîche, nous examinions les raisons que donnent Descartes & Gassendi, du flux & reflux de la mer, sortit tout d'un coup, d'entre les roseaux les plus proches, un homme qui nous avoit apparemment écoutés : c'étoit

Un vieillard tout blanc, pâle & sec,
Dont la barbe & la chevelure
Pendoient plus bas que la ceinture.
Ainsi l'on peint Melchisedech ;
Ou plutôt telle est la figure
D'un certain vieux évêque Grec,
Qui, faisant le salamalec,
Dit à tous la bonne aventure :

Car il portoit un chapiteau,
Comme un couvercle de lessive,
Mais d'une grandeur excessive,
Qui lui tenoit lieu de chapeau ;
Et ce chapeau, dont les grands bords
Alloient tombant sur ses épaules,
Etoit fait de branches de saules,
Et couvroit presque tout son corps.
Son habit, de couleur verdâtre,
Etoit d'un tissu de roseau,
Le tout couvert de gros morceaux
D'un cristal épais & bleuâtre.

A cette apparition, la peur nous fit faire deux signes de croix, & trois pas en arrière, mais la curiosité prévalut sur la crainte ; bien qu'avec quelques petits battemens de cœur, nous résolûmes d'attendre le vieillard extraordinaire, dont l'abord fut tout-à-fait gracieux, & qui nous parla fort civilement de cette sorte :

Messieurs, je ne suis pas surpris
Que, de ma rencontre imprévue,
Vous ayez un peu l'ame émue :
Mais lorsque vous aurez appris
En quel rang les destins ont mis
Ma naissance à vous inconnue,
Et le sujet de ma venue,
Vous rassurerez vos esprits.
Je suis le dieu de ce ruisseau,
Qui d'une urne jamais tarie
Qui panche au pied de ce côteau,

Prends le soin, dans cette prairie,
De verser inceſſamment l'eau
Qui la rend ſi verte & fleurie.
Depuis huit jours, matin & ſoir,
Vous me venez réglément voir,
Sans croire me rendre viſite :
Ce n'eſt pas que je ne mérite
Que l'on me rende ce devoir;
Car, enfin, j'ai cet avantage
Qu'un canal ſi clair & ſi net
Eſt le lieu de mon apanage.
Dans la Gaſcogne un tel partage
Eſt bien joli pour un cadet :
Auſſi l'avez-vous trouvé tel,
Loüant mes bords & ma verdure,
Ce qui me plaît, je vous aſſure,
Plus qu'une offrande, ou qu'un autel;
Et tout à l'heure, je le jure,
Vous en ferez, foi d'immortel,
Récompenſés avec uſure.
Dans ce petit vallon champêtre,
Soyez donc les très-bien venus :
Chacun de vous y ſera maître;
Et puiſque vous voulez connoître
Les cauſes du flux & reflux,
Je vous inſtruirai là-deſſus,
Et vous ferai bientôt paroître
Que les raiſonnemens cornus,
De tout tems, ſont les attributs
De la foibleſſe de votre être;
Car tous les dits & les redits
De ces vieux rêveurs de jadis,

Ne sont que contes d'Amadis :
Même dans vos sectes dernières,
Les Descartes, les Gassendis,
Quoiqu'en différentes manières,
Et plus heureux & plus hardis
A fouiller les causes premières,
N'ont jamais traité ces matières
Que comme de vrais étourdis.
Moi, qui sais le fin de ceci,
Comme étant chose qui m'importe;
Pour vous mon amour est si forte,
Qu'après en avoir éclairci
Votre esprit de si bonne sorte
Qu'il n'en soit jamais en souci,
Je veux que la docte cohorte
Vous en doive le grand-merci.

Il nous prit lors tous deux par la main; & nous fit asseoir sur le gazon à ses côtés. Nous nous regardions assez souvent sans rien dire, fort étonnés de nous voir en conversation avec un fleuve : mais, tout d'un coup,

Il se moucha, cracha, toussa;
Puis en ces mots il commença :
Lorsque l'onde en partage échut
Au frère du grand dieu qui tonne,
L'avénement à la couronne
De ce nouveau monarque fut
Publié par-tout, & fallut
Que chaque dieu-fleuve, en personne,

Allât lui porter son tribut.
Dans ce rencontre, la Garonne,
Entre tous les autres, parut ;
Mais si brusque & si fanfaronne,
Que sa démarche lui déplut ;
Et le puissant dieu résolut
De châtier cette Gasconne
Par quelque signalé rebut.
De fait, il en fit peu de cas :
Quand elle lui vint rendre hommage,
Il se renfrogna le visage,
Et la traita de haut en bas :
Mais elle, au lieu de l'appaiser,
Ayant pris soin d'apprivoiser,
Avec la puissante Dordogne,
Mille autres fleuves de Gascogne,
Sembla le vouloir offenser :
Lui, d'une orgueilleuse manière,
Comme il a l'humeur fort altière,
Amèrement s'en courrouça,
Et d'une mine froide & fière,
Deux fois si loin la repoussa,
Que cette insolente rivière
Toutes les deux fois rebroussa
Plus de six heures en arrière.
Bien qu'au vrai cette téméraire
Se fût attiré sur les bras
Un peu follement cette affaire,
Les grands fleuves ne crurent pas
Devoir, en un tel embarras,
Se séparer de leur confrère,
Ni l'abandonner ; au contraire,

Ils en murmurèrent tout bas,
Accusant le roi trop sévère;
Mais lui, branlant ses cheveux blancs,
Tout dégoûtans de l'onde amère :
Taisez-vous, dit-il, insolens,
Ou vous saurez en peu de tems
Ce que peut Neptune en colère.
Sur le champ, au lieu de se taire,
Plus haut encor on murmura.
Le dieu, lors en furie entra,
Son trident par trois fois serra,
Et trois fois par le Stix jura :
Quoi donc ici l'on osera
Dire hardiment ce qu'on voudra ?
Chaque petit dieu glosera
Sur ce que Neptune fera ?
Per Dio questo non sarà,
Chacun d'eux s'en repentira,
Et pareil traitement aura;
Car deux fois par jour on verra
Qu'à sa source on retournera,
Et deux fois mon courroux fuira;
Mais plus loin que pas un ira
Celui qui, pour son malheur, a
Causé tout ce désordre-là;
Et cet exemple durera
Tant que Neptune regnera.
A ce dieu du moite élément,
Ces rébelles lors se soumirent,
Et, quoique grondans, obéirent
Par force à ce commandement.
Voilà ce qu'on n'a jamais su,

Et ce que tout le monde admire :
Aussi nous avions résolu,
Pour notre honneur, de n'en rien dire ;
Mais aujourd'hui vous m'avez plu
Si fort que je n'ai jamais pu
M'empêcher de vous en instruire.

Il n'eut pas achevé ces mots, qu'il s'écoula d'entre nous deux, mais si vîte, qu'il étoit à plus de vingt pas avant que nous nous en fussions apperçus. Nous le suivîmes le plus légèrement que nous pûmes, & voyant qu'il étoit impossible de l'attraper, nous lui criâmes plusieurs fois :

Hé ! monsieur le fleuve : arrêtez,
Ne vous en allez pas si vîte :
Hé ! de grace, un mot, écoutez ;
Mais il se remit dans son gîte,

Et rentra dans ces mêmes roseaux, dont nous l'avions vu sortir. Nous allâmes en vain jusqu'à cet endroit ; car le bon homme étoit déjà tout fondu en eau, quand nous arrivâmes, & sa voix n'étoit plus

Qu'un murmure agréable & doux,
Mais cet agréable murmure
N'est entendu que des cailloux ;
Il ne put pas l'être de nous,
Et même, sans vous faire injure,
Il ne l'eût pas été de vous.

Après l'avoir appelé plusieurs fois inutilement, enfin la nuit nous obligea de retourner en notre logis, où nous fîmes mille réflexions sur cette aventure. Notre esprit n'étoit pas entièrement satisfait de cet éclaircissement, & nous ne pouvions concevoir pourquoi, dans une sédition où tout les fleuves avoient trempé, il n'y en avoit eu qu'une partie de châtiée. Nous revînmes plusieurs fois en ce même lieu, tant que nous demeurâmes à Encosse, pour y conjurer cet honnête fleuve de nous vouloir donner à ce sujet un quart d'heure de conversation ; mais il ne parut plus, & nos eaux étant prises, le temps vint enfin de s'en aller. Un carrosse, que M. le sénéchal d'Armagnac avoit envoyé, nous mena bien à notre aise chez lui, à Castille, où nous fûmes reçus avec tant de joie, qu'il étoit aisé de juger que nos visages n'étoient pas désagréables au maître de la maison.

  C'est chez cet illustre Fontrailles,
  Où les tourtes, les ortolans,
  Les perdrix rouges & les cailles,
  Et mille autres vols succulens
  Nous firent horreur des mangeailles
  Dont Carbon, & tant de canailles
  Vous affrontent depuis vingt ans.

Vous autres casaniers, qui ne connoissez que la

vallée de misère, & vos rôtisseurs de Paris, vous ne savez ce que c'est que la bonne chère : si vous vous y connoissez, & si vous l'aimez, comme vous dites,

> Soyez donc assez braves gens
> Pour quitter enfin vos murailles;
> Et si vous êtes de bon sens,
> Allez & courez chez Fontrailles
> Vous gorger de mets excellens.

Vous y serez bien reçus assurément, & vous le trouverez toujours le même. Sans plus s'embarrasser des affaires du monde, il se divertit à faire achever sa maison, qui sera parfaitement belle. Les honnêtes gens de sa province en savent fort bien le chemin; mais les autres ne l'ont jamais pu trouver. Après nous y être empifrés quatre jours avec M. le président de Marmiesse, qui prit la peine de s'y rendre aussitôt qu'il fut averti de notre arrivée, nous allâmes tous ensemble à Toulouse, descendre chez M. l'abbé de Beauregard; qui nous attendoit, & qui nous donna ces repas qu'on ne peut faire qu'à Toulouse. Le lendemain, M. le président de Marmiesse nous voulut faire voir, dans un dîner, jusqu'où peut aller la splendeur & la magnificence, ou plutôt, avec sa permission, la profusion & la prodigalité. Le festin du menteur n'étoit rien en comparaison; & c'est ici qu'il faut redoubler nos efforts, pour vous en faire une description magnifique :

  Toi, qui préside au repas,
O Muse sois nous favorable!
Décris avec nous tous les plats
Qui parurent sur cette table.

  Pour notre honneur & pour ta gloire,
Fais qu'aucuns de tous ces grands mets
Ne s'échappe à notre mémoire,
Et fais qu'on en parle à jamais.

  Mais comme notre esprit s'abuse
De s'imaginer qu'aux festins
Puisse présider une muse,
Et qu'elle se connoisse en vins!

  Non, non, les doctes demoiselles
N'eurent jamais un bon morceau,
Et ces vieilles sempiternelles
Ne burent jamais que de l'eau.

  A qui donc adresser ses vœux,
En des occasions pareilles?
Est-ce à vous, Bacchus, roi des treilles;
A vous, dieu des mets savoureux?

  Mais, pour rimer, Bacchus & Côme
Sont des dieux de peu de secours,
Et jamais, de mémoire d'homme,
On ne leur fit un tel discours,

Tout nous manque au besoin, & de notre chef nous n'oserions entreprendre une si grande affaire.

Il faut donc nous contenter de vous dire que jamais on ne vit rien de si splendide; & nous eussions cru Toulouse, ce lieu si renommé pour la bonne chere, épuisé pour jamais de toute sorte de gibier, si l'un de vos amis & des nôtres ne nous eût encore, le lendemain dans un dîner, fait admirer cette ville, comme un prodige, pour la quantité des belles choses qu'elle fournit. Vous devinerez aisément son nom, quand nous vous dirons

  Que c'est un de ces beaux esprits,
  Dont Toulouse fut l'origine;
  C'est le seul gascon qui n'a pris
  Ni l'air, ni l'accent du pays;
  Et l'on jugeroit à sa mine
  Qu'il n'a jamais quitté Paris.

Enfin, c'est l'agréable M. d'Osneville, dont l'air & l'esprit n'ont rien que d'un homme, qui n'auroit jamais bougé de la cour :

  Vous saurez qu'il est marié
  Environ depuis une année,
  Et qu'il est tout-à-fait lié
  Du sacré lien d'Hymenée,
  Lié tout-à-fait, c'est-à-dire,
  Qu'il est lié tout-à-fait bien,
  Et qu'il ne lui manque plus rien,
  Et qu'il a tout ce qu'il desire.

L'épouse est bien apparentée,
Et bien apparenté l'époux;
Elle est jeune, riche, espritée;
Il est jeune, riche, esprit doux.

Avec lui, & dans son carrosse, nous quittâmes Toulouse, pour aller à Groüille, où M. le comte d'Aubijoux nous reçut fort civilement. Nous le trouvâmes dans un petit palais qu'il a fait bâtir au milieu de ses jardins, entre des fontaines & des bois, & qui n'est composé que de trois chambres; mais bien peintes, & tout-à-fait appropriées. Il a destiné ce lieu pour se retirer en particulier avec deux ou trois de ses amis; ou, quand il est seul, s'entretenir avec ses livres, pour ne pas dire avec sa maîtresse :

Malgré l'injustice des cours,
Dans cet agréable hermitage,
Il coule doucement ses jours,
Et vit en véritable sage.

De vous dire qu'il tenoit une fort bonne table & bien servie, ce ne feroit vous apprendre rien de nouveau; mais peut-être serez-vous surpris de savoir que, faisant si grande chère, il ne vivoit que d'une croûte de pain par jour : aussi son visage étoit-il d'un homme mourant. Bien que son parc fût très-grand, & qu'il eût mille endroits, tous plus beaux les uns que les autres, pour se promener, nous passions les journées entières dans une petite isle plantée, & tenue aussi propre qu'un jardin, & dans laquelle on trouve, comme par miracle, une fontaine qui jaillit, & va mouiller le haut du berceau de grands cyprès qui l'environnent :

> Sous ce berceau qu'amour, exprès
> Fit pour toucher quelqu'inhumaine,
> L'un de nous deux, un jour au frais,
> Assis près de cette fontaine,
> Le cœur percé de mille traits,
> D'une main qu'il portoit à peine,
> Grava ces vers sur un cyprès :
> « Hélas ! que l'on seroit heureux
> » Dans ce beau lieu digne d'envie,
> » Si, toujours aimé de Silvie,
> » L'on pouvoit, toujours amoureux,
> » Avec elle passer la vie » !

Vous connoîtrez par-là que dans notre voyage, nous ne songions pas toujours à faire bonne chère, & que nous avions quelquefois des momens assez tendres. Au reste, quoique Grouille ait tant de charmes, M. d'Aubijoux ne nous put tenir que trois jours, après lesquels il nous donna son carrosse pour aller à Chastres prendre celui de M. de Penautier, qui nous mena chez lui à Penautier, à une lieue de Carcassonne. Vos santés y furent bues mille fois avec le cher ami Belzant, qui ne nous
quitta

quitta pas un moment. La comédie fut aussi un de nos divertissemens assez grands, parce que la troupe n'étoit pas mauvaise, & qu'on y voyoit toutes les dames de Carcassonne. Quand nous en partîmes, M. de Penautier qui sans doute est un des plus honnêtes hommes du monde, voulut absolument que nous prissions encore son carrosse pour aller à Narbonne, quoiqu'il y eût une grande journée; le tems étoit si beau que nous espérions le lendemain sur nos chevaux frais, & qui suivoient en main depuis Encosse, aller coucher près de Montpellier; mais, par malheur,

> Dans cette vilaine Narbonne
> Toujours il pleut, toujours il tonne:
> Toute la nuit doncques il plut,
> Et tant d'eau cette nuit il chut,
> Que la campagne submergée
> Tint deux jours la ville assiégée.

Que cela ne vous surprenne point, quand il pleut six heures en cette ville, comme c'est toujours par orage, & qu'elle est située dans un fond, tout environnée de montagnes, en peu de tems les eaux s'amassent en si grande abondance, qu'il est impossible d'en sortir sans courir risque de se noyer. Nous le voulûmes pourtant hasarder; mais l'accident d'un laquais emporté par une ravine, & qui, sans doute, étoit perdu si son cheval ne l'eût sauvé à la nage, nous fit rentrer bien vite pour attendre que les passages fussent libres. Des messieurs que nous trouvâmes se promenant dans la grande place, & qui nous parurent être des principaux du pays, ayant appris notre aventure, crurent qu'il étoit de leur honneur de ne pas nous laisser ennuyer. Ils nous voulurent donc faire voir les raretés de leur ville, & nous menèrent d'abord dans l'église cathédrale, qu'ils prétendoient être un chef-d'œuvre pour la hauteur de ses voûtes ; mais nous ne saurions pas bien dire au vrai

> Si l'architecte qui la fit,
> La fit ronde, ovale ou carrée,
> Et moins encor s'il la bâtit
> Haute, basse, large ou serrée :
> Car, arrivés en ce saint lieu,
> Nous n'eûmes jamais autre envie
> Que de faire des vœux à Dieu
> De ne le voir de notre vie.
> Ce qu'on y montre encore de rare,
> Est un vieux & sombre tableau,
> Où l'on voit sortir un Lazare,
> A demi-mort, de son tombeau ;
> Mais le peintre l'a si bien fait
> Pâle, hideux, noir, effroyable,
> Qu'il semble bien moins le portrait
> Du bon Lazare, que d'un diable.

Ces messieurs ne furent pas contens de nous avoir fait voir ces merveilles, ils eurent encore la bonté, pour nous régaler tout-à-fait, de nous présenter à deux ou trois de leurs plus jolies demoiselles, qui tomboient en vérité de la V*** : voilà tous les divertissemens que nous eûmes à Narbonne. Voyez par-là si deux jours que nous y demeurâmes, se passèrent agréablement. Toi qui nous as si bien divertis,

> Digne objet de notre courroux,
> Vieille ville toute de fange,
> Qui n'es que ruisseaux & qu'égoûts,
> Pourrois-tu prétendre de nous
> Le moindre vers à ta louange ?
> Vas, tu n'es qu'un quartier d'hiver
> De quinze ou vingt malheureux drilles,
> Où l'on peut à peine trouver
> Deux ou trois misérables filles
> Aussi mal-saines que ton air :
> Vas, tu n'eus jamais rien de beau,
> Rien qui mérite qu'on le prise ;
> Bien peu de chose est ton tableau,
> Et bien moins que rien ton église.

L'apostrophe est un peu violente, ou l'imprécation un peu forte ; mais nous passâmes dans cette étrange demeure deux journées avec tant de chagrin, qu'elle en est quitte à bon marché. Enfin les eaux s'écoulèrent, & nos chevaux n'en ayant plus que jusqu'aux sangles, il nous fut permis de sortir. Après avoir marché trois ou quatre lieues dans des plaines toutes noyées, & passé sur de méchantes planches, un torrent qui s'étoit fait de l'égoût des eaux, large comme une rivière, Béziers, cette ville si propre & si bien située, nous fit voir un pays aussi beau, que celui dont nous partions, étoit vilain. Le lendemain, ayant traversé les landes de Saint Hubery, & goûté les bons muscats de Loupian, nous vîmes Montpellier se présenter à nous, environné de ces plantades & de ces blanquettes que vous connoissez. Nous y abordâmes à travers mille boules de mail; car on joue-là le long des chemins à la chicane. Dans la grande rue des parfumeurs, par où l'on entre d'abord, l'on croit être dans la boutique de Martial, & cependant

> Bien que de cette belle ville
> Viennent les meilleures senteurs,
> Son terroir en muscat fertile
> Ne lui produit jamais de fleurs.

Cette rue si parfumée conduit dans une grande place, où sont les meilleures hôtelleries. Mais nous fûmes bientôt épouvantés,

> De rencontrer en cette place
> Un grand concours de populace;
> Chacun y nommoit d'Assouci.
> Il sera brûlé, Dieu merci,
> Disoit une vieille bagasse:
> Dieu veuille qu'autant on en fasse
> A tous ceux qui vivent ainsi!

La curiosité de savoir ce que c'étoit, nous fit avancer plus avant, tout le bas étoit plein de peuple, & les fenêtres remplies de personnes de qualité. Nous y connûmes un des principaux de la ville, qui nous fit entrer aussitôt dans le logis. Dans la chambre où il étoit, nous apprîmes qu'effectivement on alloit brûler d'Assouci, pour un crime qui est en abomination parmi les femmes. Dans cette même chambre nous trouvâmes grand nombre de dames, qu'on nous dit être les plus polies, les plus qualifiées, & les plus spirituelles de la ville, quoique pourtant elles ne fussent ni trop belles, ni trop bien mises. A leurs petites mignardises, leur parler gras, & leur discours extraordinaire, nous crûmes bientôt que c'étoit une assemblée des précieuses de Montpellier; mais bien qu'elles fissent de nouveaux efforts à cause de nous, elles ne paroissoient que des précieuses de campagne, & n'imitoient que foiblement les nôtres de Paris. Elles se mirent exprès sur le chapitre des beaux esprits, afin de nous faire voir ce qu'elles valoient par le commerce qu'elles ont avec eux. Il se commença donc une conversation assez plaisante :

<blockquote>
Les unes disoient que Ménage
Avoit l'air & l'esprit galant;
Que Chapelain n'étoit pas sage;
Que Costard n'étoit pas pédant.
</blockquote>

Les autres croyoient M. de Scudéry

>Un homme de fort bonne mine,
>Vaillant, riche, & toujours bien mis ;
>Sa sœur, une beauté divine,
>Et Pelisson, un Adonis.

Elles en nommèrent encore une très-grande quantité, dont il ne nous souvient plus. Après avoir bien parlé de si beaux esprits, il fut question de juger de leurs ouvrages. Dans l'Alaric & dans le Moïse, on ne loua que le jugement & la conduite ; & dans la Pucelle, rien du tout ; dans Sarrasin, on n'estima que la lettre de M. Menage, & la préface de M. Pelisson fut traitée de ridicule : Voiture même passa pour un homme grossier. Quant aux romans, Cassandre fut estimé pour la délicatesse de la conversation ; Cyrus & Clélie, pour la magnificence de l'expression, & la grandeur des évènemens. Mille autres choses se débitèrent, encore plus surprenantes que tout cela ; puis, insensiblement la conversation tomba sur d'Assouci, parce qu'il leur sembla que l'heure de l'exécution approchoit : une de ces dames prit la parole, & s'adressant à celle qui nous avoit paru la principale & la maîtresse précieuse :

>Ma bonne, est-ce celui qu'on dit
>Avoir autrefois tant écrit,

Même composé quelque chose,
En vers, sur la métamorphose ?
Il faut donc qu'il soit bel-esprit.

Aussi l'est-il, & l'un des vrais,
Reprit l'autre, & des premiers faits ;
Ses lettres lui furent scellées
Dès leurs premières assemblées :
J'ai la liste de ces messieurs,
Son nom est en tête des leurs.
Puis, d'une mine sérieuse,
Avec certain air affecté,
Penchant sa tête de côté,
Et de ce ton de précieuse,
Lui dit, ma chère, en vérité,
C'est dommage que, dans Paris,
Ces messieurs de l'académie,
Tous ces messieurs les beaux-esprits
Soient sujets à telle infamie.

L'envie de rire nous prit si furieusement qu'il nous fallut quitter, & la chambre, & le logis, pour en aller éclater à notre aise dans l'hôtellerie. Nous eûmes toutes les peines du monde à passer dans les rues à cause de l'affluence du peuple :

Là, d'hommes on voyoit fort peu ;
Cent mille femmes animées,
Toutes de colère enflammées,
Accouroient en foule en ce lieu
Avec des torches allumées.

Elles écumoient toutes de rage, & jamais on

n'a rien vu de si terrible; les unes disoient que c'étoit trop peu de le brûler; les autres, qu'il falloit l'écorcher vif auparavant; & toutes, que, si la justice vouloit le leur livrer, elles inventeroient de nouveaux supplices pour le tourmenter. Enfin,

> L'on auroit dit, à voir ainsi
> Ces bacchantes échevelées,
> Qu'au moins ce M. d'Assouci
> Les avoit toutes violées;

Et cependant il ne leur avoit jamais rien fait. Nous gagnâmes avec bien de la peine notre logis, où nous apprîmes en arrivant qu'un homme de condition avoit fait sauver le malheureux; & quelque tems après, on nous vint dire que toute la ville étoit en rumeur, que les femmes y faisoient une sédition, & qu'elles avoient déjà déchiré deux ou trois personnes, pour être seulement soupçonnées de connoître d'Assouci. Cela nous fit une très-grande frayeur, en vérité,

> Et de peur d'être pris aussi
> Pour amis du sieur d'Assouci,
> Ce fut à nous de faire Gille :
> Nous fûmes donc assez prudens
> Pour quitter d'abord cette ville,
> Et cela fut d'assez bon sens.

Nous nous sauvons donc comme des criminels

par une porte écartée, & prenons le chemin de Maffiliargues, efpérant de pouvoir arriver avant la nuit à une demi-lieue de Montpellier. Nous rencontrâmes notre d'Affouci avec un page affez joli, qui le fuivoit; en deux mots il nous conta fes difgraces, auffi n'avions-nous pas le loifir d'écouter un long difcours, ni de le faire. Chacun donc s'en alla de fon côté, lui fort vîte, quoiqu'à pied, & nous affez doucement, à caufe que nos chevaux étoient fatigués. Nous arrivâmes avant la nuit chez M. de Cauviffon, qui penfa mourir de rire de notre aventure; il prit le foin, par fa bonne chère, & par fes bons lits, de nous faire bientôt oublier ces fatigues. Nous ne pûmes, étant fi proches de Nifmes, refufer à notre curiofité, de nous détourner pour aller voir

> Ces grands & fameux bâtimens
> Du pont du Gar & des Arènes,
> Qui nous reftent pour monumens
> Des magnificences romaines :
> Ils font plus entiers & plus fains,
> Que tant d'autres reftes fi rares,
> Echappés aux brutales mains
> De ce déluge de barbares
> Qui furent les fléaux des humains.

Fort fatisfaits du Languedoc, nous prîmes affez vîte la route de Provence, par cette grande prairie de Beaucaire, si célèbre pour sa foire; & le même jour nous vîmes de bonne heure

> Paroître sur les bords du Rhône
> Ces murs pleins d'illustres bourgeois,
> Glorieux d'avoir autrefois
> Eu chez eux la cour & le trône
> De trois ou quatre puissans rois.

On y aborde par

> Cette heureuse & fertile plaine
> Qui doit son nom à la vertu
> Du grand & fameux capitaine,
> Par qui le fier Dunois battu,
> Reconnut la grandeur romaine.

Nous vîmes, pour vous parler un peu moins poétiquement, cette belle & célèbre ville d'Arles qui, par son pont de bateaux nous fit passer de Languedoc en Provence : c'est assurément y entrer par la plus belle porte. La situation admirable de ce lieu y a presqu'attiré toute la noblesse du pays, & les dames y sont propres, galantes & jolies, mais si couvertes de mouches qu'elles en paroissent un peu coquettes. Nous les vîmes toutes au cours, où nous fûmes, faisant fort bien leur devoir avec quantité de messieurs assez bien faits. Elles nous donnèrent lieu de les accoster, quoiqu'inconnus; & sans vanité, nous pouvons dire qu'en deux heures de conversation nous avançames assez nos affaires, & que nous fîmes peut-être quelques jaloux. Le soir on nous pria d'une assemblée, on traita plus favorablement encore ; mais avec tout cela, ces belles ne purent obtenir de nous qu'une nuit ; & le lendemain nous en partîmes, & traversâmes avec bien de la peine

> La vaste & pierreuse campagne,
> Couverte encor de ces cailloux
> Qu'un prince, revenant d'Espagne,
> Y fit pleuvoir dans son courroux.

C'est une grande plaine, toute couverte de cailloux effectivement jusqu'à Salon, petite ville, & qui n'a pas d'autres raretés que le tombeau de Nostradamus. Nous y couchâmes, & nous n'y dormîmes pas un moment, à cause des hauts cris d'une comédienne, qui s'avisa cette nuit d'accoucher, proche de notre chambre, de deux petits comédiens. Un tel vacarme nous fit monter à cheval de bon matin ; & cette diligence servit à nous faire considérer, plus à notre aise, en arrivant à Marseille, cette multitude de maisons qu'ils appellent bastides, dont toute la campagne voisine est couverte. Le grand nombre en est plus surprenant que la beauté ; car elles sont toutes fort petites & fort vilaines. Vous avez tant ouï parler de Marseille, que de vous en entretenir présentement, ce seroit répéter les mêmes choses, & peut-être vous ennuyer :

> Tout le monde sait que Marseille
> Est riche, illustre, & sans pareille
> Pour son terroir & pour son port ;
> Mais il vous faut parler du fort,
> Qui, sans doute, est une merveille :
> C'est Notre-Dame de la Garde,
> Gouvernement commode & beau,
> A qui suffit, pour toute garde,
> Un suisse avec sa hallebarde,
> Peint sur la porte du château.

Ce fort est sur le sommet d'un rocher presque inaccessible, & si haut élevé, que s'il commandoit à tout ce qu'il voit au-dessous de lui, la plupart du genre humain ne vivroit que sous son plaisir :

> Aussi voyons-nous que nos rois
> En connoissent bien l'importance ;
> Pour le confier, ils ont fait choix
> Toujours de gens de conséquence,
> De gens pour qui, dans les alarmes,
> Le danger auroit eu des charmes,
> De gens prêts à tout hasarder,
> Qu'on eût vu long-tems commander,
> Et dont le poil poudreux eût blanchi sous les armes.

Une description magnifique qu'on a faite autrefois de cette place, nous donna la curiosité de l'aller voir. Nous grimpâmes plus d'une heure avant que d'arriver à l'extrémité de cette montagne, où l'on est bien surpris de ne trouver qu'une méchante masure tremblante, prête à tomber au premier vent. Nous frappâmes à la porte; mais doucement, de peur de la jeter par terre; après avoir heurté long-tems, sans entendre même un chien aboyer sur la tour,

>Des gens qui travailloient là proche,
>Nous dirent : messieurs, là-dedans
>On n'entre plus depuis long-tems :
>Le gouverneur de cette roche,
>Retournant en cour par le coche,
>A, depuis environ quinze ans,
>Emporté la clef dans sa poche.

La naïveté de ces bonnes gens nous fit bien rire, surtout, quand ils nous firent remarquer un écriteau, que nous lûmes avec assez de peine, car le tems l'avoit presqu'effacé :

>Portion du gouvernement
>A louer tout présentement.

Plus bas en petits caractères,

>Il faut s'adresser à Paris,
>Ou chez Conrart le secrétaire,
>Ou chez Courbé, l'homme d'affaire
>De tous messieurs les beaux esprits.

Croyant, après cela, n'avoir plus rien de rare

à voir en ce pays, nous le quittâmes sur le champ, & même avec empressement, pour aller goûter des muscats à la Ciotat. Nous n'y arrivâmes pourtant que trop tard, parce que les chemins sont rudes, & que, passant par Cassis, il est bien difficile de ne s'y pas arrêter à boire. Vous n'êtes pas assurément curieux de savoir de la Ciotat,

>   Que les marchands & les nochers
>   La rendent fort considérable :
>   Mais pour le muscat adorable,
>   Qu'un soleil proche & favorable
>   Confit dans les brûlans rochers :
>   Vous en aurez, frères très-chers,
>   Et du meilleur sur votre table.

Les grandes affaires que nous avions en ce lieu, furent achevées aussitôt que nous eûmes acheté le meilleur vin : aussi, le lendemain vers midi, nous nous acheminâmes vers Toulon. Cette ville est dans une situation admirable, exposée au midi, & couverte du septentrion, par des montagnes élevées jusqu'aux nues, qui rendent son port le plus grand & le plus sûr qui soit au monde. Nous y trouvâmes M. le chevalier Paul, qui, par sa charge, son mérite, & par sa dépense, est le premier & le plus considérable du pays :

>   C'est ce Paul, dont l'expérience
>   Gourmande la mer & le vent,

Dont le bonheur & la vaillance
Rendent formidable la France
A tous les peuples du levant.

Ces vers sont aussi magnifiques que sa mine ; mais, en vérité, quoiqu'elle ait quelque chose de sombre, il ne laisse pas d'être commode, doux & tout-à-fait honnête. Il nous régala dans sa cassine, propre, & si bien entendue, qu'elle semble un petit palais enchanté. Nous n'avions trouvé jusque-là que des oliviers de médiocre grandeur, & dans des jardins : l'envie d'en voir de gros comme des chênes, & dans le milieu des campagnes, nous fit aller jusqu'à Hières. Que ce lieu nous plut ! qu'il est charmant ! & quel séjour seroit-ce que Paris sous un si beau climat !

Que c'est avec plaisir, qu'aux mois
Si fâcheux en France, & si froids,
On est contraint de chercher l'ombre
Des orangers, qu'en mille endroits
On y voit, sans rang & sans nombre,
Former des forêts & des bois !
Là, jamais les plus grands hivers
N'ont pu leur déclarer la guerre :
Cet heureux coin de l'univers
Les a toujours beaux, toujours verts,
Toujours fleuris en pleine terre.

Qu'ils nous ont donné de mépris pour les nôtres, dont les plus conservés & les mieux gardés ne doivent pas être, en comparaison, appelés des orangers;

> Car ces petits nains contrefaits,
> Toujours tapis entre deux ais,
> Et contraints sous des casemates,
> Ne sont, à bien parler, que vrais
> Et misérables culs-de-jattes.

Nous ne pouvions terminer notre voyage par un lieu qui nous laissât une idée plus agréable: aussi, dès le moment, ne songeâmes-nous plus qu'à retourner à Paris. Notre dévotion nous fit pourtant détourner un peu, pour aller à la Sainte-Beaume. C'est un lieu presqu'inaccessible, & qu'on ne peut voir sans effroi: c'est un antre dans le milieu d'un rocher escarpé de plus de quatre-vingt toises de haut, fait assurément par miracle; car il est bien aisé de voir que les hommes

> N'y peuvent avoir travaillé,
> Et l'on croit, avec apparence,
> Que les saints esprits ont taillé
> Ce roc, qu'avec tant de constance
> La sainte a si long-tems mouillé
> Des larmes de sa pénitence;
> Mais si, d'une adresse admirable,
> L'ange a taillé ce roc divin,
> Le démon cauteleux & fin
> En a fait l'abord effroyable,
> Sachant bien que le pélerin
> Se donneroit cent fois au diable,
> Et se damneroit en chemin.

Nous y montâmes cependant avec bien de la peine, par une horrible pluie, &, par la grace de Dieu, sans murmurer un seul mot: mais nous n'y fûmes pas plutôt arrivés, qu'il nous prit une extrême impatience d'en sortir, sans savoir pourquoi. Nous examinâmes donc assez brusquement la bizarrerie de cette demeure, & nous nous instruisîmes, en un moment, des religieux, de leur ordre, de leur coutume, & de leur manière de traiter les passans; car ce sont eux qui les reçoivent, & qui tiennent hôtellerie:

>L'on n'y mange jamais de chair,
>L'on n'y donne que du pain d'orge,
>Et des œufs qu'on y vend bien cher.
>Les moines hideux ont de l'air
>Des gens qui sortent d'une forge:
>Enfin, ce lieu semble un enfer,
>Ou, pour le moins, un coupe-gorge;
>L'on ne peut être sans horreur
>Dedans cette horrible demeure,
>Et la faim, la soif & la peur
>Nous en firent sortir sur l'heure.

Bien qu'il fût presque nuit, & qu'il fît le plus vilain tems du monde, nous aimâmes mieux hasarder de nous perdre dans les montagnes, que de demeurer à la Sainte-Baume. Les reliques, qui sont à Saint-Maximin, nous portèrent bonheur, & nous y firent arriver avec l'aide d'un guide,

R.

sans nous y être égarés, mais non pas sans y être mouillés. Aussi, le lendemain, la matinée s'étant passée toute entière en dévotion, c'est-à-dire, à faire toucher des chapelets à quantité de corps saints, & à mettre d'assez grosses pièces à tous les troncs, nous allâmes nous enivrer d'excellente blanquette de Négreaux, & de-là coucher à Aix. C'est une capitale sans rivière, & dont tous les dehors sont fort désagréables, mais, en récompense, belle & assez bien bâtie, & de bonne chère.

Orgon fut ensuite notre couchée, lieu célèbre pour tous les bons vins; & le jour d'après, Avignon nous fit admirer la beauté de ses murailles. Madame de Castellane y étoit, à qui nous rendîmes visite aussitôt, le même jour, qui fut le jour des morts. Nous la trouvâmes chez elle en bonne compagnie; elle n'étoit pas, comme les autres veuves, dans les églises à prier Dieu:

> Car, bien qu'elle ait l'ame assez tendre
> Pour tout ce qu'elle auroit chéri,
> On auroit peine à la surprendre
> Sur le tombeau de son mari.

Avignon nous avoit paru si beau, que nous voulûmes y demeurer deux jours pour l'examiner plus à loisir. Le soir que nous prenions le frais sur le bord du Rhône, par un beau clair de lune, nous rencontrâmes un homme qui se promenoit, qui nous sembloit avoir de l'air du sieur d'Assouci. Son manteau, qu'il portoit sur le nez, empêchoit qu'on ne le pût bien voir au visage : dans cette incertitude, nous prîmes la liberté de l'accoster, & de lui demander :

> Est-ce vous, M. d'Assouci?
> Oui c'est moi, messieurs : me voici,
> N'ayant plus, pour tout équipage,
> Que mes vers, mon luth & mon page;
> Vous me voyez sur le pavé,
> En désordre, mal-propre & sale :
> Aussi je me suis esquivé,
> Sans emporter paquets, ni malle :
> Mais enfin, me voilà sauvé;
> Car je suis en terre papale.

Il avoit effectivement avec lui le même page que nous lui avions vu lorsqu'il se sauva de Montpellier, & que l'obscurité nous avoit empêchés de discerner. Il nous prit envie de savoir au vrai ce que c'étoit que ce petit garçon, & quelle belle qualité l'obligeoit à le mener avec lui; nous le questionnâmes donc assez malicieusement, lui disant :

> Ce petit garçon qui vous suit,
> Et qui, detriere vous se glisse,
> Que sait-il? En quel exercice,
> En quel art l'avez-vous instruit?
> Il sait tout, dit-il : s'il vous duit,
> Il est bien à votre service.

Nous le remerciâmes lors bien civilement, ainsi que vous eussiez fait, & ne lui répondîmes autre chose,

> Qu'adieu, bon soir & bonne nuit :
> De votre page qui vous suit,
> Et qui, derrière vous se glisse,
> Et de tout ce qu'il fait aussi,
> Grand merci, M. d'Assouci :
> D'un si bel offre de service,
> M. d'Assouci, grand merci.

Notre lettre finira par un bel endroit, quoiqu'elle soit écrite de Lyon. Ce n'est pas que nous n'ayons encore à vous mander des beautés du Pont-Saint-Esprit, des bons vins de Condrieux & de Côte-rotie; mais en vérité, nous sommes si las d'écrire, que la plume nous tombe des mains, outre que nous voulons avoir de quoi vous entretenir, lorsque nous aurons le plaisir de vous revoir. Cependant

> Si nous allions tout vous déduire,
> Nous n'aurions plus rien à vous dire;
> Et vous saurez qu'il est plus doux
> De causer, buvant avec vous,
> Qu'en voyageant, de vous écrire.
> Adieu les deux frères nourris,
> Aussi bien que gens de la ville,
> Que nous aimons plus que dix mille
> Des plus aimables de Paris.

DATE.

De Lyon, où l'on nous a dit
Que le roi, par un rude édit,
Avoit fait défenses expresses,
Expresses défenses à tous
De plus porter chausses suissesses.
Cet édit, qui n'est rien pour nous,
Nous réduit en grandes détresses,
Grosses bedaines, grosses fesses,
Par où diable vous mettrez-vous ?

ADRESSE.

A messieurs les aînés Broussins,
Chacun enseignera la rue ;
Car leur demeure est plus connue
Au Marais, que les capucins.

Fin du Voyage de Chapelle & de Bachaumont.

VOYAGE
DE PARIS EN LIMOUSIN,
PAR LA FONTAINE.

RELATION
D'UN VOYAGE
DE PARIS EN LIMOUSIN.

PREMIÈRE LETTRE
A MADAME DE LA FONTAINE.

A Clamart, ce 25 Août 1663.

Vous n'avez jamais voulu, madame, lire d'autres voyages que ceux des chevaliers de la Table-Ronde; mais le nôtre mérite bien que vous le lisiez. Il s'y rencontrera pourtant des matières peu convenables à votre goût; c'est à moi de les assaisonner, si je puis, en telle sorte qu'elles vous plaisent; & c'est à vous de louer en cela mon intention, quand elle ne seroit pas suivie du succès : il pourra même arriver, si vous goûtez ce rien, que vous en goûterez après de plus sérieux. Vous ne jouez, ni ne travaillez, ni ne vous souciez du ménage; & hors le tems que vos bonnes amies vous donnent par charité, il n'y a que les romans qui vous divertissent. C'est un fonds bientôt épuisé: vous avez lu tant de fois les vieux, que vous les savez: il s'en fait peu de nouveaux; & parmi ce peu, tous ne sont pas bons: ainsi vous demeurez souvent à sec. Considérez, je vous prie, l'utilité que ce vous seroit, si, en badinant, je vous avois accoutumé à l'histoire, soit des lieux, soit des personnes: vous auriez de quoi vous désennuyer toute votre vie, pourvu que ce soit sans intention de rien retenir, moins encore de rien citer. Ce n'est pas une belle qualité pour une femme d'être savante, & c'en est une très-mauvaise d'affecter de paroître telle.

Nous partîmes donc de Paris, le 23 du courant, après que M. Jannart eut reçu les condoléances d'une quantité de personnes de condition & de ses amis. M. le Lieutenant-Criminel en usa généreusement, libéralement, royalement: il ouvrit sa bourse, & nous dit que nous n'avions qu'à puiser. Le reste du voisinage fit des merveilles. Quand il eût été question de transférer le quai des orfévres, la cour du palais, & le palais même à Limoges, la chose ne se feroit pas autrement passée. Enfin, ce n'étoit que processions de gens abattus & tombés des nues : avec tout cela, je ne pleurai point ; ce qui me fait croire que j'acquérai une grande réputation de constance dans cette affaire. La fantaisie de voyager m'étoit entrée quelque tems auparavant dans l'esprit, comme si j'eusse eu des pressentimens de l'ordre du roi. Il y avoit plus de quinze jours que je ne parlois d'autre chose que d'aller, tantôt à Saint-Cloud, tantôt à Charonne, & j'étois honteux d'avoir tant vécu sans rien voir : cela ne me sera plus reproché, graces à Dieu ! On nous a dit, entr'autres merveilles, que beaucoup de Limousines de la première bourgeoisie portent des chaperons de drap rose sèche sur des cales de velours noir. Si je trouve quelqu'un de ces chaperons qui couvre une jolie tête, je pourrai m'y amuser en passant, & par curiosité seulement. Quoi qu'il en soit, j'ai tout-à-fait bonne opinion de notre voyage ; nous avons déjà fait trois lieues sans aucun mauvais accident, sinon que l'épée de M. Jannart s'est rompue ; mais, comme nous sommes gens à profiter de nos malheurs, nous avons trouvé qu'aussi-bien elle étoit trop longue & l'embarrassoit. Présentement nous sommes à Clamart, au-dessous de cette fameuse montagne où est situé Meudon ; là nous devons nous rafraîchir deux ou trois jours. En vérité, c'est un plaisir que de voyager ; on rencontre toujours quelque chose de remarquable. Vous ne sauriez croire combien est excellent le beurre que nous mangeons ; je me suis souhaité vingt fois de pareilles vaches, un pareil herbage, des eaux pareilles & ce qui s'ensuit, hormis la batteuse qui est un peu vieille. Le jardin de M. C.... mérite aussi d'avoir place dans cette histoire. Il a beaucoup d'endroits fort champêtres, ce que j'aime sur toutes choses. Ou vous l'avez vu, ou vous ne l'avez pas vu ; si vous l'avez vu, souvenez-vous de ces deux terrasses que le parterre a en face & à la main gauche, & des rangs de chênes & de châtaigniers qui les bordent : je me trompe, si cela n'est beau. Souvenez-vous aussi de ce bois qui paroît en l'enfoncement, avec la noirceur d'une forêt âgée de dix siècles ; les arbres n'en sont pas si vieux, à la vérité ; mais toujours peuvent-ils passer pour les plus anciens du village, & je ne crois pas qu'il y en ait de plus vénérables sur la terre. Les deux allées, qui sont à droite & à gauche, me plaisent encore : elles ont cela de particulier, que ce qui les borne, est ce qui les fait paroître plus belles. Celle de la droite a tout-à-fait la mine d'un jeu de paume : elle est à présent bordée d'un amphithéâtre de gazon, & a le fond relevé de huit ou dix marches. Il y a de l'apparence que c'est l'endroit où les divinités du lieu reçoivent l'hommage qui leur est dû.

  Si le dieu Pan, ou le Faune,
Prince des bois, ce dit-on,
Se fait jamais faire un trône,
C'en sera-là le patron.

  Deux châtaigniers, dont l'ombrage
Est majestueux & frais,
Le couvrent de leur feuillage,
Ainsi que d'un riche dais.

  Je ne vois rien qui l'égale,
Ni qui me charme à mon gré,
Comme un gazon qui s'étale
Le long de chaque degré.

  J'aime cent fois mieux cette herbe,
Que les précieux tapis
Sur qui l'orient superbe
Voit ses empereurs assis.

  Beautés simples & divines!
Vous contentiez nos ayeux,
Avant qu'on tirât des mines
Ce qui nous frappe les yeux.

  De quoi sert tant de dépense?
Les grands ont beau s'en vanter ;
Vive la magnificence
Qui ne coûte qu'à planter.

Nonobstant ces moralités, j'ai conseillé à M. C. de faire bâtir une maison proportionnée, en quelque manière, à la beauté de son jardin, & de se ruiner pour cela. Nous partirons de chez elle demain 26, & nous irons prendre au Bourg-la-Reine la commodité du carrosse de Poitiers, qui y passe tous les dimanches. Là se doit trouver un valet-de-pied du roi, qui a ordre de nous accompagner jusqu'à Limoges. Je vous écrirai ce qui nous arrivera en chemin, & ce qui me semblera digne d'être observé. Cependant faites bien des recommandations à notre marmot, & dites-lui que peut-être j'amenerai de ce pays-là quelque beau petit chaperon, pour le faire jouer & pour lui tenir compagnie.

SECONDE LETTRE

A LA MÊME.

Les occupations que nous eûmes à Clamart, votre oncle & moi, furent différentes. Il ne fit aucune chose digne de mémoire : il s'amusa à des expéditions, à des procès, à d'autres affaires. Il n'en fut pas ainsi de moi ; je me promenai, je dormis, & je passai le tems avec les dames qui nous vinrent voir. Le Dimanche étant arrivé, nous partîmes de grand matin. M. C. & notre tante nous accompagnèrent jusqu'au Bourg-la-

Reine. Nous y attendîmes près de trois heures; & pour nous défennuyer, ou pour nous ennuyer encore davantage (je ne sais pas bien lequel je dois dire), nous ouîmes une messe paroissiale. La procession, l'eau-bénite & le prône, rien n'y manquoit: de bonne fortune pour nous, le curé étoit ignorant, & ne prêcha point. Dieu voulut enfin que le carrosse passât; le valet-de-pied y étoit, point de moines; mais, en récompense, trois femmes, un marchand qui ne disoit mot, & un notaire qui chantoit toujours, & qui chantoit très-mal: il reportoit en son pays quatre volumes de chansons. Parmi les trois femmes il y avoit une Poitevine qui se qualifioit comtesse; elle paroissoit assez jeune & de taille raisonnable, témoignoit avoir de l'esprit, déguisoit son nom, & venoit de plaider en séparation contre son mari, toutes qualités de bon augure; & j'y eusse trouvé matière de cajolerie, si la beauté s'y fût rencontrée; mais, sans elle, rien ne me touche, c'est, à mon avis, le principal point. Je vous défie de me faire trouver un grain de sel dans une personne à qui elle manque. Telle étoit donc la compagnie que nous avons eue jusqu'au port de Pilles. Il fallut à la fin que l'oncle & la tante se séparassent; les derniers adieux furent tendres, & l'eussent été beaucoup d'avantage, si le cocher nous eût donné le loisir de les achever. Comme il vouloit regagner le tems qu'il avoit perdu, il nous mena d'abord avec diligence. On laisse, en sortant du Bourg-la-Reine, Sceaux à la droite, & à quelques lieues de là, Chilly à la gauche, puis Montléry du même côté. Est-ce Montléry qu'il faut dire, ou Montlehéry? C'est Montlehéry, quand le vers est trop court, & Montléry, quand il est trop long. Montléry donc, ou Montlehéry, comme vous voudrez, étoit jadis une forteresse que les Anglois, lorsqu'ils étoient maîtres de la France, avoient fait bâtir sur une colline assez élevée. Au pied de cette colline est un bourg qui en a gardé le nom. Pour la forteresse, elle est démolie, non point par les ans: ce qui en reste, qui est une tour fort haute, ne se dément point, bien qu'on en ait ruiné un côté; il y a encore un escalier qui subsiste, & deux chambres où l'on voit des peintures angloises, ce qui fait foi de l'antiquité & de l'origine du lieu. Voilà ce que j'en ai appris de votre oncle, qui dit avoir entré dans les chambres. Pour moi, je n'en ai rien vu; le cocher ne vouloit arrêter qu'à Châtres, petite ville qui appartient à M. de Condé, l'un de nos grands-maîtres. Nous y dînâmes: après le dîner, nous vîmes encore à droite & à gauche force châteaux. Je n'en dirai mot, ce seroit un œuvre infini. Seulement nous

passâmes

passâmes auprès du Plessis-Pâté, & traversâmes ensuite la vallée de Caucatrix, après avoir monté celle de Tréfou ; car, sans avoir étudié en philosophie, vous pouvez vous imaginer qu'il n'y a point de montagne sans vallée. Je ne songe pas à cette vallée de Tréfou, que je ne frémisse :

C'est un passage dangereux,
Un lieu, pour les voleurs, d'embûche & de retraite,
A gauche un bois, une montagne à droite,
  Entre les deux,
  Un chemin creux.
La montagne est toute pleine
De rochers faits comme ceux
De notre petit domaine.

Tout ce que nous étions d'hommes dans le carrosse, nous descendîmes, pour soulager les chevaux. Tant que le chemin dura, je ne parlai d'autre chose que des commodités de la guerre : en effet, si elle produit des voleurs, elle les occupe, ce qui est un grand bien pour tout le monde, & particulièrement pour moi, qui crains naturellement de les rencontrer. On dit que ce bois que nous côtoyâmes, en fourmille : cela n'est pas bien, il méritoit qu'on le brûlât.

République de loups, asyle de brigands,
 Faut-il que tu sois dans le monde ?
 Tu favorises les méchans
Par ton ombre épaisse & profonde.

Ils égorgent celui que Thémis, ou le gain,
Ou le defir de voir fait fortir de fa terre.
En combien de façons, hélas! le genre humain
Se fait à foi-même la guerre!
Puiffe le feu du ciel défoler ton enceinte!
Jamais celui d'amour ne s'y faffe fentir,
Ni ne s'y laiffe amortir!
Qu'au lieu d'Amarillis, de Diane & d'Aminte,
On ne trouve chez toi que vilains bûcherons,
Charbonniers, noirs comme démons,
Qui t'accommodent de manière
Que tu fois à tous les larrons
Ce qu'on appelle un cimetière!

Notre première traite s'acheva plus tard que les autres : il nous resta toutefois affez de jour pour remarquer, en entrant dans Etampes, quelques monumens de nos guerres : ce n'eft pas les plus riches que j'aie vus : j'y trouvai beaucoup de gothique : auffi eft-ce l'ouvrage de Mars, méchant maçon, s'il en fut jamais.

Il nous laiffe ces monumens
Pour marque de nos mouvemens :
Quand Turenne affiégea Tavanne,
Turenne fit ce que la cour lui dit :
Tavanne, non; car il fe défendit,
Et joua de la farbacanne.
Beaucoup de fang françois fut alors répandu;
On perd des deux côtés dans la guerre civile :
Notre prince eût toujours perdu,
Quand même il eût gagné la ville.

Enfin nous regardâmes avec pitié les fauxbourgs d'Etampes. Imaginez-vous une suite de maisons sans toîts, sans fenêtres, percées de tous côtés; il n'y a rien de plus laid & de plus hideux. Cela me remet en mémoire les ruines de Troyes-la-grande. En vérité, la fortune se moque bien du travail des hommes : j'en entretins le soir notre compagnie, & le lendemain nous traversâmes la Beauce, pays ennuyeux, & qui, outre l'inclination que j'ai à dormir, nous en fournissoit un très-beau sujet. Pour s'en empêcher, on mit une question de controverse sur le tapis : notre comtesse en fût la cause; elle est de la religion luthérienne, & nous montra un livre de Dumoulin. M. de Châteauneuf (c'est le nom du valet-de-pied) l'entreprit, & lui dit que sa religion ne valoit rien, pour bien des raisons. Premièrement, Luther a eu je ne sais combien de bâtards; les Huguenots ne vont jamais à la messe : enfin il lui conseilloit de se convertir, si elle ne vouloit aller en enfer; car le purgatoire n'étoit pas fait pour des gens comme elle. La Poitevine se mit aussitôt sur l'Ecriture, & demanda un passage où il fût parlé du purgatoire. Pendant cela, le notaire chantoit toujours; M. Jannart & moi nous nous endormîmes. L'après-dînée, de crainte que M. de Châteauneuf ne nous remît sur la controverse, je demandai à notre comtesse inconnue s'il y avoit

S ij

de belles personnes à Poitiers. Elle nous en nomma quelques-unes, entr'autres, une fille appelée Barigny, de condition médiocre; car son père n'étoit que tailleur; mais, au reste, on ne pouvoit dire assez de choses de la beauté de cette personne. C'étoit une claire-brune, de belle taille, la gorge admirable, de l'embonpoint tout ce qu'il en falloit, tous les traits du visage bien faits, les yeux beaux; si bien qu'à tout prendre, il y avoit peu de choses à souhaiter; car rien, c'est trop dire. Enfin, non-seulement les astres de la province, mais ceux de la cour lui devoient céder, jusques-là que, dans un bal où étoit le roi, dès que la Barigny fut entrée, elle effaça ce qu'il y avoit de brillant; les plus grands soleils ne parurent auprès que des étoiles simples. Outre cela, elle savoit les romans, & ne manquoit pas d'esprit. Quant à sa conduite, on la tenoit dans Poitiers pour honnête fille, tant qu'un mariage de conscience se peut étendre. Autrefois un gentilhomme, appelé Miravaux, en avoit été passionnément amoureux, & vouloit l'épouser à toute force: les parens du gentilhomme s'y opposèrent; ils n'y eussent pourtant rien gagné, si Cloton ne se fût mise de la partie. L'amant mourut à l'armée, où il commandoit un régiment. Les dernières actions de sa vie & ses derniers soupirs ne furent que pensées pour sa maitresse: il lui laissa douze mille écus par son testament, outre quantité de meubles & de nippes de conséquence, qu'il lui avoit donnés auparavant. A la nouvelle de cette mort, mademoiselle Barigny dit les choses du monde les plus pitoyables, protesta qu'elle se laisseroit mourir tôt ou tard, &, en attendant, recueillit le legs que lui avoit fait son amant. Procès pour cela au présidial de Poitiers, appel à la Cour. Mais qui ne préféreroit une belle à des héritiers ? Les juges firent ce que j'aurois fait. Le cœur de la dame fut contesté avec plus de chaleur encore : ce fut un nommé Cartignon qui en hérita. Ce dernier amant s'est trouvé plus heureux que l'autre : la belle eut soin qu'il ne mourût point sans être payé de ses peines ; il y a, dit-on, sacrement entr'eux ; mais la chose est tenue secrète. Que dites-vous de ces mariages de conscience ? Ceux qui en ont amené l'usage n'étoient pas niais : on est fille & femme tout à la fois ; le mari se comporte en galant. Tant que l'affaire demeure en cet état, il n'y a pas lieu de s'y opposer ; les parens ne font pas les diables, toute chose vient en son tems, & s'il arrive qu'on se lasse les uns des autres, il ne faut aller ni au juge, ni à l'évêque. Voilà l'histoire de la Barigny. Ces aventures nous divertirent de telle sorte, que nous entrâmes dans Orléans, sans nous en être presque apperçus ; il sembloit même que le soleil se fût amusé à les entendre aussi bien que nous : car, quoique nous eussions fait vingt lieues, il n'étoit pas encore au bout de sa traite. Bien davantage, soit que la Barigny fût cette soirée à la promenade, soit qu'il dût se coucher au sein de quelque rivière charmante, comme la Loire, il s'étoit tellement paré, que M. de Châteauneuf & moi nous l'allâmes regarder de dessus le pont. Par ce même moyen, je vis la pucelle; mais, ma foi, ce fut sans plaisir. Je ne lui trouvai ni l'air, ni la taille, ni le visage d'une Amazone. L'infante Gradafillée en vaut dix comme elle, & si ce n'étoit que M. Chapelain est son chroniqueur, je ne sais si j'en ferois mention. Je la regardai, pour l'amour de lui, plus longtems que je n'aurois fait. Elle est à genoux devant une croix, & le roi Charles, en même posture vis-à-vis d'elle; le tout fort chétif & de petite apparence : c'est un monument qui se sent de la pauvreté de son siècle. Le pont d'Orléans ne me parut pas non plus d'une largeur, ni d'une majesté proportionnée à la noblesse de son emploi, & à la place qu'il occupe dans l'univers.

> Ce n'est pas petite gloire
> Que d'être pont sur la Loire :
> On voit à ses pieds rouler
> La plus belle des rivières,
> Que de ses vastes carrières
> Phœbus regarde couler.

Elle est près de trois fois aussi large à Orléans, que la Seine l'est à Paris, l'horizon très-beau de tous les côtés, & borné comme il doit être; si bien que cette rivière étant basse à proportion, ses eaux sont claires, son cours sans replis; on diroit que c'est un canal. De chaque côté du pont, on voit continuellement des barques qui vont à voiles; les unes montent, les autres descendent; & comme le bord n'est pas si grand qu'à Paris, rien n'empêche qu'on ne les distingue toutes. On les compte, on remarque en quelle distance elles sont les unes des autres; c'est ce qui fait une de ses beautés. En effet ce seroit dommage qu'une eau si pure fût entièrement couverte par des bateaux. Les voiles de ceux-ci sont fort amples; cela leur donne une majesté de navires, & je m'imagine voir le port de Constantinople en petit. D'ailleurs, Orléans, à le regarder du côté de la Sologne, est d'un bel aspect. Comme la ville va en montant, on la découvre quasi toute entière : le mail & les autres arbres qu'on a plantés en beaucoup d'endroits, le long du rempart, font qu'elle paroît à demi-fermée de murailles vertes; &, à mon avis, cela lui sied bien. De la particulariser en dedans, je vous ennuierois; c'en est déjà trop pour vous de cette matière. Vous saurez cependant que le quartier par où nous descendîmes au pont, est fort laid, le reste assez beau, des rues spacieuses, nettes, agréables, & qui sentent leur bonne ville. Je n'eus pas assez de tems pour voir le rempart, mais je m'en suis laissé dire beaucoup de bien, ainsi que de l'église de Sainte Croix. Enfin notre compagnie, qui s'étoit dispersée de tous les côtés, revint satisfaite. L'un parla d'une chose, l'autre d'une autre. L'heure du souper venue, chevaliers & dames se furent seoir à leurs tables assez mal servies, puis se mirent au lit incontinent, comme on peut penser; & sur ce, le chroniqueur fait fin au présent chapitre.

LETTRE TROISIÈME

A LA MÊME.

A Richelieu, ce 3 Septembre 1663.

Autant que la Beauce m'avoit semblé ennuyeuse, autant le pays, qui est depuis Orléans jusqu'à Amboise, me parut agréable & divertissant. Nous eûmes au commencement la Sologne, province beaucoup moins fertile que le Vendômois, lequel est de l'autre côté de la rivière : aussi a-t-on un niais du pays pour très-peu de chose; car ceux-là ne sont pas fols comme ceux de la Champagne ou de Picardie. Je crois que les niaises coûtent davantage. Le premier lieu où nous nous arrêtâmes, fut Cléry. J'allai auſſitôt viſiter l'égliſe, c'eſt une collégiale aſſez bien rentée pour un bourg, non que les chanoines en demeurent d'accord, ou que je leur aie ouï dire. Louis XI y eſt enterré ; on le voit à genoux ſur ſon tombeau, quatre enfans aux coins, ce ſont quatre anges, & ce pourroit être quatre amours, ſi on ne leur avoit pas arraché les ailes. Le bon apôtre de roi fait là le ſaint homme, & eſt bien mieux pris que quand le Bourguignon le mena à Liége.

> Je lui trouvai la mine d'un matois ;
> Auſſi l'étoit ce prince, dont la vie
> Doit rarement ſervir d'exemple aux rois,
> Et pourroit être, en quelque point ſuivie.

A ſes genoux ſont ſes heures & ſon chapelet, & autres menus uſtenſiles, ſa main de juſtice, ſon ſceptre, ſon chapeau & ſa Notre-Dame ; je ne ſais comment le ſtatuaire n'y a pas mis le Prévôt Triſtan. Le tout eſt en marbre blanc, & m'a ſemblé d'aſſez bonne main. Au ſortir de cette égliſe, je pris une autre hôtellerie pour la nôtre ; il s'en fallut peu que je n'y commandaſſe à dîner, & m'étant allé promener dans le jardin, je m'attachai tellement à la lecture de Tite-Live, qu'il ſe paſſa plus d'une bonne heure ſans que je fiſſe réflexion ſur mon appétit. Un valet de ce logis m'ayant averti de cette mépriſe, je courus au lieu où nous étions descendus, & j'arrivai assez à tems pour compter. De Cléri à Saint-Dié, qui est le gîte ordinaire, il n'y a que quatre lieues, chemin agréable & bordé de haies, ce qui me fit faire une partie de la traite à pied. Il ne m'arriva aucune aventure digne d'être écrite, sinon que je rencontrai, ce me semble, deux ou trois gueux & quelques pélerins de Saint-Jacques. Comme Saint-Dié n'est qu'un bourg, & que les hôtelleries y sont mal meublées, notre comtesse n'étant pas satisfaite de sa chambre, M. de Châteauneuf voulant toujours que votre oncle fût le mieux logé, nous pensâmes tomber dans le différend de Potrot & de la dame de Noüaillé. Les gens de Potrot & ceux de la dame de Noüaillé ayant mis, pendant la foire de Niort, les hardes de leur maître & de leur maîtresse dans même hôtellerie & sur même lit, cela fit contestation. Potrot dit : je coucherai dans ce lit-là ; je ne dis pas que vous n'y couchiez, répartit la dame de Noüaillé, mais j'y coucherai aussi. Par point d'honneur, & pour ne se point céder, ils y couchèrent tous deux. La chose se passa d'une autre manière. La comtesse se plaignit fort des puces le lendemain ; je ne sais si ce fut cela qui éveilla le cocher, je veux dire les puces du cocher, & non celles de la comtesse ; tant y a qu'il nous fit partir de si grand matin, qu'il n'étoit quasi que huit heures quand nous nous trouvâmes vis-à-vis de Blois, rien que la Loire entre deux. Blois est en pente comme Orléans, mais plus petit & plus ramassé; les toits des maisons y sont disposés en beaucoup d'endroits de telle manière, qu'ils ressemblent aux degrés d'un amphithéâtre; cela me parut très-beau, & je crois que difficilement on pourroit trouver un aspect plus riant & plus agréable. Le château est à un bout de la ville, à l'autre bout Sainte Solemne; cette église paroît fort grande, & n'est cachée d'aucunes maisons; enfin elle répond tout-à-fait bien au logis du prince: chacun de ces bâtimens est situé sur une éminence dont la pente se vient joindre vers le milieu de la ville, de sorte qu'il s'en faut peu que la ville ne fasse un croissant, dont Sainte Solemne & le château font les cornes. Je ne me suis pas informé des mœurs anciennes. Quant à présent, la façon de vivre y est fort polie, soit que cela ait été ainsi de tout tems, & que le climat & la beauté du pays y contribuent, soit que le séjour de Monsieur ait amené cette politesse, ou le nombre de jolies femmes. Je m'en fis nommer quelques-unes à mon ordinaire; on me voulut, outre cela, montrer des bossus, chose assez commune dans Blois, à ce qu'on m'a dit, encore plus commune dans Orléans. Je crus que le ciel, ami de ces peuples, leur envoyoit de l'esprit par cette voie-là; car on dit que bossu n'en manqua jamais; & cependant il y a de vieilles traditions qui en donnent une autre raison. La voici telle qu'on me l'a apprise : elle regarde aussi la constitution de la Beauce & du Limousin.

  La Beauce avoit jadis des monts en abondance
    Comme le reste de la France :
    De quoi la ville d'Orléans,
 Pleine de gens heureux, délicats, fainéans,
    Qui vouloient marcher à leur aise,
    Se plaignit & fit la mauvaise,
    Et messieurs les Orléanois
    Dirent au sort, tous d'une voix,
    Une fois, deux fois & trois fois,
    Qu'il eût à leur ôter la peine
 De monter, de descendre, & remonter encor.
    Quoi ! toujours mont, & jamais plaine !
    Faites-nous avoir triple haleine !
    Jambes de fer, naturel fort,
    Ou nous donnez une campagne
    Qui n'ait plus ni mont, ni montagne.
    Oh, oh ! leur répartit le sort,
 Vous faites les mutins, & dans toutes les Gaules,
Je ne vois que vous seuls qui des monts vous plaigniez.
    Puis donc qu'ils nuisent à vos pieds,
    Vous les aurez sur vos épaules.
    Lors la Beauce de s'aplanir,
    De s'égaler, de devenir
    Un terroir uni comme glace,
    Et bossus de naître en la place,
    Et monts de déloger des champs.
    Tout ne put tenir sur les gens ;

Si bien que la troupe céleste,
Ne sachant que faire du reste,
S'en alloit les placer dans le terroir voisin,
Lorsque Jupiter dit : épargnons la Touraine
Et le Blaisois; car ce domaine
Doit être un jour à mon cousin (1) :
Mettons-les dans le Limousin.

Ceux de Blois, comme voisins & bons amis de ceux d'Orléans, les ont soulagés d'une partie de leurs charges : les uns & les autres doivent encore avoir une génération de bossus, & puis c'en est fait. Vous aurez pour cette tradition telle croyance qu'il vous plaira ; ce que je vous assure est fort vrai, c'est que M. de Châteauneuf & moi, nous déjeunâmes très-bien, & allâmes voir ensuite le logis du prince. Il a été bâti à plusieurs reprises, une partie sous François I, l'autre sous quelqu'un de ses devanciers. Il y a en face un corps de logis à la moderne, que feu Monsieur a fait commencer : toutes ces trois pièces ne font, Dieu merci, nulle symétrie, & n'ont rapport ni convenance l'une avec l'autre ; l'architecte a évité cela autant qu'il a pu. Ce qu'a fait faire François I, à le regarder du dehors, me contenta plus que tout le reste; il y a force petites galeries, petites fenêtres,

---

(1) M. le duc d'Orléans.

petits balcons, petits ornemens sans régularité & sans ordre; cela fait quelque chose de grand qui plaît assez. Nous n'eûmes pas le loisir de voir le dedans; je n'en regrettai que la chambre où Monsieur est mort; car je la considère comme une relique. En effet il n'y a personne qui ne doive avoir une extrême vénération pour la mémoire de ce prince; les peuples de ces contrées le pleurent encore avec raison. Jamais regne ne fut plus doux, plus tranquille, plus heureux que n'a été le sien; & en vérité de semblables princes devroient naître un peu plus souvent, ou ne point mourir. J'eusse aussi fort souhaité de voir son jardin de plantes, lequel on tenoit, pendant sa vie, pour le plus parfait qui fût au monde: il ne plut pas à notre cocher qui ne se soucia que de déjeûner largement, puis nous faire partir. Tant que la journée dura nous eûmes beau tems, beau chemin, beau pays; surtout la levée ne nous quitta point, ou nous ne quittâmes point la levée; l'un vaut l'autre. C'est une chaussée qui suit les bords de la Loire & retient cette rivière dans son lit, ouvrage qui a coûté bien du tems à faire, & qui en coûte encore beaucoup à entretenir. Quant au pays je ne vous en saurois dire assez de merveilles: point de ces montagnes pelées qui choquent tant notre cher M. de Maucroix; mais de part &

d'autre, côteaux les plus agréablement vêtus qui soient dans le monde. Vous m'en entendrez parler plus d'une fois; mais, en attendant,

  Que dirons-nous que fut la Loire
  Avant que d'être ce qu'elle est ?
  Car vous savez qu'en son histoire
  Notre bon Ovide s'en tait ?
  Fût-ce quelqu'aimable personne,
  Quelque reine, quelque Amazone,
  Quelque nymphe au cœur de rocher,
  Qu'aucun amant ne fut toucher ?
  Ces origines sont communes ;
  C'est pourquoi n'allons pas chercher
  Les Jupiters & les Neptunes,
  Ou les dieux Pans qui poursuivoient
  Toutes les belles qu'ils trouvoient.
  Laissons-là ces métamorphoses,
  Et disons ici, s'il vous plaît,
  Que la Loire étoit ce qu'elle est
  Dès le commencement des choses.

  La Loire est donc une rivière
Arrosant un pays favorisé des cieux,
Douce quand il lui plaît, quand il lui plaît, si fière,
Qu'à peine arrête-t-on son cours impérieux.
Elle ravageroit mille moissons fertiles,
Engloutiroit des bourgs, feroit flotter des villes,
  Détruiroit tout en une nuit ;
  Il ne faudroit qu'une journée,
  Pour lui voir entraîner le fruit
  De tout le labeur d'une année,
Si, le long de ses bords, n'étoit une levée

Qu'on entretient soigneusement.
Dès-lors qu'un endroit se dément,
On le rétablit tout à l'heure ;
La moindre brèche n'y demeure
Sans qu'on y touche incessamment ;
Et pour cet entreténement,
Unique obstacle à tels ravages,
Chacun a son département,
Communautés, bourgs & villages.
Vous croyez bien qu'étant sur ces rivages,
Nos gens & moi nous ne manquâmes pas
De promener à l'entour notre vue.
J'y rencontrai de si charmans appas
Que j'en ai l'ame encore émue.
Côteaux rians y sont des deux côtés,
Côteaux non pas si voisins de la nue
Qu'en Limousin, mais côteaux enchantés,
Belles maisons, beaux parcs & bien plantés,
Prés verdoyans, dont ce pays abonde,
Vignes & bois, tant de diversités,
Qu'on croit d'abord être en un autre monde....
Mais le plus bel objet, c'est la Loire, sans doute ;
On la voit rarement s'écarter de sa route,
Elle a peu de replis dans son cours mesuré :
Ce n'est pas un ruisseau qui serpente en un pré ;
C'est la fille d'Amphitrite,
C'est elle dont le mérite,
Le nom, la gloire & les bords
Sont dignes de ces provinces,
Qu'entre leurs plus grands trésors,
Ont toujours placés nos princes.
Elle répand son crystal,

Mais

Mais avec magnificence ;
Et le jardin de la France
Méritoit un tel canal.

Je lui veux du mal en une chose, c'est que l'ayant vue, je m'imaginai qu'il n'y avoit plus rien à voir ; il ne me resta ni curiosité ni desir. Richelieu m'a bien fait changer de sentiment ; c'est un admirable objet que ce Richelieu ; j'en ai daté ma lettre, parce que je l'y ai achevée. Voyez l'obligation que vous m'avez, il ne s'en faut pas un quart-d'heure qu'il ne soit minuit, & nous devons nous lever demain avant le soleil, bien qu'il ait promis, en se couchant, qu'il se leveroit de fort grand matin. J'emploie cependant les heures, qui me sont les plus précieuses, à vous faire des relations, moi qui suis enfant du sommeil & de la paresse. Qu'on me parle après cela des maris qui se sont sacrifiés pour leurs femmes ; je prétends les surpasser tous, & vous ne sauriez vous acquitter envers moi, si vous ne me souhaitez d'aussi bonnes nuits que j'en aurai de mauvaises avant que notre voyage soit achevé.

LETTRE QUATRIÈME

À LA MÊME.

A Châtellerault, ce 5 Septembre 1663.

Nous arrivâmes à Amboise d'assez bonne heure, mais par un fort mauvais tems; je ne laissai pas d'employer le reste du jour à voir le château; de vous en faire le plan, c'est à quoi je ne m'amuserai pas, & pour cause. Vous saurez, sans plus, que devers la ville il est situé sur un roc & paroît extrêmement haut vers la campagne; le terrein d'alentour est plus élevé. Dans l'enceinte, il y a trois ou quatre choses fort remarquables; la première est ce bois de cerf dont on parle tant, & dont on ne parle pas assez selon mon avis; car soit qu'on le veuille faire passer pour naturel ou pour artificiel, j'y trouve un sujet d'étonnement presqu'égal. Ceux qui le trouvent artificiel tombent d'accord que c'est bois de cerf, mais de plusieurs pièces. Or, le moyen de les avoir jointes sans qu'il y paroisse de liaison! de dire aussi qu'il soit naturel, & que l'univers ait jamais produit un animal assez grand pour le porter, cela n'est guères croyable.

Il en sera toujours douté,
Quand bien ce cerf auroit été

Plus ancien qu'un patriarche.
Tel animal, en vérité,
N'eût jamais su tenir dans l'arche.

Ce que je remarquai encore de singulier, ce furent deux tours bâties en terre comme des puits : on a fait dedans des escaliers en forme de rampes, par où l'on descend jusqu'au pied du château, si bien qu'elles touchent, ainsi que les chênes dont parle Virgile,

D'un bout au ciel, d'autre bout aux enfers.

Je les trouvai bien bâties, & leur structure me plut autant que le reste du château nous parut indigne de nous y arrêter. Il a toutefois été un tems qu'on le faisoit servir de berceau à nos jeunes rois, & véritablement c'étoit un berceau d'une matière assez solide, & qui n'étoit pas pour se renverser facilement. Ce qu'il y a de beau, c'est la vue; elle est grande, majestueuse, d'une étendue immense; l'œil ne trouve rien qui l'arrête, point d'objet qui ne l'occupe le plus agréablement du monde. On s'imagine découvrir Tours, quoiqu'il soit à quinze ou vingt lieues; du reste on a en aspect la côte la plus riante & la mieux diversifiée que j'ai encore vue, & au pied une prairie qu'arrose la Loire; car cette rivière passe à Amboise. De tout cela, le pauvre M. Fouquet ne put jamais, pendant son séjour, jouir un petit moment ; on avoit bouché toutes les fenêtres de sa chambre, & on n'y avoit laissé qu'un trou par le haut. Je demandai à la voir, triste plaisir, je vous le confesse ; mais enfin je le demandai. Le soldat qui nous conduisoit n'avoit pas la clef ; au défaut je fus long-tems à considérer la porte, & me fis conter la manière dont le prisonnier étoit gardé : je vous en ferois volontiers la description ; mais ce souvenir est trop affligeant.

Qu'est-il besoin que je retrace
Une garde au soin nompareil,
Chambre murée, étroite place,
Quelque peu d'air pour toute grace,
   Jours sans soleil,
   Nuits sans sommeil,
Trois portes en six pieds d'espace ?
Vous peindre un tel appartement,
Ce seroit attirer vos larmes :
Je l'ai fait insensiblement,
Cette plainte a pour moi des charmes,

Sans la nuit on n'eût jamais pu m'arracher de cet endroit ; il fallut enfin retourner à l'hôtellerie, & le lendemain nous nous écartâmes de la Loire & la laissâmes à la droite : j'en suis très-fâché, non pas que les rivières nous aient manqué dans notre voyage.

Depuis ce lieu, jusques au Limousin,
Nous en avons passé quatre en chemin,

De fort bon compte, au moins qu'il m'en souvienne;
L'Indre, le Cher, & la Creuse & la Vienne :
Ce ne sont pas de simples ruisseaux.
Non, non, la carte nous les nomme;
Ceux qui sont péris sous leurs eaux
Ne l'ont pas été dire à Rome.

La première que nous rencontrâmes, ce fut l'Indre. Après l'avoir passée, nous trouvâmes au bord trois hommes d'assez bonne mine, mais mal vêtus & fort délabrés. L'un de ces héros guzmanesques avoit fait une tresse de ses cheveux, laquelle lui pendoit en derrière comme une queue de cheval. Non loin de là nous apperçûmes quelques Philis, je veux dire Philis d'Egypte, qui venoient vers nous en dansant, folâtrant, montrant leurs épaules, & traînant après elles des Doüegnas détestables à proportion, & qui nous regardoient avec autant de mépris que si elles eussent été belles & jeunes. Je frémis d'horreur à ce spectacle, & j'en ai été plus de deux jours sans pouvoir manger. Deux femmes fort blanches marchoient ensuite, elles avoient le teint délicat, la taille bien faite, de la beauté médiocrement, & n'étoient anges, à bien parler, qu'en tant que les autres étoient de véritables démons. Nous saluâmes ces deux avec beaucoup de respect, tant à cause d'elles que de leurs jupes, qui, véritablement, étoient plus riches que ne sembloit le promettre un tel équipage, le reste de leur habit consistoit en une cappe d'étoffe blanche, & sur la tête un petit chapeau à l'angloise, de taffetas de couleur, avec un galon d'argent. Elles ne nous rendirent notre salut qu'en faisant une légère inclination de la tête, marchant toujours avec une gravité de déesses, & ne daignant presque jeter les yeux sur nous, comme simples mortels que nous étions. D'autres Douegnas les suivoient, non moins laides que les précédentes, & la caravane étoit fermée par un cordelier. Le bagage marchoit en queue, partie sur charriots, partie sur bêtes de somme, puis quatre carrosses vides & quelques valets à l'entour,

> Non sans écureuils & traquets,
> Ni, je pense, sans perroquets.

Le tout escorté par M. de la Fourcade, garde du corps. Je vous laisse à deviner quels gens c'étoient. Comme ils suivoient notre route, & qu'ils débarquèrent à la même hôtellerie où notre cocher nous avoit fait descendre, le scrupule nous prit à Tours de coucher en mêmes lits qu'eux, & de boire en mêmes verres. Il n'y en avoit point qui s'en tourmentât plus que la comtesse. Nous allâmes le jour suivant coucher à Montels, & dîner le lendemain au port de Piles, où notre compagnie commença de se séparer. La comtesse envoya un laquais, non chez son mari, mais chez un de ses parens, porter les nouvelles de son arrivée, & donner ordre qu'on lui amenât un carrosse avec quelque escorte. Pour moi, comme Richelieu n'étoit qu'à cinq lieues, je n'avois garde de manquer de l'aller voir : les Allemands se détournent bien pour cela de plusieurs journées. M. de Châteauneuf, qui connoissoit le pays, s'offrit à m'accompagner; je le pris au mot, & ainsi votre oncle demeura seul, & alla coucher à Châtellerault, où nous promîmes de nous rendre le lendemain de grand matin. Le port de Piles est un lieu passant, & où l'on trouve toutes sortes de commodités, même incommodes : il s'y rencontre de méchans chevaux,

> Encore mal ferrés, & plus mal embouchés,
> Et très-mal enharnachés :

Mais quoi, nous n'avions pas à choisir; tels qu'ils étoient je les fis mettre en état,

> Laisse le pire, & sur le meilleur monte.

Pour plus d'assurance, nous prîmes un guide qu'il nous fallut mener en trousse l'un après l'autre, afin de gagner du tems; avec cela nous n'en eûmes que ce qu'il fallut pour voir les choses les plus remarquables. J'avois promis de sacrifier au Vent du midi une brebis noire, aux Zéphirs une brebis blanche, & à Jupiter, le plus gras bœuf que je pourrois rencontrer dans le Limousin : ils nous furent tous favorables. Je crois toutefois qu'il suffira que je les paye en chansons, car les bœufs du Limousin sont trop chers, & il y en a qui se vendent cent écus dans le pays. Etant arrivés à Richelieu, nous commençâmes par le château, dont je ne vous enverrai pourtant la description qu'au premier jour. Ce que je vous puis dire en gros de la ville, c'est qu'elle aura bientôt la gloire d'être le plus beau village de l'univers; elle est désertée petit-à-petit, à cause de l'infertilité du terroir, ou pour être à quatre lieues de toute rivière & de tout passage. En cela son fondateur, qui prétendoit en faire une ville de renom, a mal pris ses mesures, chose qui ne lui arrivoit pas fort souvent. Je m'étonne, comme on dit qu'il pouvoit tout, qu'il n'a pas fait transporter la Loire au pied de cette nouvelle ville, ou qu'il n'y ait pas fait passer le grand chemin de Bordeaux. Au défaut, il devoit choisir un autre endroit, & il en eut aussi la pensée; mais l'envie de consacrer les marques de sa naissance, l'obligea de faire bâtir autour de la chambre où il étoit né. Il avoit de ces vanités que beaucoup de gens blâmeront, & qui sont pourtant communes à tous les héros, témoin celle-là d'Alexandre le Grand, qui faisoit laisser, où il passoit, des mords & des brides plus grands qu'à l'ordinaire, afin que la postérité crût que lui & ses gens étoient d'autres hommes, puisqu'ils se servoient de si grands chevaux. Peut-être aussi que l'ancien parc de Richelieu, & les bois de ses avenues, qui étoient beaux, semblèrent à leur maître dignes d'un château plus somptueux que celui de son patrimoine; & ce château attire à la ville, comme le principal fait l'accessoire.

> Enfin, elle est, à mon avis,
> Mal située, & bien bâtie;
> On en a fait tous les logis
> D'une pareille symétrie.
>
> Ce sont des bâtimens fort hauts;
> Leur aspect vous plairoit sans faute:
> Les dedans ont quelques défauts;
> Le plus grand, c'est qu'ils manquent d'hôte.
>
> La plupart sont inhabités,
> Je ne vis personne en la rue,
> Il m'en déplut; j'aime aux cités
> Un peu de bruit & de cohue.
>
> J'ai dit la rue, & j'ai bien dit;
> Car elle est seule & des plus droites:
> Que Dieu lui donne le crédit
> De se voir un jour des cadettes.
>
> Vous vous souviendrez bien & beau,
> Qu'à chaque bout est une place
> Grande, carrée, & de niveau;
> Ce qui, sans doute, a bonne grace.

> C'est aussi tout, mais c'est assez,
> De savoir si la ville est forte,
> Je m'en remets à ses fossés,
> Murs, parapets, remparts & porte.

Au reste, je ne vous saurois mieux dépeindre tous ces logis de même parure, que par la Place Royale : les dedans sont beaucoup plus sombres, vous pouvez croire, & moins ajustés. J'oubliois à vous marquer que ce sont des gens de finance & du conseil, secrétaires d'état & autres personnes attachées à ce cardinal, qui ont fait faire ces bâtimens, pour la plupart par complaisance, & pour lui faire leur cour. Les beaux-esprits auroient suivi leurs exemples, si ce n'étoit qu'ils ne sont pas grands édificateurs, comme dit Voiture; car d'ailleurs ils étoient tout pleins de zèle & d'affection pour ce grand ministre. Voilà tout ce que j'avois à vous dire touchant la ville de Richelieu. Je remets la description du château à une autre fois, afin d'avoir plus souvent occasion de vous demander de vos nouvelles, & pour ménager un amusement qui vous doit faire passer notre exil avec moins d'ennui.

Fin du Voyage en Limousin.

VOYAGE
DE LANGUEDOC
ET
DE PROVENCE,
PAR LEFRANC DE POMPIGNAN.

VOYAGE
DE LANGUEDOC
ET
DE PROVENCE.

PREMIÈRE LETTRE

A M***, le 24 Septembre 1740.

C'est donc très-sérieusement, madame, que vous demandez la relation de notre voyage : vous la voulez même en prose & en vers. C'est un marché fait, dites-vous, nous ne saurions nous en dedire. Il faut bien vous en croire ; mais croyez aussi que jamais parole ne fut plus légérement engagée. Je suis sûr

> Que tout homme sensé rira
> D'une entreprise si follette ;
> Que personne ne nous lira,

Ou que celui qui le fera,
A coup sûr très-fort s'ennuira,
Que vers & prose on sifflera :
Et que, sur cette preuve-là,
Le régiment de la Calotte
Pour ses voyageurs nous prendra.

Quoi qu'il en puisse arriver, le plus grand malheur seroit de vous déplaire. Nous allons vous obéir de notre mieux ; mais gardez-nous au moins le secret : un ouvrage fait pour vous ne doit être mauvais qu'*incognito*.

Comme ce n'est pas ici un poëme Epique, nous commencerons modestement par Castelnaudary, & nous n'en dirons rien. Narbonne ayant été le premier objet de notre attention, sera aussi le premier article de notre itinéraire. N'y eût-il que ces anciennes inscriptions qu'a si fort respectées le tems, cette Narbonne méritoit un peu plus d'égards que n'en ont eu les deux célèbres voyageurs. Nous pouvons attester qu'il n'y plut, ni n'y tonna pendant plus de quatre heures, & que jamais le jour ne fut plus serein que lorsque nous en partîmes :

Mais, vu le local enterré
De la Cité primatiale,
Nous croyons, tout considéré,
Que quand la saison pluviale,

Au milieu du champ labouré,
Ferme la bouche à la cigale,
Toutes les eaux ont conjuré
D'environner bon-gré, mal-gré,
La ville archiépiscopale ;
Ce qui rend ce lieu révéré
Un cloaque beaucoup trop sale,
De quoi Chapelle a murmuré,
Mais d'un ton si peu mesuré
Qu'il en résulte un grand scandale,
Au point qu'un prébendier lettré
De l'église collégiale,
Nous dit, d'un air très-assuré,
Que ce voyage célébré
N'étoit au fond qu'œuvre de balle,
Et que Narbonne, qu'il ravale,
Ne l'avoit jamais admiré.

Le fait, madame, est vrai à la lettre; à telles enseignes, que le docte prébendier se dessaisit en notre faveur, avec une joie extrême, de l'œuvre de ces messieurs, qui lui paroissent de très-mauvais plaisans. Ce n'est pas, au reste, le seul plaisir qu'il nous eût fait : ce généreux inconnu nous avoit menés au palais archiépiscopal, admirer les antiquités qu'on y a recueillies. Par son crédit, nous vîmes toute la maison, grande, noble, claire même, en dépit de ce qui la devroit rendre obscure ; mais on a logé un peu trop haut le Primat d'Occitanie. Nous avions ensuite suivi notre guide à la métropole, qui fera une fort belle église, quand il plaira à Dieu & aux états de faire finir la nef. Quant à ce tableau si dénigré par l'œuvre susdit, MM. de Narbonne le regrètent tous les jours, malgré la copie que M. le duc d'Orléans leur en laissa libéralement, mais qu'ils trouvent fort médiocre, quoique le Lazare y soit peut-être aussi noir que dans l'original.

Nous reprîmes notre chemin, & parcourûmes gaiement les chaussées qui mènent à Béziers. Cette ville est, pour ses habitans, un lieu céleste, comme il est aisé d'en juger par un passage latin d'un de leurs auteurs, dont je vous fais grace. La nuit nous ayant surpris avant d'y être arrivés, nous fûmes tentés d'y coucher;

>   Mais sachant par tradition
>   Que dans cette agréable ville;
>   Pour le fou de chaque saison
>   Très-prudemment chaque maison
>   A soin d'avoir un domicile;
>   Et craignant pour mon compagnon,
>   Qui pour moi n'étoit pas tranquille,
>   Nous criâmes au postillon
>   Au plus vîte de faire gille.

Ce fut donc à Pézenas que nous allâmes chercher notre gîte. Il étoit tard quand nous y arrivâmes: les portes étoient fermées. Nous en fûmes si piqués, que nous ne voulûmes point y entrer,
quand

quand on les ouvrit le lendemain matin : mais que nous fûmes enchantés des dehors ! il n'en est pas de plus rians, ni de mieux cultivés. Quoique Pézenas n'ait pas de proverbe latin en sa faveur, au moins que je connoisse, sa situation vaut bien celle de Béziers. La chaussée qui commence après les casernes du roi, & sur la beauté de laquelle on ne peut trop se récrier, ne dura pas autant que nous aurions voulu. Elle aboutit à une route assez sauvage, qui nous conduisit à Vallemagne, lieu passablement digne de la curiosité des voyageurs.

> Près d'une chaîne de rochers
> S'élève un monastère antique :
> De son église très-gothique,
> Deux tours, espèces de clochers,
> Ornent la façade rustique.
> Les échos, s'il en est dans ce triste séjour,
> D'aucun bruit n'y frappent l'oreille ;
> Et leur troupe oisive sommeille
> Dans les cavernes d'alentour.

Dépêche, dis-je à un postillon de quatre-vingts ans, qui changeoit nos chevaux ; l'horreur me gagne. Quelle solitude ! c'est la Thébaïde en raccourci. Allons, l'abbé, ni vous, ni moi ne commerçons avec les Anachorètes. Eh ! de par tous les diables, ce sont des Bernardins, s'écria le maître de la poste, que nous ne croyions pas si près de nous. Or vous saurez que ce bon homme pouvoit faire la différence d'un Anachorète & d'un Bernardin; car il avoit sur un vieux coffre, à côté de sa porte, quelques centaines de feuillets de la vie des pères du désert, rongés des rats. Si vous voulez dîner, ajoutat-t-il, entrez, on vous fera bonne chère.

> Nos moines sont de bons vivans,
> L'un pour l'autre fort indulgens;
> Ne faisant rien qui les ennuie,
> Ayant leur cave bien garnie :
> Toujours reposés & contens;
> Visitant peu la sacristie :
> Mais quelquefois les jours de pluie,
> Prians dieu pour tuer le tems.

Il est vrai qu'ils avoient profité de cette matinée-là, qui étoit fort sombre & fort pluvieuse, pour dépêcher une grand'messe. Nous gagnâmes le cloître. Croiriez-vous, madame, qu'un cloître de solitaires fût une grotte enchantée ? Tel est pourtant celui de l'abbaye de Vallemagne : je ne puis mieux le comparer qu'à une décoration d'opéra. Il y a surtout une fontaine qui mériteroit le pinceau de l'Arioste : elle ressemble, comme deux gouttes d'eau, à la fontaine de l'amour.

> Sur sept colonnes, des feuillages
> Entrelacés dans des berceaux,
> Forment un dôme de rameaux
> Dont les délicieux ombrages

Font goûter dans des lieux si beaux
Le frais des plus sombres bocages.
Sous cette voûte de cerceaux,
La plus heureuse des Naïades
Répand le cristal de ses eaux
Par deux différentes cascades.
Au pied de leur dernier bassin,
Un frère, garçon très-capable,
Entouré de flacons de vin,
Plaçoit le buffet & la table.

Tout auprès un dîner dont la suave odeur
 Auroit, du plus mince mangeur,
 Provoqué la concupiscence,
Tenu sur des fourneaux à son point de chaleur,
 Pour disparoître attendoit la présence
De quatre Bernardins qui s'ennuyoient au chœur.

Dans ce moment, nous enviâmes presque le sort de ces pauvres religieux : nous nous regardions de cet air qui peint si bien tous les mouvemens de l'ame. Chacun de nous appliquoit ce qu'il voyoit à sa vocation particulière ; & nous nous devinions sans nous parler.

 L'abbé convoitoit l'abbaye :
 Pour moi qui ne pensois à Dieu,
 Ah ! disois-je, si dans ce lieu
 Je trouvois Iris ou Sylvie......

Car voilà les hommes : ce qui est un sujet d'édification pour les uns, est un objet de scandale pour les autres. Que de morale à débiter là-dessus! prenons congé de notre délicieuse fontaine, elle nous a menés un peu loin.

>O fontaine de Vallemagne!
>Flots sans cesse renouvelés;
>La plus agréable campagne
>Ne vaut pas vos bords isolés.

Il n'y avoit plus qu'une poste pour arriver à Loupian, lieu célèbre par ses vins, dont nos devanciers voulurent se mettre à portée de juger; leurs imitateurs, en ce point seul, nous nous y arrêtâmes; mais l'année, nous dit-on, n'avoit pas été bonne. L'hôtesse entreprit de nous dédommager avec des huîtres d'un goût inférieur à celles de l'Océan.

Remontés en chaise, nous nous livrions à l'admiration que nous causoit la beauté du pays;

>Quand deux gentilles demoiselles,
>D'un air agréable & badin,
>Qui n'annonçoit pas des cruelles,
>Nous arrêtèrent en chemin.

Elles nous demandèrent des places dans notre chaise pour aller jusqu'au village prochain, qui est le lieu de la poste. L'abbé fut impoli pour la première fois de sa vie, il les refusa inhumainement; & je fus obligé, malgré moi, d'être de moitié de son refus.

Nous commencions alors à côtoyer l'étang de Thau, qui se débouche dans le golfe de Lyon par le port de Cette, & par le passage de Maguelonne. Il fallut descendre, en faveur de mon compagnon, qui voyoit, pour la première fois, les campagnes d'Amphitrite, & qui vouloit contempler à son aise

> Ce vaste amas de flots, ce superbe élément,
> De l'aveugle fortune image naturelle,
> Comme elle séduisant, & perfide comme elle :
> Asyle des forfaits, noir séjour des hasards,
> Théâtre dangéreux du commerce & de Mars,
> Des plus rares trésors source avare & féconde,
> Et l'empire commun de tous les rois du monde.

Nous arrivâmes enfin à Montpellier. Cette ville n'aura rien de nous aujourd'hui, madame; & vous vous passerez bien de savoir, qu'après nous être fait d'abord conduire au jardin royal des plantes, qui pourroit être mieux entretenu, & avoir parcouru légèrement, au retour, tout ce que l'on est dans l'usage de montrer aux étrangers, nous vînmes avec empressement chercher un excellent souper, auquel nous étions préparés par le repas frugal que nous avions fait à Loupian.

La matinée du lendemain fut employée à visiter la Mosson & la Verune. Les eaux & les promenades de celle-ci, ne méritent guère moins de curiosité que la magnificence de la première, où il y a des beautés royales; mais où, sans être difficile à l'excès, on peut trouver quelques défauts, auxquels à la vérité le seigneur châtelain est en état de remédier.

Nous nous hâtâmes après cela de gagner Lunel, où nous fûmes accueillis par M. de la...., major du régiment de Duras, qui commandoit dans ce quartier. Il nous donna un aussi bon souper que s'il nous eût attendu : l'abbé en profita médiocrement.

<pre>
   Il quitta cette bonne chère
   Pour une dévote action,
   Que ceux de sa profession
   Ne font pas trop pour l'ordinaire,
   Ce fut, je crois, son bréviaire
   Qui causa sa désertion.
   Notre convive militaire
   Partagea mon affliction.
   Mais comme en toute occasion
   La providence débonnaire
   Compense, d'une main légère,
   Plaisir & tribulation ;
   La retraite de mon confrère
   Grossit pour moi la portion
   D'un vin de Saint-Emilion,
   Qu'à Lunel je n'attendois guère.
</pre>

Une partie de la nuit se passa joyeusement à table. Nous nous séparâmes de notre hôte à huit heures du matin; & nous courûmes à Nismes pour y admirer ces ouvrages, si supérieurs aux ouvrages modernes, dignes de la poésie la plus majestueuse; en un mot, les chef-d'œuvres immortels dont cette cité, autrefois si considérable, a été enrichie par les Romains. Les arènes s'apperçoivent d'aussi loin que la ville même :

 Monument qui transmet à la postérité
 Et leur magnificence & leur férocité.
Par des degrés obscurs, sous des voûtes antiques,
Nous montons avec peine au sommet des portiques.
Là, nos yeux étonnés promènent leurs regards
Sur les restes pompeux du faste des Césars.
Nous contemplons l'enceinte où l'arène souillée
Par tout le sang humain dont elle fut mouillée,
Vit tant de fois le peuple ordonner le trépas
Du combattant vaincu qui lui tendoit les bras.
Quoi! dis-je, c'est ici, sur cette même pierre,
Qu'ont épargné les ans, la vengeance & la guerre,
Que ce sexe si cher au reste des mortels,
Ornement adoré de ces jeux criminels,
Venoit, d'un front serein & de meurtres avide,
Savourer à loisir un spectacle homicide!
C'est dans ce triste lieu qu'une jeune beauté,
Ne respirant ailleurs qu'amour & volupté,
Par le geste fatal de sa main renversée
Déclaroit sans pitié sa barbare pensée.
Et conduisoit de l'œil le poignard suspendu
Dans le flanc du captif à ses pieds étendu.

Des voyageurs font des réflexions à propos de tout. J'avoue, madame, que la tirade est un peu sérieuse. Je vous en demande pardon. La vue d'un amphithéâtre romain a réveillé en moi des idées tragiques.

Ce seroit ici le lieu de vous donner quelqu'idée des autres antiquités de Nismes. La Tour-Magne, le temple de Diane, & la fontaine qui est auprès, ont dans leur ruine même quelque chose d'auguste; mais ce qu'on appelle la Maison-Quarrée, édifice qu'on regarde comme le monument de toute l'antiquité le plus conservé, frappe & fixe les yeux des moins connoisseurs.

On trouve à chaque pas des bas-reliefs & des inscriptions; les aigles romaines, plus ou moins entières, se voient par-tout. Enfin, par je ne sais quel enchantement, on s'imagine, plus de treize cents ans après l'expulsion totale des Romains hors des Gaules, se trouver avec eux, habiter encore une de leurs colonies. Nous en séjournâmes plus long-tems à Nismes. Un jour franc nous suffit à peine pour tout voir & revoir. Ce tems, d'ailleurs, graces à M. d'A....., ne pouvoit être mieux employé; il ne nous quitta point; & l'on ne sauroit rien ajouter à la réception qu'il nous fit.

Or donc, prions la providence
De placer toujours sur nos pas

Le Languedoc & la Provence,
Et surtout messieurs de Duras :
Rencontre douce & gracieuse
Pour les voyageurs leurs amis,
Autant qu'elle seroit fâcheuse
Pour les bataillons ennemis !

Il nous restoit le pont du Gard. Notre curiosité, excitée de plus en plus, nous fit quitter le chemin de la poste. Après une infinité de détours tortueux, nous nous trouvâmes sur les bords du Gardon, ayant en perspective le pont, ou plutôt trois ponts l'un sur l'autre.

Pour vous peindre le pont du Gard,
Il nous faudroit employer l'art
Et le jargon d'un architecte :
Mais nous pensons qu'à cet égard,
De notre couple trop bavard
La science vous est suspecte.
Aussi, sans courir de hasard,
Notre muse très-circonspecte
Ne fera point de fol écart
Sur ces arches qu'elle respecte,
Qui, sans doute, périront tard.

Ici, madame, l'admiration épuisée fait place à une surprise mêlée d'effroi. Il nous fallut plusieurs heures pour considérer ce merveilleux ouvrage. Imaginez deux montagnes séparées par une rivière, & réunies par ce triple pont, où la hardisse le dispute à la solidité. Nous grimpâmes jusque sur l'aqueduc, que nous traversâmes presqu'en rampant d'un bout à l'autre,

>Offrant un culte romanesque
>A ces lieux dérobés aux coups
>De la barbarie arabesque;
>Et même échappés au courroux
>De ce pourfendeur gigantesque,
>Qui des Romains fut si jaloux,
>Que sa fureur détruisit presque
>Ce que le tems laissoit pour nous;
>Examinant à deux genoux
>Un débris de peinture à fresque,
>Et d'un œil anglois ou tudesque
>Dévorant jusqu'aux cailloux.

Puis quittant à regret, quoiqu'avec une sorte de confusion, un monument trop propre à nous convaincre de la supériorité sans bornes des Romains, nous poursuivîmes notre route, & ne fûmes plus occupés, après cela, que du plaisir de revoir bientôt un ami fort cher, que nous allions chercher de si loin. Cette idée flatteuse fut le sujet de notre conversation le reste de la journée. Sur le soir, l'approche de Villeneuve fit diversion à notre entretien. Du haut de la montagne d'où nous l'apperçûmes, cette jolie ville paroît être dans la plaine, quoique sur une côte fort élevée. La beauté du paysage & la largeur du Rhône forment le point de vue le plus surprenant & le plus agréable.

> C'est ici que du Languedoc
> Finit la terre épiscopale :
> A l'autre rive, sur un roc,
> Est la citadelle papale,
> Que, sous la clef pontificale
> Les gens de soutanne & de froc
> Défendroient fort bien dans un choc,
> Avec une ardeur sans égale,
> Contre les troupes de Maroc,
> La mer leur servant d'intervalle.

Nous passâmes les deux bras du Rhône, & nous arrivâmes à Avignon, au milieu des cris de joie, & des acclamations d'un peuple immense. N'allez pas croire que tout ce tintamarre se fit pour nous : on célébroit alors dans cette ville l'exaltation de Benoit XIV; les fêtes duroient depuis trois jours. Nous vîmes la dernière, & sans doute la plus belle.

> Nos yeux en furent éblouis :
> L'art, la richesse, l'ordonnance
> Avoient épuisé la science
> Des décorateurs du pays.

> Au milieu d'une grande place,
> Douze fagots mal assemblés,
> D'une nombreuse populace
> Excitoient les cris redoublés.

Tout autour cinquante figures,
Qu'on nous dit être des soldats,
Pour faire cesser le fracas,
Vomissoient un torrent d'injures;
Mais, de peur des égratignures,
Ils crioient, & ne bourroient pas.

Alors les canons commencèrent :
Le commandant, vêtu de bleu,
Aux fusilliers qui se troublèrent,
Permit de se remettre un peu.
Puis leurs vieux mousquets ils levèrent
Trente-quatre firent faux-feu,
Et quatorze, en tirant, crevèrent.
Si personne ne fut tué,
Ou, pour le moins, estropié
Par cette comique décharge,
C'est un miracle, en vérité,
Qui mérite d'être attesté :
Mais nous prîmes soudain le large,
Voyant que l'alguazil major
Vouloit faire tirer encor.

Nous entrâmes en diligence
Au palais de son excellence
Monseigneur le vice-légat.
C'est-là que pour Rome il préside,
Et c'est dans sa cour que réside
Toute la pompe du comtat.
D'abord, ni lanterne ni lampe,
La nuit, n'éclaire l'escalier :
Il fallut, pour nous appuyer,
A tâtons, du fer de la rampe,

L'un & l'autre nous étayer.
Après avoir, à l'aventure,
Fait, en montant, plus d'un faux-pas,
Nous trouvons une salle obscure,
Où, sur quelques vieux matelas,
Quatre suisses de Carpentras
Ne buvoient pas l'eau toute pure;
Mais rien de plus ne pûmes voir.
Un vieux prêtre entr'ouvrant la porte
D'un appartement assez noir,
Dit : allons vîte, que l'on sorte;
Tout est couché : messieurs, bon soir.

Notre ambassade ainsi finie,
Nous revînmes à notre hôtel;
Où Dieu sait quelle compagnie
D'une table assez mal servie
Dévora le régal cruel.

La maîtresse, d'ailleurs polie,
Pour nous exprès avoit trouvé
Un de ces batteurs de pavé,
Vrais doyens de messagerie,
Sur le front desquels est gravé
Qu'ils ont menti toute leur vie.
Il venoit de passer les monts.
Mon bavard, sans qu'on le semonce,
Faisant & demande & réponse,
Parle d'églises, de sermons,
De consistoires, d'audiences,
De prélats, de nonains, d'abbés,
De moines & de sigisbés;
De miracles & d'indulgences;

Du doge & des procurateurs,
Des francs-maçons & des trembleurs;
De l'opéra, de la gazette,
De Sixte-Quint, de Tamerlan;
De Notre-Dame de Lorette,
Du sérail & de Kouli-kan;
De vers & de géométrie,
D'histoire, de théologie,
De Versailles, de Pétersbourg,
Des conciles, de la marine,
Du conclave, de la tontine,
Et du siège de Philisbourg.
Il partoit pour le nouveau monde,
Mais de fureur je me levai,
Et promptement je me sauvai
Comme il faisoit déjà sa ronde
Dans les plaines du Paraguay.

J'arrive enfin au domicile
Qui, jusqu'au retour du soleil,
Sembloit, au moins, pour mon sommeil
M'assurer un commode asyle;
J'y fus aussitôt infecté
Par l'odeur d'un suif empesté,
Reste expirant de la bougie
Dont avec prodigalité
Toute cette ville ébaubie
Ornoit portail & galerie
En l'honneur de sa sainteté.

Je n'en fus pas quitte pour ce vilain parfum: un nuage de cousins me tint compagnie toute la nuit ; ce qui me rappela fort désagréablement un certain voyage d'Horace, dont la relation vaut un peu mieux que celle-ci.

> Cependant l'aurore vermeille
> Répand ses feux sur l'horizon.
> Je me lève, l'abbé s'éveille,
> J'entends le fouet du postillon ;
> Ce fut pour moi bruit agréable.
> Adieu donc, ville d'Avignon,
> Ville pourtant très-respectable,
> Si, dans tes murs très-curieux,
> Qui va voir faire l'exercice,
> Risquoit moins sa vie ou ses yeux,
> Et qu'un bon ordre de police
> Mît tous les conteurs ennuyeux
> Dans les prisons du saint office.

Rien de plus beau que l'entrée du Comtat par le Languedoc : rien de plus charmant que la sortie d'Avignon par la Provence.

Des deux côtés d'un chemin comparable à ceux du Languedoc, règnent des canaux qui le traversent en mille endroits. La Durance en fournit une partie : les autres viennent de Vaucluse. Le cristal transparent des uns, l'eau trouble des autres, font démêler aisément la différence de leurs sources. De hauts peupliers, semés sans ordre, y défendent du soleil, dont l'ardeur commence à être extrême. On touche à la province du royaume la plus méridionale. La Durance, qu'on passe à Bompar, nous fit entrer insensiblement en Provence.

D'arides chemins, une chaîne de montagnes, des oliviers pour toute verdure : telle est la route qui nous conduisit à Aix, grande & belle ville qui vaut bien un article à part. Nous vous le réservons, madame, pour le second volume de cet ouvrage mémorable.

Ici, finira, en attendant, le bavardage du couple d'anciens voyageurs, qu'un second passage de la Durance fit enfin arriver au terme de leurs courses, au château de M......

C'est de ce brûlant rivage,
Dont l'ardente aridité
Offre le pin pour bocage,
Un désert pour paysage,
Par les torrens humectés :
Lieu où l'oiseau de carnage
Dispute au hibou sauvage
D'un roc la concavité :
Un chêne détruit par l'âge,
Noir théâtre de la rage
De plus d'un vent redouté,
Où l'époux peu respecté
D'une déesse volage,
Forge par maint alliage

Les

Les traits de la déité,
Qui, d'un sourcil irrité,
Etonne, ébranle, ravage
L'univers épouvanté.
Mais laissons ce radotage
De ce lieu très-peu flatté ;
J'ose vous offrir l'hommage
D'un mortel peu dans l'usage
De trahir la vérité.
Si réunir tout suffrage,
Sans l'avoir sollicité :
Si noblesse sans fierté,
Agrément sans étalage,
Raison sans austérité,
Font un unique assemblage ;
Ces traits, votre heureux partage,
Honorent l'humanité.
Hélas ! la naïveté
De ce compliment peu sage,
Doit vous plaire davantage
Qu'un discours plus apprêté,
Dont le brillant verbiage
Manque de réalité.
Si de ma témérité
J'ai cru cacher le langage
Sous l'auspice accrédité
De l'agréable voyage
Qui, par fameux personnages,
Va vous être présenté,
Pardonnez ce badinage,
Voyez mon humilité ;

De l'éclat d'un faux plumage,
Je ne fais point vanité;
La modestie, à mon âge,
N'est commune qualité.

On vous ment sur M.... madame la comtesse. L'auteur, très-véridique d'ailleurs, s'est égayé sur la peinture qu'il fait de lui & de ses états : il vous donne, pour un désert affreux, un séjour aussi beau qu'il soit possible d'en trouver dans un pays de montagnes :

Car nous lisons dans des chroniques,
Qui ne sont pas encore publiques,
Qu'autrefois le bon roi René,
Dans cet asyle fortuné
Faisoit des retraites mystiques.
On voit même un canal fort net,
Où, sans tasse ni gobelet,
Ce roi buvoit l'eau vive & pure,
Dont la fraîcheur & le murmure
L'endormoient dans un cabinet
Formé de fleurs & de verdure :
Et de nos jours une beauté,
Qui n'étoit rien moins que bigotte,
Avec une sœur peu dévote,
Y chercha l'hospitalité.
C'étoit la fugitive Hortense,
Laquelle, nous dit-on ici,
Sur les rives de la Durance,
Ne pourchassoit pas son mari.

Voilà ce que c'est que ce lieu si fort défiguré par son seigneur. Que ne peut-on vous faire connoître aussi, telle qu'elle est, la dame du château ! cette entreprise passe nos forces : Il est difficile de bien louer ce qui est véritablement louable. Peindre madame la marquise de M..... c'est peindre la douceur, la raison, les bienséances & la vertu même.

> Oh, pour cette fois, taisons-nous !
> Dieu vous garde, aimables époux
> Que chacun chérit & révère !
> De notre long itinéraire
> L'ennui retombera sur nous,
> S'il n'a le bonheur de vous plaire.

SECONDE LETTRE

*A M***, le 28 Octobre 1740.*

Imaginez trois voyageurs,
Et qui pourtant ne sont menteurs,
Qu'une voiture délabrée,
Par deux maigres chevaux tirée,
Pendant trois jours a fracassés,
Disloqués, meurtris & versés
Jusqu'à certain lieu plein d'ornières,
Où lesdits chevaux morts de faim,
Malgré mille coups d'étrivières,

Se font arrêtés en chemin,
Nous faisant clairement comprendre
Qu'ils avoient assez voyagé;
Que de nous ils prenoient congé,
Et qu'ils nous prioient de descendre.

Jugez donc, après ce cadeau,
De quel air, sans feu ni manteau,
Par une nuit très-pluvieuse,
Notre troupe, fort peu joyeuse,
Traversant à pied maint côteau,
Au bout d'une route scabreuse,
Parvient enfin jusqu'au château.
Peignez-vous, dans cette aventure,
Trois têtes dont la chevelure,
Distillant l'eau de toutes parts,
Imite assez bien la figure
Des Scamandres & des Saugars.

Voilà, madame, le portrait au naturel d'un marquis fort aimable, d'un sénateur qui ne peut se louer lui-même, parce qu'il tient la plume, & d'un joli cavalier de Saint-Jean de Jérusalem. Nous arrivons; & mon premier soin, dans l'attirail que je viens de vous décrire, est d'obéir à vos ordres. Ma première gazette a eu le bonheur de vous plaire : je vais risquer la seconde, avec l'aide de mes compagnons.

Demain nos muses reposées,
Fraîches, vermeilles & frisées,
Mettront d'accord harpes & lut,
Et vous payeront leur tribut.

24 Octobre 1740.

Nous voici bien éveillés, quoiqu'il ne soit que midi. L'attelier est prêt : nous commençons sans préambule.

Victimes de notre curiosité, nous partîmes le 15 de ce mois. La description de notre équipage paroît propre à être placée dans un ouvrage fait uniquement pour vous amuser.

  Toi qui crayonnes en pastel,
  Viens, accours, muse subalterne;
  Peins-nous partans d'un vieux châtel,
  Plus fiers que gendarmes de Berne!
  Et toi railleur universel,
  Dieu polisson, je me prosterne
  Devant ton agréable autel!
  Ton influence me gouverne :
  Père heureux de la baliverne,
  Prête à ma muse ce vrai sel,
  Dont tu sus enrichir Miguel,
  Et priver tout auteur moderne.

  Tel qu'en sortant de Toboso,
  Le sieur de la Triste-Figure,
  Piquant sans succès sa monture,
  Malgré les conseils de Sancho,
  Courut, suivant son vertigo,
  Aux moulins servir de monture :
  De même, en piteuse voiture,
  Chacun de nous criant, ho, ho,

Bravant & chûte & meurtrissure,
Voulut faire trotter Clio.
Pour moi, trop foible par nature,
J'osai, chétive créature,
Me plaindre autrement qu'*in petto*.
Soit respect de la prélature,
Ou devoir de magistrature,
Nul autre n'osa faire écho.

L'abbé seul perdit l'équilibre :
Mais avant que d'en venir là,
Pour se défendre en homme libre,
Il tendit veine, nerf & fibre ;
Mais sa bête, enfin, l'entraîna.

Nous n'eûmes que la peur de son accident :

Il sut s'en tirer à merveille,
Et troqua son maudit bidet
Contre une bête à longue oreille,
Qui n'est ni lièvre, ni baudet.

Les Espagnols, gens, selon eux, fort sages, estiment infiniment ce genre de monture, & l'abbé pourroit certifier qu'ils n'ont pas tort. Quoi qu'il en soit, l'équipage que je viens de vous détailler, nous conduisit au château de la Tour d'Aigues, monument, dit-on, de l'amour & de la folie.

Le nom seul des deux ouvriers
Ne préviendra pas pour l'ouvrage :
Ce couple n'est pas dans l'usage
De suivre des plans réguliers ;

Et ce seroit sottise pure
De les prendre pour nos maçons,
S'il falloit, par leurs actions,
Juger de leur architecture.

Mais ils ont eu le bon sens de choisir un habile architecte, pour bâtir la maison de la tour. D'autres vous en feroient une brillante description : plus d'un voyageur vous parleroit de l'esplanade qui est au-devant de la principale porte, des fossés profonds, revêtus de pierres, & pleins d'eau vive, dont le château est environné d'une façade estimée des connoisseurs ; enfin, d'une fort belle tour carrée, qui s'élève au-dessus de deux grands corps de logis, & qu'on assure avoir été construite par les Romains.

Ma muse, en rimes relevées,
Pourroit vous tracer dans ses vers,
Des bosquets bravans les hivers
Sur des voûtes fort élevées :
Tels qu'aux dépens de ses sujets,
Jadis une reine amazone
En fit planter à Babylone,
Sur le faîte de son palais.

Laissons ce détail à deux peintres d'architecture & de paysages, ou à des faiseurs de romans : mais vous ne ferez peut-être pas fâchée de savoir à qui la Provence est redevable de ce bâtiment, qui fait une des curiosités de cette province : c'est au baron de Sental. Ce gentilhomme l'avoit destiné pour être l'habitation d'une princesse, dont les aventures ne sont pas ignorées.

>Or ce baron de Sental
>Fut épris d'une héroïne
>Qui lui donna maint rival,
>Voyageant en pélerine,
>Tantôt bien, & tantôt mal ;
>Villageoise ou citadine,
>Promenant son cœur banal,
>De la cour de Catherine,
>A quelqu'endroit moins royal.
>Cette dame de mérite
>Fut la reine Marguerite ;
>Non celle à l'esprit badin,
>Qui des tendres amourettes
>Des moines & des nonnettes,
>A fait un recueil malin,
>Mais sa nièce tant prônée,
>Dont notre bon roi Henri
>Fut, pendant plus d'une année,
>Le très-affligé mari ;
>Et qui, plus qu'une autre femme,
>Porta gravé dans son ame
>Le commandement divin
>De l'amour pour le prochain.

On trouve dans mille endroits du château les chiffres de la reine & du baron, accompagnés de trois mots latins que je vais vous citer en original, pour faire parade d'érudition : *Satiabor, cùm apparuerit.* Si j'osois vous traduire ce latin, vous avoueriez, madame, qu'il dit beaucoup en peu de paroles.

>Au demeurant, la gentille princesse
>Ne vit jamais ce lieu si beau ;
>Et le baron, qui l'attendoit sans cesse,
>En fut pour les frais du château.

En quittant la tour, nous prîmes une route qui nous conduisit dans un pays assez bizarre pour exercer le pinceau d'un voyageur. Au sortir d'un précipice, où nous courûmes une espèce de danger, nous entrâmes dans un chemin resserré entre deux montagnes escarpées. Ce défilé s'élargit dans quelques endroits, & devient alors aussi agréable que le vallon le plus cultivé. On découvre de tems en tems, à travers les ouvertures du rocher, des emplacemens qui ressemblent assez à de grandes cours de vieux châteaux, entourées de hautes murailles.

>Du tems des chevre-pieds cornus,
>Les Sylvains, les Faunes velus,
>Habitoient ce réduit sauvage.
>C'est-là qu'au jour du carnaval,
>Silène & Pan donnoient le bal
>Aux Driades du voisinage.

Ce lieu n'est plus aussi profané : des missionnaires zélés y ont fait graver de toutes parts, sur les arbres & sur les pierres, des passages tirés de l'écriture, & de petites sentences propres à édifier les passans.

Nous nous trouvâmes le soir aux portes d'Apt. Saviez-vous, madame, qu'il y eût une ville d'Apt ? & savez-vous ce que c'est que la ville d'Apt ? Nous serions fort embarrassés de vous le dire.

<blockquote>
Lorsque nous y sommes entrés,
Les cieux n'étoient point éclairés
Par la lune ni les étoiles :
Et quand nous en sommes sortis,
L'aurore & l'époux de Procris
Etoient encore dans les toiles.
</blockquote>

Tout ce que nous pouvons faire en faveur de la ville d'Apt, c'est de la supposer grande, belle, peuplée, riche & bien habitée : car, en bonne politique, il faut vanter les pays où l'on voyage.

Nous arrivâmes, cette même matinée, à Vaucluse. C'est un de ces lieux uniques, où la nature a voulu se singulariser. Il paroît avoir été fait exprès pour la muse de Pétrarque. Ce fameux vallon est terminé par un demi-cercle de rochers d'une prodigieuse élévation, & qu'on diroit avoir été taillés perpendiculairement. Au pied de cette masse énorme de pierres, sous une voûte naturelle, que son obscurité rend effrayante à la vue, sort d'un gouffre dont on n'a jamais trouvé le fond, la rivière appelée la Sorgue. Un amas considérable de rochers forme une chaussée au-devant, mais à plusieurs toises de distance de cette source profonde. L'eau passe ordinairement par des conduits souterreins, du bassin de la fontaine, dans le lit où elle commence son cours ; mais, dans le tems de sa crue, qui arrive, nous dit-on, aux deux équinoxes, elle s'élève impétueusement au-dessus d'une espèce de mole, dont un voyageur géometre auroit mesuré la hauteur.

> Là, parmi des rocs entassés,
> Couverts d'une mousse verdâtre,
> S'élancent des flots courroucés,
> D'une écume blanche & bleuâtre.
> La chûte & le mugissement
> De ces ondes précipitées,
> Des mers par l'orage irritées
> Imitent le frémissement.
> Mais bientôt, moins tumultueuse,
> Et s'adoucissant à nos yeux,
> Cette fontaine merveilleuse
> N'est plus un torrent furieux.
> Le long des campagnes fleuries,
> Sur le sable & sur les cailloux,
> Elle caresse les prairies
> Avec un murmure plus doux.

> Alors elle souffre sans peine
> Que mille différens canaux
> Divisent au loin, dans la plaine,
> Le trésor fécond de ses eaux.
> Son onde toujours épurée,
> Arrosant la terre altérée,
> Va fertiliser les sillons
> De la plus riante contrée
> Que le dieu brillant des saisons,
> Du haut de la voûte asurée,
> Puisse échauffer de ses rayons.

Le chemin qui nous mena du village à la fontaine, est un sentier étroit & pierreux, que la curiosité seule peut rendre praticable. Les pieds délicats de Laure devoient souffrir de cette promenade, & le doux Pétrarque n'avoit pas peu de peine à la soutenir.

> Mais ce sentier, tout escarpé qu'il semble,
> Sans doute amour l'adoucissoit pour eux;
> Car nul chemin ne paroît raboteux
> A deux amans qui voyagent ensemble.

Après avoir assez examiné la fontaine, nous livrâmes le chevalier & l'abbé à la merci de notre guide. Nous avions aperçu une grotte dans un angle de la montage : nous crûmes que les deux héros de Vaucluse pourroient bien y avoir laissé quelque trace de leurs amours. Depuis l'aventure d'Enée & de Didon, toutes les grottes sont suspectes. Celle-ci, disions-nous, a peut-être rendu le même service à Laure & à Pétrarque. Au moins y trouverons-nous quelque chanson ou quelque sonnet : le bon homme en mettoit par-tout. En faisant ces réflexions, nous parvînmes, non sans peine, à l'entrée de la caverne. Nous y entrevîmes aussitôt une figure humaine, qui s'avançoit gravement vers nous,

> La barbe longue, la peau bise,
> Un gros volume dans les mains,
> Une mandille noire & grise,
> Et le cordon autour des reins.
> C'est, dîmes-nous, un solitaire
> Qui pleure ici ses vieux péchés :
> Bon jour, notre révérend père !
> Vous voyez dans votre tanière
> Deux étrangers qui sont fâchés
> D'interrompre votre prière.
> Qu'est-ce donc, insolens ? Eh quoi !
> Est-ce ainsi qu'on me rend visite ?
> Osez-vous, sans pâlir d'effroi,
> Prendre pour un coquin d'hermite,
> Un personnage tel que moi ?
> Je suis . . . .

Nous avions oublié, madame, de vous demander un profond secret sur cette histoire : on nous traiteroit de visionnaires. Nous vivons dans un siècle d'incrédulité, où les apparitions ne font pas fortune : cependant, foi de voyageurs, rien n'est plus vrai que celle-ci.

> Je suis, nous dit d'un air rigide,
> Ce vieillard au maigre menton,
> Le contemporain de Caton,
> Des Gaulois l'oracle & le guide,
> Le grand prêtre de ce canton;
> Pour tout dire, enfin, un Druide.
> Vous un Druide, monseigneur!
> Reprîmes-nous avec grand peur.

Ne soyez plus scandalisée, madame, de ce mouvement de crainte : l'idée seule de rencontrer des Druides dans la forêt de Marseille, fit trembler l'armée de César.

> Ne vous mettez pas en colère,
> Illustre évêque des Gaulois,
> Que votre grandeur débonnaire
> Nous pardonne pour cette fois!
> Demeurez en santé parfaite
> Dans votre lugubre retraite;
> Nous n'y retournerons jamais :
> Et n'allez pas vous mettre en tête
> De nous réserver pour la fête
> De votre vilain Teutatès.

> Le pontife se mit à rire :
> Allez, je ne suis pas méchant;
> Je connois ce qui vous attire,
> Et vous aurez contentement.

Vous saurez, sans passer la barque,
Où l'on entre privé du jour,
Comment Laure & son cher Pétrarque,
Dans ce délicieux séjour,
Plus contens que reine & monarque,
A petit bruit faisoient l'amour.

Ses promesses ne furent vaines ;
Il fit un cercle, il y tourna.
Par trois fois l'olympe tonna ;
Le rocher entr'ouvrit ses veines ;
Et par des routes souterraines,
Un tourbillon nous entraîna.

Cette opération magique nous conduisit au plus beau lieu que l'imagination puisse se figurer. Une Nymphe, avertie sans doute par le signal, vint nous recevoir.

Teint frais, œil vif, bouche vermeille,
Un bouquet de fleurs sur le sein,
Chapeau de paille sur l'oreille,
Et tambour de basque à la main.

Venez, dit-elle : cet asyle,
Que vous n'habiterez jamais,
N'eut, dans son enceinte tranquille,
Qu'un seul couple d'amans parfaits.
Toujours heureux, toujours fidèles,
Laure & Pétrarque dans ces lieux,
Dans leurs caresses mutuelles
Ont fait cent fois envie aux dieux,

Mais déjà votre ame est émue
De l'image de leurs plaisirs :
L'amour exauça leurs desirs
Par-tout où s'étend votre vue.
Tantôt au pied de ce côteau,
Près de ces ondes qui jaillissent :
Souvent sous cet épais berceau
Que ces orangers embellissent ;
Ici, quand le flambeau du jour
De ses feux brûloit la verdure :
Plus loin, quand la nuit, à son tour,
Venoit rafraîchir la nature.
Lisez en caractères d'or,
Sur ces portiques, sur ces marbres,
Ces vers plus expressifs encor
Que ceux qu'Angélique & Médor
Gravoient ensemble sur les arbres.

Eh quoi ! dîmes-nous avec surprise, sont-ce-là ces chastes amours dont le poëte Italien nous berce dans ses sonnets & dans ses chansons ?

Et que deviendra la morale
Que, dans ses triomphes pieux,
Sa muse, en vers religieux,
Avec emphase nous étale !

Elle est toujours bonne pour la théorie, repliqua notre conductrice ; d'ailleurs il y a plus de quatre cents ans que Pétrarque & Laure s'aimoient.

C'étoit alors la mode de se taire :

Un indiscret n'auroit pas été cru;
Et dans ce siècle, le mystère
Passoit hautement pour vertu.
On évitoit les mouvemens extrêmes,
Les vains discours, les éclats imprudens.
Pour amis & pour confidens,
Deux jeunes cœurs n'avoient alors qu'eux-mêmes.
Pétrarque, enfin, savoit jouir tout bas:
Favorisé sans le faire connoître,
Et d'autant plus heureux de l'être,
Qu'on croyoit qu'il ne l'étoit pas.

Faites votre profit de cela, continua-t-elle, s'il en est encore tems. Adieu; pour des mortels vous avez eu une assez longue audience d'une Nymphe: retournez rejoindre vos camarades, & ne dites au moins que ce que vous avez vu. A ces mots nous fûmes enveloppés d'un nuage qui nous reporta d'un clin d'œil à Vaucluse. Nous remontâmes à cheval. Notre voyage dans les plaines du Comtat, ne fut, de notre part, qu'un cri d'admiration. Les canaux tirés de la Sorgue, nous suivoient partout, & nous répétions continuellement comme en chœur d'opéra:

Lieux tranquilles, ondes chéries,
Nymphe aimable, flots argentés!
Ranimez l'émail des prairies
Fontaine! vos rives fleuries,

> Ces arbres sans cesse humectés,
> Séjour des oiseaux enchantés,
> Nous rappellent les bergeries,
> Lieux autrefois si fréquentés,
> Et dont les touchantes beautés
> Ne sont plus qu'en nos rêveries.

Nous aurions voulu nous arrêter à Lille, le tems ne nous le permit pas. Nous eûmes cependant le loisir d'en considérer la délicieuse situation. C'est un terroir que la nature & le travail se disputent l'honneur d'embellir. La Sorgue, qui dans tout son cours ne perd jamais sa couleur ni sa pureté, enveloppe entièrement la ville de ses eaux.

> C'est, dit-on, dans ses murs célèbres,
> Que le malin fut autrefois
> Faire glisser dans le harnois
> D'un poëte entendant ténèbres,
> D'un fol amour le feu grégeois.

C'est en effet à Lille que Pétrarque vit, pour la première fois, à l'office du vendredi saint, l'héroïne que ses vers ont rendu immortelle : nous sommes même persuadés que la beauté du pays a eu autant de part à ses retours fréquens, que la constance de sa passion. On ne peut rien imaginer de plus séduisant que cette partie du Comtat : des champs fertiles, plantés comme des vergers, des eaux transparentes, des chemins bordés d'arbres :

> Tel fut sans doute, ou peu s'en-faut,
> Le lieu que la main du très-haut
> Orna pour notre premier père;
> Jardin, où notre chaste mère,
> Par le diable prise en défaut,
> Trahit son époux débonnaire;
> Par quoi ce doyen des maris
> Vit ses jours doublement maudits,
> Et murmura, dit-on, dans l'ame,
> D'être chassé du paradis,
> Sans y pouvoir laisser sa femme.

Nous fûmes coucher à Cavaillon, & nous y arrivâmes assez de bonne heure pour pouvoir parcourir les promenades & les dehors de la ville, qui sont agréablement ornés. Le lendemain il fallut nous résoudre à quitter cet admirable pays : nous en sortîmes en passant la Durance, & ce fut en mettant le pied dans le bateau, qu'un de nous entonna pour les autres :

> Adieu, plaines du Comtat,
> Beaux lieux que la Sorgue arrose;
> Adieu : mille fois béat
> Ce mortel qui se repose
> Dans votre charmant état !
> Loin de l'orgueilleux éclat

Qui souvent aux sots impose;
Loin de la métamorphose
Du fermier & du prélat,
Tout est soumis à sa glose,
Hors le bon vice-légat
Qu'il doit respecter pour cause.

Le soleil couchant nous vit arriver à Aix. Il y eut, ce jour-là, deux entrées remarquables dans cette ville; celle d'un cardinal, & la nôtre. Vous jugez bien, après la peinture du départ de M..., qu'il y avoit de la différence entre nos équipages, & ceux de l'éminence. M. le cardinal d'Auvergne venoit de faire un pape, & nous, de rendre visite aux Druides & aux Nymphes. Un quart d'heure de grotte enchantée vaut bien six mois de conclave. Quoi qu'il en soit, le même instant nous rassembla tous à Aix : nous y entrâmes par ce cours si renommé,

Que les balcons & portiques
De vingt hôtels magnifiques
Ornent en divers endroits.
Ces lieux, dit-on, autrefois
Etoient vraiment spécifiques
Pour rendre plus prolifiques
Les moitiés de maints bourgeois :
Mais, maintenant moins Gaulois,
Ils savent mieux les rubriques :
Et les maris pacifiques
Reçoivent l'ami courtois
Dans les foyers domestiques.

Quelques arbres inégaux,
Force bancs, quatre fontaines,
Décorent ce long enclos
Où gens qui ne font pas fots,
De nouvelles incertaines,
Vont amufer leur repos.

Voilà une affez mauvaife plaifanterie, que nous vous livrons pour ce qu'elle vaut. A parler vrai, la capitale de la Provence eft également au-deffus de la critique & de la louange. Nous l'avons vue dans un tems où les campagnes font peuplées aux dépens des villes : mais nous avons jugé de ce qu'elle doit être, par la maifon de M. & de madame de T..... qui occupent les premières places de la province, & qui font faits l'un & l'autre pour les remplir au gré des citoyens & des étrangers.

Le ciel, de plus, mit un effaim de belles
Dedans ces murs qu'on ne peut trop vanter :
Si Dieu les fit, ou tendres, ou cruelles,
Sur ce point-là je ne puis vous citer
Difcours, chanfons, chroniques, ni nouvelles;
Fors que pourtant je dois vous attefter,
Sur le récit de maint auteurs fidèles,
Que point ne faut féjourner avec elles,
Si l'on ne veut long-tems les regretter.

Auffi, madame, prîmes-nous notre parti en

gens de précaution : nous ne demeurâmes que deux jours & demi à Aix.

Nous voici enfin à Marseille. C'est une de ces villes dont on ne dit rien pour en avoir trop à dire. Elle ne ressemble point aux autres villes du royaume. Sa beauté lui est particulière. Ses dehors même & ses environs ne sont pas moins singuliers : c'est un nombre infini de petites maisons qui n'ont, à la vérité, ni cour, ni bois, ni jardin, mais qui composent, en total, le coup-d'œil le plus riant qu'il y ait peut-être au monde. Que l'aspect de ce port est frappant !

>Telles jadis, en souveraines,
>Occupoient le trône des mers,
>Cartage & Tyr, puissantes reines
>Du commerce & de l'univers.
>Marseille, leur digne rivale,
>De toutes parts, à chaque instant,
>Reçoit les tributs du couchant
>Et de la rive orientale.
>Vous y voyez, soir & matin,
>Le Hollandois, le Levantin,
>L'Anglois sortant de ces demeures
>Où le laboureur, l'artisan
>N'ont jamais vu, pendant trois heures,
>Le soleil pur quatre fois l'an ;
>Le Lapon qui naît dans la neige,
>Le Moscovite, le Suédois,
>Et l'habitant de la Norwege,
>Qui souffle toujours dans ses doigts.

Là, tout esprit qui veut s'instruire,
Prend de nouvelles notions.
D'un coup d'œil, on voit, on admire,
Sous ce millier de pavillons,
Royaume, république, empire ;
Et l'on diroit qu'on y respire
L'air de toutes les nations.

M. d'H...., intendant des galères, chez qui nous dînâmes le lendemain de notre arrivée, nous fit voir, dans le plus grand détail, les parties les plus curieuses de l'arsenal. La salle d'armes est fort belle ; ce sont deux grandes galeries qui se coupent en croix. Les murailles en sont revêtues d'espaliers de fusils & de mousquetons. D'espace en espace s'élèvent avec symétrie des pyramides de sabres, d'épées, de bayonnettes d'une blancheur éblouissante. Les plafonds sont décorés, d'un bout à l'autre, de soleils composés de même, c'est-à-dire, de rayons de fer. On a mis, aux extrémités de la salle, de grands trophées de tambours, de drapeaux & d'étendards, qui paroissent gardés par des représentations de soldats armés de toutes pièces.

Ces lieux où reposent les dards
Que la mort fournit à la gloire,
Offrent ensemble à nos regards
L'horrible magasin de Mars,
Et le temple de la Victoire.

Après le dîner, M. d'H...., dont on ne peut trop louer l'esprit, le goût & la politesse, nous prêta sa chaloupe pour aller au château d'If, qui est à une lieue en mer. Les voyageurs veulent tout voir.

>Nous fûmes donc au château d'If:
>C'est un lieu peu recréatif,
>Défendu par le fer oisif
>De plus d'un soldat maladif,
>Qui, de guerrier jadis actif,
>Est devenu garde passif.
>Sur ce roc taillé dans le vif,
>Par bon ordre on retient captif,
>Dans l'enceinte d'un mur massif,
>Esprit libertin, cœur rétif
>Au salutaire correctif
>D'un parent peu persuasif.
>Le pauvre prisonnier pensif,
>A la triste lueur du suif,
>Jouit, pour seul soporatif,
>Du murmure non lénitif,
>Dont l'élément rébarbatif
>Frappe son organe attentif.
>Or, pour être mémoratif
>De ce domicile afflictif,
>Je jurai, d'un ton expressif,
>De vous le peindre en rime en if.
>Ce fait, du roc désolatif
>Nous sortîmes d'un pas hâtif,
>Et rentrâmes dans notre esquif,
>En répétant d'un ton plaintif:
>Dieu nous garde du château d'If!

Nous regagnâmes le port à l'entrée de la nuit, fort satisfaits, si ce n'étoit du château d'If, au moins de notre promenade sur mer.

C'est ici que l'abbé nous quitta. Nous devions partir pour Toulon avant le jour, & lui pour la petite ville de Sallon, où il a dû présenter son offrande & la nôtre au tombeau de Nostradamus. Il y eut de l'attendrissement dans notre séparation.

> Adieu, disions-nous sans cesse,
> Ami sincère & flatteur,
> Héros de délicatesse,
> Dont le liant enchanteur
> Fait badiner la sagesse,
> Fait raisonner la jeunesse,
> Et parle toujours au cœur.

Cependant nous essuyâmes nos larmes : il alla se coucher, & nous allâmes passer la nuit à table, chez le chevalier de C...

La route de Marseille à Toulon n'auroit rien de distingué, sans le fameux village d'Ollioules. Ce fut là,

> Comme cent plumes l'ont écrit,
> Que la pénitente aux stigmates,
> Régala les nonnains béates
> Des beaux miracles qu'elle apprit.
> Dans ce métier qui fut son maître ?
> Point n'importe de le connoître :

Quant à ce pauvre directeur,
Qu'on menaçoit de la brûlure,
Hélas! il n'eut jamais l'allure
D'un sorcier ni d'un enchanteur.

Quelques accidens de voyages nous empêchèrent d'arriver de bonne heure à Toulon. Le lendemain, notre premier soin fut d'aller visiter le parc.

Neptune a bâti sur ces rives
Le plus beau de tous ses palais;
Et ce dieu l'a construit exprès
Pour son trésor & ses archives.

On y voit encore le trident
Dont il frappa l'onde étonnée,
Alors que l'aquilon bruyant
Et sa cohorte mutinée
Firent, sans son consentement,
Larmoyer le pieux Enée.

Mais ce qui plus nous étonna,
C'est qu'on y voit les étrivières
Dont il châtia les rivières,
Quand Garonne se révolta;
Fait que l'on ne connoissoit guères,
Lorsque Chapelle l'attesta.

Notre pégase est un peu foible pour vous transporter dans ce magnifique arsenal: l'air de la mer appesantit ses ailes.

Le port de Toulon est entièrement fait de main

d'homme : la rade est, dit-on, la plus belle & la plus sûre de l'univers. L'immense étendue des magasins, & l'ordre qui y est observé étonnent & touchent d'admiration. La corderie seule, qui est un bâtiment sur trois rangs de voûtes, a ... toises de long. Vous nous en croirez aisément, si, après tant de merveilles, nous vous disons que le roi paroît plus grand là qu'à Versailles.

Le jour suivant, nous fûmes nous rassasier du coup-d'œil ravissant des côtes d'Hyères. Il n'est pas de climat plus riant, ni de terroir plus fécond : ce ne sont par-tout que des citroniers & des orangers en pleine terre.

> Le grand enclos des Hespérides
> Présentoit moins de pommes d'or
> Aux regards des larrons avides
> De leur éblouissant trésor.
> Vertumne, Pomòne, Zéphire,
> Avec Flore y regnent toujours :
> C'est l'asyle de leurs amours,
> Et le trône de leur empire.

Nous apprîmes à Hières, car on s'instruit en voyageant, l'effet que produisent dans l'air les caresses du dieu des zéphirs, & de la déesse des jardins. Vous savez, madame, qu'en approchant du pays des orangers, on respire de loin le parfum que répand la fleur de ces arbres. Un Cartésien attribueroit peut-être cette vapeur odoriférante au ressort de l'air; & un Newtonien ne manqueroit pas d'en faire honneur à l'attraction. Ce n'est rien de tout cela :

> Quand, par la fraîcheur du matin,
> La jeune Flore réveillée
> Reçoit Zéphire sur son sein,
> Sous les branches & la feuillée
> De l'oranger & du jasmin,
> Milles roses s'épanouissent;
> Les gazons plus frais reverdissent :
> Tout se ranime; & chaque fleur,
> Par ces tendres amans foulée,
> De sa tige renouvelée
> Exhale une plus douce odeur.
> Autour d'eux voltige avec grace
> Un essaim de zéphirs légers :
> L'amour les suit, & s'embarrasse
> Dans les feuilles des orangers.
> Zéphire, d'une ame enflammée,
> Couvre son amante pâmée
> De ses baisers audacieux :
> Leur couche en est plus parfumée;
> Et dans cet instant précieux,
> Toute la plaine est embaumée
> De leurs transports délicieux.

Le lever de l'aurore & le coucher du soleil sont ordinairement accompagnés de ces douces exhalaisons. Les jardins d'Hières ne sont pas moins utiles qu'agréables. Il y en a un, entr'autres, qu'on dit valoir communément, en fleurs & en fruits, jusqu'à vingt mille livres de rentes, pourvu que les brouillards ne s'en mêlent pas.

Nous revînmes coucher le même jour à Toulon; le lendemain nous préparoit un spectacle admirable. Nous allâmes, dès le matin, dans le parc, pour voir lancer à la mer un vaisseau de guerre de quatre-vingt pièces de canon. Cette masse terrible n'étoit plus soutenue que par quelques pièces de bois, qu'on nomme en terme de marine, épontilles. On les ôte successivement : elle porte enfin, sur son propre poids, dans un lit de madriers enduits de graisse : un homme alors, fort leste, abat un pieu qui retient encore le navire.

Au bruit des cris perçans qui s'élèvent dans l'air,
La machine s'ébranle, & fond comme l'éclair,
Tout s'éloigne, tout fuit : de sa route enflammée,
Le matelot tremblant respire la fumée.
Le rivage affaissé semble rentrer sous l'eau;
L'onde obéit au poids du rapide vaisseau.
La mer, en frémissant, lui cède le passage;
Il vole, & sur les flots que sa chûte partage,
De ses liens rompus dispersant les débris,
S'empare fièrement des gouffres de Thétis.
Ainsi, quand sur les pas d'un héros intrépide,
La Grece menaçoit les bords de la Colchide,
Des arbres de Dodone entraînés sur les mers,
L'assemblage effrayant étonna l'univers.

De ses antres obscurs en vain l'affreux Borée
Accourut en furie au secours de Nerée :
Le vaisseau, fier vainqueur & des vents & des flots,
Accoutuma Neptune au joug des matelots.

Après cela, madame, quelque part qu'on soit, il faut fermer les yeux sur tout le reste, & partir; c'est ce que nous fîmes sur le champ, quoiqu'avec regret. Nous quittions M. le chevalier de M..., non pas notre compagnon de voyage, mais son frère aîné, jeune marin de vingt-trois ans, qui joint à beaucoup de savoir & d'expérience dans son métier, le caractère le plus doux & le plus aimable. Il avoit été pendant trois jours notre patron. Je me disposois à vous ébaucher son portrait; deux importuns qui se croient en droit de faire les honneurs de sa modestie, parce qu'ils sont ses frères, m'arrachent la plume des mains.

Heureusement pour vous, madame, nous n'avons plus rien à conter. Nous partons de M... mardi prochain. J'aurai l'honneur de vous assurer moi-même, dans peu de jours, de mon très-humble respect, & de vous présenter

Un mortel qui de vos suffrages
Depuis long-tems connoît le prix;
Le compagnon de mes voyages,
Et l'apollon de mes écrits.

Je suis, &c.

Vous avez cru la besogne finie :
Voici pourtant une apostille en bref;
Ou bien en long, dont j'ai l'ame marrie.
Si, par hasard, quelque méchant génie
Vous déroboit ce fruit de notre chef,
Pour lui causer en public avanie,
Ce qui pourroit nous porter grand méchef,
Avertissons tout lecteur débonnaire
Que ce n'est pas voyage de long cours,
Et qu'en dépit du censeur très-sévère,
Qui ne comptoit ni quarts d'heures, ni jours,
Très-fort le tems importe à notre affaire.

Fin du Voyage de Languedoc.

VOYAGE

VOYAGE
DE BOURGOGNE,
PAR M. BERTIN.

VOYAGE
DE BOURGOGNE,
*A M***.*

A toi, mon camarade au Parnasse, à Cythère,
 A Versailles, comme à Paris,
Camarade enrôlé sous la triple bannière
 Du Dieu qui verse la lumière
 Et de Bellonne & de Cypris.
 A toi, galant missionnaire,
Libertin envoyé, par notre aimable cour,
Chez les bons habitans d'une rive étrangère,
 Pour les convertir à l'amour,
 Pour leur prêcher la bonne chère,
 Et leur apprendre, quelque jour,
L'art de jouir, qu'ils ne connoissoient guère.

A bord d'un gros vaisseau, qu'on nomme *le Volant*,
Qui cingle vers Melun, ou les côtes d'Auxerre,
Au fond d'un antre obscur, qu'un seul rayon éclaire,

La gaîté sur le front, & l'œil étincellant,
Je vais de tes amis tracer l'itinéraire :
Commençons par tremper notre plume légère
Dans les flots écumeux d'un nectar pétillant.

Nous avons appareillé aujourd'hui 15 Septembre 1774, de la Rade du Port Saint-Paul, ton frère, la G... & moi. Nous avons avec nous le nègre Lazare, fripon suivant l'armée. Nous faisons route vers la Bourgogne, où le plaisir de la chasse nous appelle : je ne sais si la traversée sera longue, mais il vente bon frais.

Les zéphirs ont enflé nos voiles frémissantes,
La rive fuit à nos regards ;
Le vaisseau vole & fend les ondes écumantes,
Et déjà de Paris décroissent les remparts.

Si nous les perdons de vue, nous en sommes bien dédommagés par le spectacle charmant des bords de la Seine. Je ne connois point de plus agréable paysage, & si j'avois mes crayons, je ne manquerois pas de le dessiner.

Là, c'est un fertile côteau,
Baigné des premiers pleurs de la naissante aurore,
Où d'énormes raisins, que la pourpre colore,
Font ployer mollement le flexible rameau ;
Là, des arbres taillés, là des bois sans culture :
Ici, le sommet d'un château ;
Plus loin, le toit fumeux d'une cabane obscure,

Defcendent fur les flots fe peindre en miniature ;
Et fur les bords de ce tableau
Toujours mouvant, toujours nouveau,
Que déroule à mesyeux la fuperbe nature,
J'apperçois encore un troupeau
Broutant les fleurs & la verdure,
Tandis que fon berger, penché vers l'onde pure,
S'abreuve, à deux genoux, dans le creux d'un chapeau.

Il faut, mon cher ami, que je te donne une idée de la cage où nous fommes enfermés. L'autre pont eft occupé par des moines, des catins, des foldats, des nourrices & des payfans; & je crois être à bord de ces navires chargés d'animaux pour Saint-Domingue, ou pour la Louifiane. Le tillac eft embarraffé de cordages, & d'ailleurs le temps ne nous permet pas de nous y promener. On n'a pour reffource que fix efpèces de cahutes enviées & follicitées comme un gros bénéfice : graces à nos cocardes, nous en avons obtenu une en dépit d'un tapageur, curé de fon métier, qui l'affiégeoit depuis matines; nous y avons donné l'hofpitalité à deux femmes, l'une vieille, l'autre affez jeune. Celle-ci eft efcortée d'un homme qui eft à coup sûr fon amant ou fon mari : je ne peux pas encore prononcer. Ceci, par exemple, mérite bien d'être écrit à cinq mille lieues; car il eft rare de ne pas diftinguer ces animaux-là du premier coup d'œil. Jufqu'à préfent, ces dames ne nous ont rien fourni d'intéressant. Donnons-leur le temps de se reconnoître; nous y reviendrons si elles en méritent la peine. J'abandonne la plume, pour observer encore mon modèle, & pour mieux assortir les couleurs qui seront nécessairement bizarées dans la copie, comme elles le sont dans l'original.

Le vent est toujours nord-ouest. Il paroît décidé que le jeune dieu de Délos ne nous montrera pas aujourd'hui sa blonde chevelure. Plus amoureux qu'à l'ordinaire, il ne veut pas encore abandonner le lit de Thétis. J'en fais mon compliment à la belle déesse, & ne puis pas me résoudre à gronder son amant : à sa place j'en ferois tout autant. Cependant il fait froid, & il tombe de temps en temps une pluie très-fine, qui m'a obligé deux fois de descendre du gaillard, pour me replonger dans la cabane. Le soleil ne paroissant pas, nous n'avons point pu prendre hauteur. Sur les neuf heures, nous eûmes connoissance de Choisy.

Sous ces ombrages solitaires,
Au fond de ces bosquets fleuris,
Qu'a souvent quittés & repris
L'essaim des voluptés légères,
On voit encore quelques débris
Du temple où l'on sait, dans Paris,
Qu'autrefois la belle Cypris
Eut ses trépieds & ses mystères.
C'est-là, qu'entouré des amours

Dont il fut l'apôtre fidèle,
Le deffervant de la Chapelle,
Gentil Bernard, dans fes beaux jours,
Inftruifoit, dit-on, fa bergère,
Mettoit l'art d'Ovide en chanfons,
Et le foir, couronné de lierre,
Etoit payé de fes leçons
Dans les bras de fon écolière.

Nous fûmes tentés de vifiter les ruines du temple, & d'y faire un petit pélérinage; mais il s'éleva tout-à-coup un vent de terre, qui repouffa notre vaiffeau au large. Nous déjeûnâmes, en fuyant de Choify, avec des tartelettes, que les naturels du pays apportèrent à bord : nous y joignîmes de beaux raifins colorés, d'excellentes poires de Crezanne, & une bouteille de mon vieux vin de Sainte-Marie.

Le mauvais temps continue : nous fommes raffemblés dans la cabane. Ton frère lit la confeffion charmante du comte de.... la G...., le roman comique; & moi, je te griffonne, comme je puis, fur mes genoux, cette épître, interrompue fouvent par les chanfons à boire de quelques compagnons ivrognes. La plus jeune de nos femmes ouvre fes grands yeux noirs pour me voir écrire, & me prend fans doute pour le diable qui, chemin faifant, ajoute un nouveau chapitre à fon grimoire. L'autre eft occupée, depuis deux heures, à effuyer & à vanter, sans qu'on l'écoute, certain tableau poudreux, dont elle doit décorer son salon de campagne, & qui représente à peu près une bergère dans un bocage. Pour l'empêcher de tarir sur les éloges, nous lui avons persuadé, en notre qualité de connoisseurs, que la tête étoit de Rubens; la gorge, du Carrage; les bras, de Michel-Ange; & les draperies, de Scipion l'Africain.

Tu ris, peut-être, mon cher ami, de voir ainsi les jeunes disciples de Chaulieu, avides de tout voir & de tout connoître, quitter cette agréable maison du marais, s'arracher à leur doux train de vie, & choisissant de préférence l'équipage de Scuderi, se faire un amusement de ce qui feroit le supplice des autres hommes. Que nous voudrions te posséder ici ! toi, qu'un destin jaloux promène sur les mers, aimable successeur d'Ovide, exilé comme lui parmi les Gêtes. Que nous regrettons ta gaîté sage, ta douce philosophie, nos disputes sur le sel attique, qui n'en étoient pas dépourvues, & le plaisir que nous goûtions à t'entendre, lorsqu'assis à table parmi nous, les portes fermées, & le front couronné de roses,

> Tu chantois tour-à-tour
> L'art d'aimer, l'art de plaire,
> Et Corine & Glycère,
> Et le vin & l'amour !

Je jette un coup d'œil dans l'entrepont : j'apperçois, à la même place, le même moine buvant avec la même ardeur, mais non pas de la même bouteille. Son cerveau me paroît déjà bien offusqué de la vapeur des raisins d'Orléans. Le Célestin n'avoit pas besoin de cette seconde enveloppe; son ame avoit assez de peine à percer le crâne dur & rond dont elle est encroûtée. Les laquais jouent, les mariniers jurent, & le célestin boit encore.

Sur les deux heures après-midi, nous doublâmes le Cap de Corbeil, nous vîmes en passant, à l'aide des lunettes, les superbes magasins où l'on entassoit ci-devant les grains mouillés & mélangés, pour la commodité du public. Cet aspect nous rappela naturellement les petites provisions que nous avions faites. Le conseil s'assembla, & il fut décidé que nous dînerions : je suis bien aise de te dire que ce point fut discuté avec la même importance, que lorsqu'il s'agit dans un coup de vent de relâcher à Rio-janeiro.

> Une planche sur nos genoux,
> Voilà notre table dressée :
> Par-dessus, la feuille de choux
> Tient lieu de nappe damassée.
> D'abord, un énorme pâté
> Présente ses flancs redoutables,
> Bien & dûment empaqueté
> Dans un long discours sur les fables,

Et dans l'ode à sa majesté.
Ce pâté fut cuit par Lesage,
Par ce pâtissier si vanté,
Dont le beau nom sera chanté
Par les gourmands du dernier âge,
Si mes rimes ont l'avantage
D'aller à l'immortalité.
A mes yeux, cependant, Lazare le découvre,
L'honneur du premier coup est long-tems disputé;
Mais P..... s'en saisit : d'un bras précipité,
Sous son acier tranchant, il le presse, l'entr'ouvre,
Et voilà, par la brèche, un fauxbourg emporté.
Aussitôt nous crions : victoire !
Les fronts rayonnent de gaîté;
Et pour célébrer notre gloire,
On fait jaillir les flots d'un nectar velouté,
Qu'aux pressoirs d'Haut-Brion l'on foule exprès pour boire,
A l'ouverture d'un pâté.
Déjà d'un œil avide, on sonde, l'on regarde :
Cher ami, quel plaisir nouveau !
Là, disparoît une poularde
Sous deux couches de godiveau;
Ici, le timide perdreau
Se tapit, par instinct, sous sa coiffe de barde,
Pour éviter encore, ou tromper le couteau.

Mais rien n'échappe à notre appétit indomptable. Dépourvus de fourchettes, je m'imagine qu'on auroit pu très-plaisamment nous peindre, pressant du pouce une cuisse ou une aîle de poulet sur un morceau de pain, taillé en forme d'assiette.

Nos spectateurs devoient bien s'amuser de notre figure; nous ne pensions certainement point à eux; le pâté nous occupoit trop sérieusement.

>La garniture est dévorée,
>   On fouille dans tous ses recoins;
>On mine les contours de sa croûte dorée.
>Si l'on a beaucoup bu, l'on n'a pas mangé moins.
>Enfin, j'entends gémir la cloison qui chancelle;
>   Les murs épais sont renversés,
>   Les débris tombent dispersés.
>L'édifice s'écroule : ô disgrace mortelle !
>Nos jeux & nos plaisirs, avec lui sont passés.

Comme je finis cet article de mon journal, j'apprends qu'il est aussi question d'un pâté dans le voyage de Chapelle & de Bachaumont, que je n'ai point lu depuis long-temps. Je suis bien persuadé que leurs vers valent mieux que les miens; mais je doute fort que leur pâté fût aussi bon que le nôtre; & voilà précisément ce dont je suis très-jaloux. L'essentiel est d'en avoir un cuit par Lesage, de le manger avec appétit, & de le digérer insolemment : après cela,

>Le vers, pour l'exprimer, arrive comme il peut.

Depuis trois heures les vents ont changé, & les nuages se sont dissipés : je ne croyois pas que le soir d'un jour aussi triste dût être aussi beau.

> Déjà, dans nos riches campagnes,
> Tous les objets sont ranimés;
> Le soleil dore les montagnes,
> Et brise dans les flots ses rayons enflammés.
> Plein d'une ardeur impatiente,
> Ce dieu, glacé par les frimats,
> Va, dans les bras de son amante,
> Réchauffer jusqu'au jour ses membres délicats.
> Secouant leur crinière humide,
> Ses dociles coursiers, par sa voix avertis,
> S'élancent, &, d'un pas rapide,
> Précipitent son char au palais de Thétis.

A propos de coursiers, j'ai oublié de te dire que nous en avions quatre assez vigoureux pour nous traîner. Ils tirent le long du rivage une corde attachée au grand mât; & ce sont-là nos vents les plus favorables. La galiote prend ordinairement ses zéphirs dans le Limousin; cette manœuvre grotesque m'offre de tems en tems un spectacle digne du pinceau de Vernet. Les chevaux s'arrêtent quelquefois, la corde traîne & disparoît sous les flots; qu'un coup de fouet alors sillonne leurs flans poudreux & les remette au grand trôt, la corde vole & court sur l'onde jaillissante, comme le feu sur une traînée de poudre; & vous la voyez se tendre en frémissant. Cette peinture est d'une grande vérité ; & je voudrois bien que le tems me permît de la mettre en vers aussi exacts que la prose peut l'être ; mais j'en suis détourné par un objet plus riant & plus facile.

>Un essaim léger d'hirondelles
>Rasant la surface de l'eau,
>L'effleure obliquement du sommet de ses aîles,
>Se relève & s'envole aux branches d'un ormeau.
>Aux beaux jours du printems, sous son feuillage antique,
>Ce rendez-vous fut indiqué;
>On vient tenir, au jour marqué,
>Les états de la république.
>On décide que les frimats
>Ne tarderons pas à paroître.
>La peuplade s'exile en de plus doux climats,
>Et quitte, en gémissant, les champs qui l'ont vu naître
>Vers les sables brûlans, où s'impriment tes pas,
>Ami, l'oiseau prudent s'envolera peut-être;
>Il verra ce beau ciel, ces vallons fortunés,
>De pêches, de citrons, en tout tems couronnés.
>Toi-même, il te verra, sous un palmier sauvage,
>Laissant couler pour moi les plus aimables vers.
>Il te verroit dans son passage!....
>Mon cœur est agité de mouvemens divers;
>Je le suis encore dans les airs,
>Et voudrois être du voyage.

Le reste de la soirée ne nous offrit rien d'intéressant. Nous nous promenâmes sur le tillac jusqu'au souper, qui fut assez frugal, parce que nous étions bourrelés de remords d'estomac. Vers minuit nous essayâmes de dormir, mais cela nous fut impossible. Nuit affreuse, nuit épouvantable, qui me donnera des pinceaux pour te peindre des plus noires couleurs? Les hommes & les femmes pêle-mêle sur des bans dans l'entrepont, les dragons jurant & buvant tour-à-tour, & entremêlant pieusement les Pseaumes de David aux cantiques de Grécourt. Morphée n'a répandu ses pavots que sur les ivrognes, il a dédaigné la cabane des honnêtes-gens; & puis, dites en beaux vers bucoliques, que ce dieu descend dans les cabanes, escorté des songes aimables, & de l'oubli plus aimable encore de nos peines & de nos ennuis. Enfin, sur les quatre heures du matin, on crie: Terre, sur l'avant.

 O toi, qui du naufrage
 Préservas nos beaux jours!
 Toi, qui, dans un nuage,
 Fis briller ton présage,
 Et réglas notre cours!
 Sur ces bords solitaires,
 Souris à nos mystères,
 O reine des amours!

  Les flambeaux étincellent
 Sous des myrthes fleuris:
 Déjà les vins ruissellent;
 Les convives chancellent;

> On invoque Cypris;
> Et du creux des vallées,
> Les forêts ébranlées
> Répondent à nos cris.

Après avoir ainsi acquitté nos vœux dans le port de Montereau, chacun se fit avec sa serviette un bonnet de nuit dans le goût de la Farre, & nous nous livrâmes au sommeil, étendus sur des chaises autour de la table.

Ce doux repos ne dura guère : nous fûmes réveillés en sursaut par un grand bruit à la porte, & nous vîmes entrer en même tems un homme sec & décharné, à l'œil cave, au front chauve, affublé d'un habit noir boutonné jusqu'à la ceinture, en flottant au-dessus du jarret. Messieurs, dit-il, après s'être incliné profondément, messieurs,

> Moi, les yeux fermés à demi,
> Sans écouter le personnage,
> Sur un coude mal affermi
> Laissant retomber mon visage,
> Je lui dis, encore endormi :
> Par eau, vous arrivez, je gage :
> Déposez-là votre bagage,
> Bon soir, couchez-vous, mon ami;
> Demain nous rirons du voyage.

Il ne s'agit pas de cela, messieurs, je suis Vadius Vassius. A ce nom, je me frottai les paupières, & je le regardai en face sans savoir si je veillois ou si je rêvois encore. Pardonnez, ajouta-t-il, à mon empressement; mais il ne sera pas dit que vous aurez séjourné dans cette ville, sans que j'aie eu le bonheur de vous posséder. Je rassemble ici près, dans une maison agréable & commode, l'élite des jeunes auteurs, qui, sur mes pas, abandonnent au printemps la capitale, pour venir dans ces lieux étudier la nature. Jaloux de vos suffrages, ils vous attendent dans mon laboratoire: venez, & nous vous régalerons d'une héroïde admirable.

Le commencement de la période nous avoit fait rire; mais la fin nous parut trop sérieuse. Nous nous regardâmes tous avec des yeux de colère & en fronçant le sourcil; puis, reprenant tout-à-coup un visage serein, on lui représenta, d'une commune voix, que, malgré nos desirs, il nous étoit impossible de nous arrêter, que nos voitures étoient déjà prêtes, & que nous étions attendus plus loin. Mais le perfide avoit tout prévu. Sans se payer de nos excuses, il vole, demande main forte, & dans l'instant, nous nous trouvons tous enveloppés par sa brigade littéraire; tous, jusqu'à Lazare, qu'ils prirent dans la mêlée pour un connoisseur. On nous saisit, on nous entraîne, & déjà la séance est ouverte.

On voit là rassemblés les plus rares esprits,
Maint auteur, par le coche, arrivé de Paris,
Editeurs

Editeurs d'almanachs, ou dont la plume obscure,
Tous les mois, d'une énigme enrichit le Mercure.
L'un d'eux, nonchalamment sur un coude appuyé,
Etale à nos regards un rouleau déployé,
Tousse & crache trois fois, puis nous demande grace,
Lit le titre des vers, puis donne la préface;
Nous peint de sa beauté la taille & le souris,
Puis entonne aigrement un bouquet pour Iris,
Que l'amour, comme on sait, a cueilli pour sa fête,
Et dont la triste odeur déjà monte à la tête.

Vadius d'applaudir & de s'écrier : que de finesse dans ce trait-là ! que de gaîté dans celui-ci ! quelle fraîcheur ! quelle harmonie ! voilà bien *le molle atque facetum* !

L'auteur, sous les lauriers, courboit un front modeste;
Et composant sa voix, son regard & son geste,
Sembloit encor se plaindre à ses pâles rivaux,
Du talent malheureux qui trouble leur repos.

Pour nous, consentant très-volontiers qu'on le plaçât à côté d'Horace, pourvu qu'on nous laissât sortir, nous nous précipitâmes dans l'escalier, l'un sur l'autre, au risque de nous casser vingt fois le cou, & continuâmes notre route, promettant bien aux dieux de ne plus voyager par la galiote d'Auxerre pour nous instruire, & de ne passer désormais que de nuit à Montereau.

Nous arrivâmes, sur les cinq heures du soir, à Branay. Nous trouvâmes à la porte du château une vingtaine de paysans armés de carabines antiques & rouillées, qui n'avoient pas vu le jour depuis nos guerres civiles. Dès qu'ils nous virent paroître, ils se rangèrent en bataille, ayant le concierge & le garde-chasse à leur tête, & nous saluèrent d'une triple décharge de mousqueterie. Le seigneur nous attendoit sur le perron du vestibule : il nous reçut avec cette politesse franche & libre que tu lui connois ; & après tous les complimens ordinaires, nous joignîmes les dames, qui, la ligne en main, assises le long du canal, prenoient le plaisir de la pêche. Elles jetèrent un cri en nous voyant, & nous firent deux ou trois questions, sans attendre la réponse, & puis cinq ou six autres

>Sur les importantes querelles
>Du Russe & du fier Ottoman,
>Sur le scandale de nos belles,
>Et les intrigues du moment,
>Sur nos profondes bagatelles,
>Nos modes, & le parlement
>Qui passe, & qui revient comme elles.

Nous allions les satisfaire, & leur donner même le répertoire des pièces tombées, qu'elles ne nous demandoient pas, lorsqu'un objet nouveau vint les distraire, & bientôt le soleil se couchant à travers les arbres, & l'air devenu plus froid, nous avertirent de regagner le salon, où nous reçûmes un bon nombre de visites & de complimens.

> D'abord, M. le Sénéchal,
> A l'air capable, au maintien sage,
> Suivi du procureur fiscal,
> Et des notables du village,
> Vint au manoir seigneurial
> Nous ennuyer selon l'usage.

Il fallut nous mordre les cinq doigts, pour nous empêcher de rire de sa harangue, & pour ne pas lui éclater au nez. La scène heureusement changea tout-à-coup: les plus jolies filles du canton, proprement vêtues, nous offrirent toutes les fleurs & tous les fruits de l'automne, étalés dans des corbeilles, & se retirèrent, en rougissant, très-contentes, & de nous, & d'elles, c'est-à-dire, applaudies & embrassées.

Enfin les parties étoient arrangées, & l'on se mettoit au jeu, lorsqu'on annonça le curé, qui a toujours beaucoup de peine à arriver, même le dernier.

> Ce pasteur, à bon droit, goutteux,
> Et s'en accusant avec grace,
> Est un de ces reclus heureux,
> Qui, n'ayant pas reçu des cieux
> Le talent & le goût d'Horace,
> Plus frais que lui, digérant mieux,
> Buvant le champagne à la glace,

Arrondissent leur sainteté
Au fonds d'un riche bénéfice,
Et sans entendre leur office,
Gagnent gaîment l'éternité.

On continue de jouer, ou, pour mieux dire, on fit enrager le bon curé jusqu'au souper; on lui fit croire ensuite que la guerre étoit déjà déclarée, & qu'il étoit fort question de lui dans le conclave. On se livra à toutes les folies d'une imagination échauffée par la malvoisie: on rit beaucoup, tout le monde fut aimable; & vers minuit on se sépara en formant des projets pour le lendemain.

Se mettre au lit & à table de bonne heure, en sortir le plus tard qu'il nous est possible, nous promener & ne rien faire: voilà le doux emploi du tems, voilà notre unique occupation depuis que nous sommes à Branay, & Dieu sait si j'en eus jamais d'autres! Parmi les divinités qui embellissent ces paisibles retraites, on distingue madame de... à sa taille élégante, à sa longue chevelure, mais sur-tout à l'esprit dont son œil étincelle; & c'étoit précisément la seule qui ne fût pas initiée dans nos mystères. Soit par légèreté, soit par caprice, soit que l'extrême désir que nous lui témoignions de les lui révéler, combattît celui qu'elle avoit elle-même d'y être admise, elle affectoit pour eux la plus grande irrévérence. On avoit essayé plusieurs fois à Paris de la persuader:

mais le moyen, je m'en rapporte à nos docteurs, le moyen de convertir un incrédule qui vous déconcerte par un bon mot? Comme je lui donnois le bras, au retour de la chasse, je saisis le moment où son ame me parut plus mélancolique, & l'allée plus sombre. Eh bien, madame, lui dis-je avec douceur, il est donc décidé que vous ne serez jamais des nôtres? A propos, me répondit-elle, mais cela pourroit bien m'arriver, sans qu'on pût me le reprocher. Vous exigez tant de qualités! —Vous les avez toutes. — Non, point du tout; on dit qu'il faut faire — ce que vous avez fait jusqu'ici; il faut plaire, & cela vous est trop facile. Je ne vous parle pas d'y joindre un sentiment plus doux. Il semble incompatible avec la gaîté imperturbable que je vous connois, & d'ailleurs, nous n'en sommes point-là.

Représentez-vous, madame, une douzaine de jeunes militaires, dont le plus âgé ne compte pas encore cinq lustres, transplantés, la plupart, d'un autre hémisphère, unis entr'eux par la plus tendre amitié, passionnés pour tous les arts & pour tous les talens, faisant de la musique, griffonnant quelquefois des vers; paresseux, délicats & voluptueux par excellence; passant l'hiver à Paris, & la belle saison dans leur délicieuse vallée de Feuillancourt. L'un & l'autre asyle est nommé par eux la Caserne: c'est-là qu'aimant & buvant tour-à-tour, ils mettent en pratique les leçons d'Aristipe & d'Epicure. Enfin, madame, qu'on appelle cette société charmante l'ordre de la Caserne ou de Feuillancour, le titre n'y fait rien, la chose est tout : c'est toujours l'ordre qui dispense le bonheur, & les autres ne promettent que la gloire.

Tout le monde alors se joignit à moi, & l'on acheva de décider madame de... qui balançoit encore. Tout fut ordonné dans l'instant pour sa réception. La cérémonie se fit avec toute la pompe que les circonstances permettoient ; le trône étoit préparé au fond d'une longue galerie, soutenu par des colonnes de verdure, où s'entortilloit le chevrefeuille. Nous crûmes entrer dans le temple même de la divinité que nous révérons. Lorsque chacun eut pris sa place, en ma qualité de chancelier, je donnai l'accolade à la nouvelle chevalière, & lui dis, en lui remettant le thyrse & la couronne :

>   Le chancelier de la Caserne,
>   Qu'on vit fleurir chez les latins,
>   Ovide, ainsi que le moderne,
>   Vous eût admis à ses festins :
>   Vous eussiez versé le Falerne
>   Aux plus aimables libertins.
> Corine, croyez-moi, dont vous prenez la place,
>   Instruite par le dieu du goût,
>   Paroissoit, avec moins de grace,
>   Tout ignorer, en sachant tout.

Oui, vous reçûtes en partage
Sa beauté, son esprit & son humeur volage,
Ses talens enchanteurs, & ses défauts plus doux:
Elle fut peut-être, entre nous,
Pour les jeunes Romains plus facile & moins sage;
Mais voilà le seul avantage
Qu'au parallèle on lui donne sur vous.

Je ne doute pas, mon cher ami, que ce petit évènement ne soit pour toi un des plus intéressant de notre voyage. Je ne te parle pas du banquet qui l'a suivi, & du feu d'artifice qui l'a couronné. Un feu d'artifice est peu de chose, sur-tout auprès de celui qui roule en ce moment sur nos têtes avec un fracas épouvantable. Le silence & l'obscurité de la nuit rendent encore plus horribles la lueur des éclairs & le bruit de la foudre. J'entens d'ici les cris de nos dames, qui, tremblantes dans leurs lits, conjurent les dieux de respecter leurs graces & leur jeunesse.

Pour moi, que rien n'ébranle, & qui, d'une ame égale,
Regarde les enfers: & la barque fatale,
Je t'écris, en riant, d'un style paresseux,
Et souvent un bon mot étincelle en mes jeux.

Cependant le vent redouble, & je crains bien qu'il nous empêche de reposer cette nuit. C'est un malheur, par exemple, contre lequel je me sens moins affermi, & dont je me consolerai plus difficilement. Je donne à tous les diables Eole, son antre, & les possédés qu'il renferme.

>Dans mon foyer, l'un, en grondant, murmure,
>Tel que l'airain vomissant un boulet;
>L'autre, de loin, me frisant le collet,
>En fifre aigu fait siffler ma serrure.
>Le vent glacé, qui traîne les hivers,
>Bat mes volets, & fait trembler la vitre;
>Le vent plus fier, qui soulève les mers,
>Si j'abandonne un moment mon pupître,
>En tournoyant, emporte mon épître,
>Et mon esprit, & ma prose, & mes vers.

Tout cela m'avertit de finir. Adieu, mon cher ami, reviens bien vîte à la Caserne; & puisses-tu, dégoûté des voyages, n'en faire plus qu'un, mais éternel, de Paris à Feuillancour, & de Feuillancour à Paris !

>Ils naîtront ces paisibles jours,
>Jours consacrés à la paresse,
>Et dont la sœur de la sagesse,
>La molle insouciance, embellira le cours !
>Plus de clairons, ni de tambours,
>Dont le son guerrier nous éveille,
>Plus de lestes brigands, aux uniformes courts,
>Qui viennent, au galop, le bonnet sur l'oreille,
>De nos vastes pâtés échancrer les contours,
>Et boire la liqueur vermeille
>Que nous avons mis en bouteille
>Pour de plus fins gourmets que MM. les Pandours.

Fin du Voyage de Bourgogne.

VOYAGE
DE BEAUNE,
PAR PIRON.

VOYAGE
DE BEAUNE,
ADRESSÉ
A M. JEANNIN,
PAR PIRON.

De Dijon, le 10 Septembre 1717.

Monsieur,

Supra dorsum meum fabricaverunt peccatores iniquitatem, & prolongaverunt. Pfal. 128.

Voila, en deux mots, le résultat du voyage fatal dont vous avez fait le premier pas avec moi. Je trouve une lettre de M. Michel, qui finit par

ces mots : » Si jamais vous avez à passer Beaune,
» n'y passez, mon cher qu'*incognito*, & croyez-
» moi ». Chacun me renouveloit cet avis ; mais
on ne peut tenir contre sa destinée ; j'ai toujours
voulu croire les Beaunois plus scrupuleux sur le
chapitre de l'hospitalité, à l'égard surtout d'un
enfant d'Apollon.

> Je me suis persuadé, dans toutes les provinces,
> Qu'Aretin fut jadis très-respecté des princes :
> J'espérois de ce peuple encor plus de bonté.
> Pardonnez, chère épaule, à ma crédulité.
> Je n'ai pu soupçonner mon ennemi d'un crime :
> Malgré lui-même, enfin, je l'ai cru magnanime.

Tout aura sa place ; il ne faut pas commencer par la peroraison. Vous savez ce qui m'arriva jusqu'à notre séparation, rien que d'honorable, rien que d'heureux. Voici le reste. Il n'est pas besoin de vous dire que vous me laissâtes à la grande justice. A peine m'aviez-vous quitté, que je fus accosté du vieux curé de Vougeols : nous liâmes ensemble un entretien qui me laissa passer trois ou quatre heures sans chagrin ; il roula sur les dogmes de la foi,

> Et nous jouâmes l'un & l'autre
> Le rôle de notre état :
> Messire Jean faisoit l'apôtre,
> Et moi je faisois l'apostat.

D'abord la dispute paisible
Se fit raison contre raison;
Mais bientôt on changea de ton,
Et le combat devint terrible.
Je redoublai mes argumens :
Dépourvu de raisonnemens,
Notre homme s'enfuit dans la bible,
Et fait là son retranchement.
Je cours après, je viens, j'assiège;
Mais notre furieux cafard,
Derrière le sacré rempart,
S'écrie : indévot, sacrilège.
Ses yeux, au défaut du latin,
Lui servoient de privilège.
Je presse, on capitule enfin.
Ah! le bel apôtre de neige :
Sa voix commençoit à baisser,
Et sa foi, déjà confondue,
Paroissoit prête à s'éclipser,
Quand j'eus un peu de retenue.
Dieu, que je crains, me fit cesser;
Mais, sans ma peur de l'offenser,
Ma foi sa lance étoit perdue.

Il commençoit à laisser la partie, & à demander quartier par un lâche éloge, quand, pour l'honneur de Dieu, je démasquai mon sophisme; nous fîmes la paix au premier cabaret de Vougeols, & nous nous quittâmes. Je ne laissai pas de le regretter ; je restois avec une compagnie taciturne..... Les courses de nuit sont déjà si ennuyeuses.....! Celle-là, surtout, avoit je ne sais quoi de plus triste, de plus trouble que les autres.

> Du haut de la voûte azurée,
> La maîtresse d'Endymion
> A peine éclairoit d'un rayon
> Notre marche mal assurée :
> La nuit d'un vaste crêpe environnoit ses feux;
> Tout, jusqu'à la verdure, étoit noir à nos yeux.
> Aucun ruisseau voisin, de son tendre murmure,
> N'égayoit les tristes passans;
> Des oiseaux de mauvais augure
> Les cris funèbres & perçans
> Jetoient l'effroi dans la nature.
> Les présages fâcheux, noirs enfans de la nuit,
> Me la rendoient encor plus lugubre & plus noire.
> J'eus des pressentimens de je ne sais quel bruit,
> Et vous verrez, par ce qui suit,
> Si je ne devois pas les croire.

Pour comble d'incommodité, n'alla-t-il pas tomber une pluie désespérée! Vous savez quel vernis cela donne aux horreurs de l'obscurité. Chacun maudit l'instant où il étoit sorti de Dijon. Moi seul, inébranlable, je gageai contre le ciel d'être de bonne humeur. En effet ma gaîté se maintint contre la tempête & l'orage qui dura seulement jusqu'aux portes de Nuits où je repris des forces ; je ne respirois que désordre & remue-ménage. Malheur à qui s'avisoit de dormir à mes côtés. Pour animer tout le monde je fis cette chanson que je chantai sur l'air de *Joconde*.

  A moi, garçon, vîte, grand trait,
   Verse à toute la bande !
  A toi Pontoir, à toi Marêt,
   A la santé de Lande.
  Pour savourer ce jus si bon,
   Que le pays nous donne,
  Que ce cou n'est-il aussi long
   Qu'on a l'oreille à Beaune !

Il est tel endroit où une chanson du Pont-neuf l'emporte sur celles du Palais Royal ; chacun voulut savoir la mienne ; on la répéta pendant deux heures à gorge déployée. Au bout de quelque tems la station finit & nous partîmes, voulant nous rendre à Beaune de bonne heure : je fis ces trois dernières lieues moins gaîment que les premières. Mes amours me remontèrent en cervelle à la barbe de toute la philosophie ; il fallut s'y livrer ; je soupirai..... Je m'éloignai pour être seul..... Un homme, tel que je l'avois été jusqu'alors, m'auroit fort importuné ; la vive image d'un bonheur passé, le pressentiment, la prévoyance de l'avenir, indubitablement plus funeste, arrêtèrent toutes mes réflexions. Pour en adoucir l'amertume, je m'amusai à composer cette ode élégiaque.

    Muse, de mon amour la voix est dédaignée;
    Tu ne pourras jamais prévenir ton malheur:
        Laisse, laisse parler mon cœur;
    Et, si tu veux servir ma flamme infortunée,
        Remets ta lyre à ma douleur.
    Si tu veux qu'on se rende aux ennuis qui me pressent,
    Il me faut cette voix dont le son douloureux
        Fléchit les enfers rigoureux :
    Le cœur de l'infidèle à qui ces cris s'adressent,
        N'est pas moins inflexible qu'eux.
    Mais pourquoi la fléchir; servez plutôt ma rage :
    Dieu vengeur du parjure, accablez de vos coups
        Un cœur à qui le crime est doux.
    Arrêtez, qu'ai-je dit! je revois une image
        Qui fait tomber tout mon courroux.
    La trahison n'a rien enlevé de ses charmes :
    Jaloux de plus en plus du sort de mes rivaux,
        Mon amour croît avec mes maux;
    Mes yeux, mes tristes yeux, au travers de mes larmes,
        Lui trouvent des appas nouveaux.

Mais retournons à ma narration. Entre mille défauts, j'ai celui de vouloir trop intéresser les gens à mon malheur. L'aurore, comme dit le pompeux père le Moine, avoit déjà chassé la nuit avec son fouet de pourpre, & ouvert la porte au jour avec une clef de vermeil.

Quand

Quand on apperçut le poulet
Du plus haut clocher de la ville,
Où la Parque, un peu trop habile,
A pensé couper le filet
Des jours de votre humble valet.

A l'aspect de ce redoutable haras, mon cœur battit comme celui de l'infortuné Regulus, quand, à son retour, il découvrit les tours de Cartage; mais il n'étoit plus tems de reculer. Après avoir donc arboré le pavillon blanc, c'est-à-dire, après avoir épanoui les couleurs de Dijon sur mon chapeau, j'entrai fiérement sur les terres ennemies, en me recommandant à la dame de mes pensées. Quoiqu'il ne fût que cinq heures, l'espoir du spectacle faisoit déjà fourmiller les rues de monde.

Me voyant au milieu de ce peuple amassé,
J'avois l'orgueil & la malice
De me prendre pour un Ulysse
Entrant à la cour de Circé.

L'air du pays me surprit; il m'échappa deux ou trois traits qui avoient bien le goût du terroir. Comme c'est fête à Beaune le Dimanche aussi bien qu'ici, je voulois entendre la messe; je demandai aux passans si on la disoit le matin. On me répondit par un éclat de rire qui me réveilla;

mais ce fut pour une deuxième chûte plus lourde que la première. Ma mère, auprès de qui je me rendis, m'ayant dit que j'étois bien hâlé, je répondis qu'il avoit fait un soleil de diable toute la nuit. Le second éclat de rire que cette bêtise occasionna, me fit tenir sur mes gardes. Le génie abrutissant de Beaune, m'avoit déjà fait avaler un air empoisonné. J'eus bientôt trouvé du remède; je courus purger mon esprit à l'hôtel des Trois-Maures, où je trouvai les médecines si bonnes, que j'en avalai quinze ou vingt sans les rendre. Muni d'un bon déjeûné je fus à ma toilette, & de-là à je ne sais quelle église; du moins sais-je bien que la providence avoit pris de si bonnes mesures, que tel qui s'y trouva pour y lorgner, fut contraint d'y prier Dieu,

Non pas qu'il y manquât de femmes ;
Tout en étoit rempli depuis la porte au chœur :
Mais c'est qu'en vérité ces'dames
Auroient effrayé Jean-sans-Peur.
Mes yeux, qui par-tout galopoient,
N'en rencontroient que d'effroyables ;
Et sans le bénitier où leurs mains se trempoient,
J'aurois cru que c'étoient des diables.

Je crois qu'elles furent bien scandalisées de la dévotion d'une centaine de jeunes gens qui les environnoient: on ne les gratifia pas d'une distraction, & jamais Dieu n'eut, à des messes d'onze heures & demie, des cœurs moins partagés. N'allez pas tirer de-là conséquence contre tout le peuple de Beaune: la laideur n'y est pas générale comme la bêtise. On trouve de la fleur & du son dans un sac de farine; mais, ma foi, je pense qu'on l'avoit bien ôtée, & que le diable avoit emporté la fleur, & Dieu le son. En sortant de-là, un vieux ami de mon père m'emporta chez lui pour y dîner.

Le buffet étoit prêt, & la nappe étoit mise:
    L'hôte m'y régala du mieux.
Surtout je vous dirai qu'à ce repas mes yeux
    Furent plus heureux qu'à l'église.
      On m'avoit mis
        Vis-à-vis
  Une pucelle à blonde tresse,
  Dont l'air aimable & languissant
  Redoubloit ce charme innocent
  Que nous voyons à la jeunesse.
  De ses grands yeux tendres & mornes
tomboit des regards, dont la douce pudeur
    Eût fait sortir, sur mon honneur,
  L'ame des capucins des bornes.
Je me plus devant elle à parler de l'amour;
Je peignis les douceurs d'une vive tendresse,
    D'une rupture, d'un retour
    Et d'une innocente caresse.
Enfin, je mis si bien les plaisirs dans leur jour,

Que j'en vis soupirer ma convive adorable.
Peut-être disoit-elle, en jugeant de mes feux
Par la vivacité de ces portraits heureux :
Ah! qu'il fait bien aimer, que n'est-il plus aimable!
Je voudrois le rendre amoureux.

Depuis deux heures de séance, nous ne songions guères à dire graces, quand, tout-à-coup,

Exoritur clamorque virûm, clangorque tubarum.

Chacun court de la table à la fenêtre; moi seul, pour voir de plus près, je voulus descendre dans la rue; aussi rien ne m'échappa; je puis même dire que je vis une fois plus qu'un autre. Ce tintamarre annonçoit l'ouverture du prix où les chevaliers de dix villes marchoient en bel ordre. Ceux de Chaumont, comme les plus étrangers, avoient le pas; nos Dijonois suivoient; ils voulurent, en passant vers moi, m'emmener avec eux, me disant à l'oreille qu'ils m'avoient entendu menacer. Je m'excusai opiniâtrément de les suivre, sous prétexte que j'étois sans épée. Quant aux menaces, je leur dis :

Allez, je ne crains pas leur impuissant courroux;
Et quand je serois seul, je les bâterois (1) tous.

L'ordre de la marche entraîna ces honnêtes im-

---

(1) Allusion au mot *bâter*.

portuns, & m'en délivra. Châlons, Saulieu, Clagny, Nuits, Sémur & deux autres villes dont j'ai oublié les noms, parurent après. Les chevaliers de Beaune parurent enfin sous la livrée verte. Dès que j'en fus apperçu, mon nom courut de gueule en gueule, & vola par les airs. On porta, d'un bout de la troupe à l'autre, la main sur le cimeterre; en un mot j'en vis briller quarante à mes yeux, dont toutes les pointes se tournèrent de mon côté. Vous me croyez perdu, tant s'en faut. Toutes ces pointes baissées avec l'étendard m'honorèrent d'une salve militaire, qu'au milieu de tout ce vacarme je reçus, d'un air tranquille & reconnoissant, le bonnet au poing, le corps incliné, l'index de la main droite sur la bouche, promettant par ce signe de ne rien dire. J'eus tenu ma promesse, si la jeunesse outrecuidée qui suivoit ces bons & loyaux chevaliers, n'eût rompu ce traité de paix. Ces rossignols, la plume sur l'oreille, le fusil sur l'épaule, marchoient cinq à cinq; & comme le ruisseau du milieu de la rue couloit abondamment, chaque soldat du milieu, pour ne pas rompre son rang, marchoit dans la posture du colosse de Rhodes. Je ne pus m'empêcher d'en plaisanter avec ceux qui m'entouroient. La superbe infanterie me fit une décharge de regards foudroyans que je payai d'un sourire de mauvais augure : nous ne nous fîmes pour lors aucun mal. Tous ces coups-là & ce spectacle finirent. Le torrent curieux m'entraîna au but où s'alloit disputer le prix.

<blockquote>
Un feuillage agréable, assez bien ajusté,
    Formoit un long rang de portiques
    Servant de face à quantité
    De loges frêles & rustiques :
Deux longs ais sur chacune appuyés par les bouts,
    Trembloient sous le poids des bouteilles ;
    Et, dansant au son des gloux-gloux,
Des chantres à l'entour y brisoient les oreilles.
Tandis que, sur un noir éloigné de cent pas,
    Mars, las d'ensanglanter la terre,
Et frappant les échos du bruit de son tonnerre,
Signaloit à nos yeux l'adresse de son bras.
    Cependant, parmi le fracas
    Des pots, des verres & des armes,
Dans les beaux yeux amour étalant ses appas,
Livroit au fond des cœurs de terribles combats
    Et causoit de vives alarmes.
</blockquote>

Il n'est que d'être crotté pour affronter le bourbier. Ma passion ne m'en laissant pas à craindre d'autres, je laissois hardiment courir mes yeux de belle en belle! Au plus fort de mon attention, une jeune Beaunoise, sortie de Dijon depuis quinze ou seize mois, & que j'y avois vue l'intime de ma cousine, me reconnut & m'aborda pour me demander comment elle & moi nous

nous portions. Je ne répondis rien à ces questions frivoles ;

Sed graviter gemitus imo de pectore ducens.

Je suis trahi, lui dis-je, vous ne voyez plus en moi que le reste de votre cruelle amie; elle est infidelle....., elle me tue. Que votre présence me rappelle d'heureux momens perdus pour jamais! Cette nouvelle l'étonna plus que ma douleur; mais ma douleur la fâcha plus que cette nouvelle. Je tâchois de goûter les avis obligeans qu'elle voulut me donner, sur une perte qui lui déplaisoit moins qu'à moi.

> Mais mon malheureux cœur chérit son esclavage,
>   Et ne veut pas qu'on le soulage :
> Je ne sais que la mort, trop lente à m'arriver,
>   Qui puisse en arracher l'image
> Qu'un trop fidèle amour a pris soin d'y graver.

Tout se plut à m'arriver. Laissez dire les amans. Vous allez voir que j'eus la plus belle occasion du monde pour aller en l'autre, sans avoir voulu en profiter. La rencontre de cette fille me laissa dans une rêverie dont les devises, environnées de guirlandes me tirèrent. La première que je vis étoit morte; du moins son corps étoit séparé de son ame; cela s'appelle, ce me semble, être mort. Deux arquebuses peintes en sautoir avoient pour légende : *Licet divisa, tendunt eodem.* Entendant, par ces mots, que les différentes troupes de chevaliers, quoique divisées, tendoient au même but. Cette pensée s'offre par les armes, dont les bouches sont dirigées, l'une à l'orient, l'autre à l'occident. Je passois aux autres, quand il fallut m'abandonner à une troupe d'étrangers & d'amis qui m'emmenèrent pour boire ; vie qui dura jusqu'à sept ou huit heures du soir, que je les quittai pour aller souper avec d'honnêtes gens qui m'attendoient. En passant par la grand'rue, je vis un âne arrêté, auquel j'attachai une belle tresse de ruban vert, en lui disant : Marche au but. Les témoins, qui n'étoient pas de Beaune, en rirent ; mais j'ai su que les citadins en avoient juré vengeance : en l'attendant, je soupai comme un roi.

Avant d'en être à la chanson,
Je fis bien trotter l'échanson.
Pour satisfaire enfin les dames,
Au son du hautbois nous dansâmes :
Ensuite, pour fermer le divertissement,
Je racontai nonchalemment
Les merveilleux effets de la bague enchantée.

Voilà bien des mouvemens pour une journée que devoit suivre une nuit assez fatigante : aussi me dispensai-je d'aller aux feux d'artifice qu'on tiroit aux buttes avec une décharge d'artillerie.

Après sept ou huit heures de sommeil, je fus réveillé par les instrumens de guerre qui rappeloient les chevaliers au pas. Les plaisirs recommencèrent avec le bruit des armes. Que sert-il de vous les spécifier?

  Sans un esprit pareil au vôtre,
 Puis-je de nouveaux traits dépeindre un second jour,
  Que je vis couler, comme l'autre,
 Dans les plaisirs du vin, des jeux & de l'amour.
  Sauter, manger, chanter & boire,
  Resauter, remanger, rechanter,
  Ce fut toujours la même histoire.

Je m'informai du feu de la veille avec quelques Beaunois, qui me dirent que le bruit du canon avoit donné un beau spectacle; que le feu des serpentins avoit brûlé les épitaphes. Ce jour-là, je fus traité splendidement aux Pères de l'Oratoire, en considération d'un frère que j'ai chez ces messieurs. Ils m'invitèrent à venir le lendemain à des thèses que leurs jeunes pensionnaires soutenoient sur l'histoire romaine. Il m'en passa un trait par l'esprit, qui me fit faire cette épigramme sur les âneries si célèbres & si ordinaires de la maison de ville de Beaune.

  Pour consul à Rome autrefois
  D'un cheval le Sénat fit choix;

Ainsi le rapporte Suétone.
Après un tel événement,
Je ne m'étonne nullement
Qu'on ait vu si souvent un âne maire à Beaune.

Extrema gaudii luctus occupat.

Voici le commencement de mes infortunes. J'en précipiterai le cours pour vous moins ennuyer, si je vous suis indifférent, & vous chagriner moins, si vous m'aimez. Je m'avisai, sur les dix heures du soir, d'aller à la comédie. La première & la meilleure scène que j'eus, fut la réponse d'un Beaunois du bel esprit à qui je demandai quelle pièce on jouoit. Les fureurs de Scapin, me répondit-il. Je croyois, repris-je, que c'étoit les fourberies d'Oreste. A ce mot, qui fut hébreu pour lui, nous entrâmes dans le parterre. J'y fus bientôt reconnu d'une troupe de jeunes bourgeois qui se carroient sur la scène, aussi fiers que quand on les étrille. Ils m'envoyèrent cent quolibets, & je n'y répondois que trop, quand les comédiens, qui commencèrent, nous obligèrent à finir, au grand regret des rieurs. Tel est le lièvre, tel on le tue; c'est-à-dire, que la pièce fut jouée pitoyablement. Cependant, comme il y a bien des coups donnés dans cette farce, elle emporta l'applaudissement général. Un petit-maître de Beaune, de ceux qui m'avoient entrepris avant la pièce, enthousiasmé de la scène du sac, cria: Paix donc, on n'entend rien. Ce n'est pas faute d'oreille, lui répartit-on du parterre. Tous les offensés alors jurèrent ma perte. La pièce finie, ces braves coururent m'attendre au passage: à peine eus-je le nez à l'air, que me voilà relancé de vingt ou trente épées nues. Je ne pus si bien faire, que je ne m'en visse bientôt environné. Je n'avois qu'une canne, qu'après un moment de forte résistance, je jetai contre terre pour désarmer cette meute affamée, & sauver ma carcasse. Mais lorsque je vis qu'on ne m'en faisoit pas plus de quartier, donnant à tort & à travers de quinze ou vingt épées nues, j'essuyai la moitié des coups; j'esquivai & disparus. Me voila donc seul, à l'abri de l'orage, avec un coup de pointe très-léger dans le flanc. Minuit sonnoit, les rues étoient calmes & désertes, la lune y donnoit à plomb. La question étoit de regagner mon logis: je marchois pas à pas dans l'ombre, je le voyois enfin; déjà je riois de mon aventure, quand je vis tous mes gens venir à moi flamberge au vent. Il fallut encore fuir ou mourir; je retournai donc gaiement les talons, & j'eus à peine un peu d'avance, que je m'arrêtai pour les complimenter sur leur grand courage, & leur aversion pour les duels. Mes discours redoublèrent leur course; leur course redoubla la mienne:

je me fis bientôt perdre de vue, & je commençois à respirer; mais.....

> Admirez avec moi le fort dont la poursuite
> Me fait tomber alors au piège que j'évite.

Je me trouvai, pour la troisième fois, bec à bec avec mes chasseurs. S'imaginant alors que je voltigeois autour d'eux pour les braver, ils firent plus d'efforts pour m'atteindre que jamais.

> Pour me dérober à la troupe
> De mes lâches persécuteurs,
> Pégase, auteur de mes malheurs,
> Que ne me tendois-tu la croupe!

C'étoit fait de moi. Je n'espérois plus m'échapper: poursuivi, pressé, presqu'atteint d'une légion d'épées, au travers de rues inconnues, dont les détours me remettoient incessamment au milieu de mes rivaux; sans secours, sans armes, je songeois plus à dire le *libera* que le *lætatus sum*, & je faisois, hélas! de bien tristes réflexions, quand je me vis secouru d'une des plus fortes mains que mon ange eût pu me choisir. Une jeune demoiselle, plus aimable que l'amour, regardant par une fenêtre, & me voyant à la tête de tant d'épées, cria qu'on alloit m'assassiner. Un homme & un frère, regardant par une fenêtre du haut, lui dirent d'ouvrir la porte; elle le fit. Je la vis, j'entrai, & j'offris mes actions de graces à l'escouade, puis me laissai mener dans une chambre où l'on me fit coucher. Le matin, cherchant par la maison, pour remercier avant d'en sortir, d'appartement en appartement j'entrai dans celui où étoit couchée ma belle libératrice. J'approchai du lit dont elle avoit ouvert le rideau au bruit que j'avois fait, pour lui témoigner ma reconnoissance. Qu'elle étoit belle! je ne sais si la reconnoissance lui prêtoit de nouveaux charmes à mes yeux :

  Mais jamais à ma belle ingrate
  Je ne vis un teint si vermeil.
 La fraîcheur d'un profond sommeil
Attendrissoit l'éclat de sa peau délicate;
  Enfin, la toile de ses draps
  Noircissoit auprès de ses bras.
Ses yeux bleus & touchans brilloient d'un feux céleste;
Mes regards sur sa gorge allumoient mon esprit
  Qui, se glissant au fond du lit,
 Sembloit me découvrir le reste.

Belle & rare conjoncture pour un esprit romanesque, qui aime à mettre tout Cyrus dans un compliment. Je fis le mien le plus précis & le plus énergique que je pus. Mes adieux finis, je courus à mon logis, où je trouvai ma mère qui me fit partir sur le champ en litière (à Beaune on dit sur la litière). Voilà, monsieur, l'histoire fidèle que tout le monde fait & commente à fa fantaifie. Un petit nombre de beaux efprits ne m'en eftime pas moins; d'autres plus fimples, me plaignent; d'autres me blâment, quoiqu'après tout

> Je trouve qu'il eft honorable
> De me voir haï dans un lieu
> Où l'ânerie eft eftimable :
> Car, comme enfin, fans plaire à Dieu,
> Je ne faurois déplaire au diable;
> De-même, quand vous me chaffez,
> Illuftres citoyens de Beaune,
> Il me femble que c'eft affez
> Pour me faire entrer en Sorbonne.

Mes fâcheux fupérieurs ne peuvent me cacher leur mauvaife humeur, ni moi le chagrin qu'elle me caufe. J'ai le courage de vous écrire, c'eft-à-dire, de me confoler. Je le fais, enfin, unique douceur, premier plaifir que mon cœur ait goûté depuis treize jours. Il eft tems qu'il prenne fin.

> Je m'y fuis trop abandonné :
> Revenez, fombre ennui, c'eft affez vous fufpendre;
> Peut-être je me fuis damné
> En tardant trop à vous reprendre.

N. B. « Le manufcrit qui me fournit cette
» pièce, ajoute que les chevaliers de l'arquebufe
» de Beaune, ayant gagné en 1715 le prix de dix
» compagnies, Piron, qui habitoit alors fa patrie,

» tourna les Beaunois en ridicule dans une ode
» burlesque. Quinze mois après, les Beaunois ren-
» dirent leur prix: Piron, malgré ses amis, voulut
» être témoin de ces nouvelles fêtes, & y essuya
» l'aventure qu'on vient de lire. Les colériques
» Beaunois, n'ayant pu l'assassiner, firent en vers
» une plate complainte sur sa fuite, qu'ils lui
» envoyèrent. Piron leur répliqua » :

    Brave & savant peuple de Beaune,
    Fils de Phœbus & de Bellone,
    Qui suivez ces dieux tour à tour ;
    Glorieux des exploits célèbres
    Que vous fîtes dans les ténèbres,
    Vous les produisez donc au jour.

    Chanson digne de vos écoles !
    Le sujet, l'air & les paroles,
    Tout y ressent le nom Beaunois.
    Pour nous la rendre encor plus belle,
    Que ne pouviez-vous, avec elle,
    Envoyer ici votre voix !

    De la part d'un de vos libraires,
    J'en ai reçu cent exemplaires ;
    J'en attends encore un envoi.
    M'en eussiez-vous donné dix mille,
    Ils ne pourroient être inutiles,
    Et j'en ferois un bon emploi.

    Lorsque, sans verge & sans épée,
    Sur ma carcasse constipée

Je vis briller cent glaives nus;
Je le raconte à votre gloire,
Vous me fîtes venir la foire;
Vous me deviez des torche-culs.

Hic meta laborum.

VOYAGE
DE DIDIER DE LORMEUIL,
PAR M. BERQUIN.

VOYAGE
DE DIDIER,
PAR M. BERQUIN.

LETTRE
DE DIDIER DE LORMEUIL
A JULIETTE SA SŒUR.

MA CHÈRE SŒUR,

COMME je te vois d'ici prendre un air d'importance, de recevoir déjà de ma part une lettre, lorsque je viens à peine de franchir le seuil du logis ! Cependant ne sois pas si fière de cet honneur : l'épître n'est pas proprement écrite à cause de toi, mais à cause de mon joli serin. J'avois oublié de te le recommander en partant ; & je sais de petites demoiselles, qui, ayant les objets continuellement sous les yeux, les oublieroient mille fois, si l'on n'intéressoit leur mémoire, en flattant un peu leur vanité. Sache donc que, de ma pleine puissance, je te nomme gouverneur de Favori, & t'accorde la surintendance générale de sa maison. Prends bien garde à ne pas le négliger, si tu ne veux que je te révoque. Il est bon de te présenter une réflexion toute simple : c'est qu'il ne se nourrit pas plus que nous de l'air du tems; que, sans manger & sans boire, il ne peut pas vivre; que, s'il ne vit pas, il ne pourra point chanter; que, s'il ne chante plus, ni toi, ni moi, nous ne pourrons l'entendre; ce qui seroit bien dommage.

Je crois aussi devoir te rappeler le service qu'il te rendit l'autre jour, lorsque tu brouillois tous les pas de ton menuet, en suivant ses cadences, au lieu de suivre celles de la pochette de M. Dupré. Le petit coquin se mit à faire un tel tintamarre, que M. Dupré tourna toute sa colère contre lui, oubliant de te faire les reproches que tu méritois pour ton étourderie. Voilà, je pense, des raisons assez fortes pour t'engager à lui donner toutes sortes d'attentions. Mais si la musique & la reconnoissance ne peuvent rien sur ton cœur de bronze, je n'ai plus que le grand coup d'éloquence à frapper.... Tremble, tremble, ma sœur! Regarde-le déjà comme mort : oui, mort. Comment soutenir cette affreuse image ? Vois ses jolies petites pattes levées en l'air, ses ailes immobiles, ses yeux & son petit bec fermés pour toujours. Vois-le couché sur le dos dans la petite boîte qui lui sert de cercueil, couvert de fleurs de soucis & de belles-de-nuit avec des branches de cyprès. Tout le monde vient pleurer autour de sa tombe : on demande quelle main cruelle l'a plongé dans la nuit infernale. Une voix se fait entendre : c'est moi, c'est moi, barbare que je suis! & tu te jettes toute échevelée sur son cadavre.... Tu pleures, n'est-il pas vrai? Triomphe, triomphe! Je n'ai plus rien à craindre pour sa vie, ni pour le repos de ton esprit. Outre sa nourriture ordinaire, n'oublie pas de lui donner un morceau de biscuit & de sucre. Tu feras fort bien aussi de couvrir sa cage de verdure, pour adoucir les regrets qu'il doit avoir de mon absence. Comme je me flatte que tu exerceras dignement les grandes fonctions que je te confie, je t'enverrai, pour te récompenser de ton zèle, un journal de mon petit voyage : tu y verras des évènemens dignes de passer à la postérité. Adieu, ma chère sœur, je quitte le ton du badinage pour t'embrasser de toutes mes forces, & t'assurer des tendres sentimens avec lesquels je serai toute ma vie.

Ton frère & ton ami,

DIDIER DE LORMEUIL.

RÉPONSE
DE JULIETTE DE LORMEUIL
A LA LETTRE PRÉCÉDENTE.

Mon cher Didier,

Vraiment il faut avoir un petit orgueil aussi plaisant que le tien, pour imaginer qu'une sœur doive se trouver si fière de recevoir une lettre de son frère. Il me semble que toute la gloriole devroit être de ton côté, pour avoir une fois rempli ton devoir sans te faire tirer l'oreille, quoique tu en perdes aussitôt le mérite, en disant que c'est à cause de ton petit criailleur que tu m'écris. Tu n'avois pas besoin de me faire, à son sujet, des recommandations si pressantes, ni d'employer de si belles figures de rhétorique pour m'émouvoir en sa faveur. Il inspire assez d'intérêt par lui-même; ainsi, sois tranquille sur le soin que je vais prendre de le bien traiter. Je ne remplirai point, il est vrai, sa mangeoire par-dessus les bords, à l'exemple de certains garçons de ma connoissance, pour l'exposer à crever de gogaille, s'il étoit, comme eux, sur sa bouche, & aussi peu réfléchi. Peut-être voudroient-ils encore nous faire croire que c'est par excès de tendresse, qu'ils l'accablent ainsi de provisions, lorsqu'ils n'ont pensé qu'à se débarrasser tout d'un coup, pour huit à dix jours, d'une attention qui les importune. Non, non, je lui rendrai des soins plus assidus : je veux qu'il ait des provisions fraîches tous les matins. Lorsque j'ai nettoyé son buffet, j'y ai trouvé du grain au moins pour trois mois, sans compter celui qui étoit répandu à dix pas à la ronde. Il faut convenir que le petit drôle est un si franc dissipateur, qu'il en jette plus de côté & d'autre, avec son bec, dans une heure, qu'il n'en goberoit dans un jour. Pour le fond de sa cage, graces à ton adresse ou à ta prodigalité paresseuse, c'étoit comme un étang formé par le débordement de l'abreuvoir. Le pauvre Favori n'osoit y descendre, tant il avoit peur de s'y noyer ! Comme il a paru joyeux, en revoyant la terre ferme ! il trembloit encore de s'y hasarder à la légère. Ce n'est qu'après l'avoir bien éprouvée d'une patte, en se tenant de l'autre aux barreaux, qu'il y a pris une entière confiance. De cette manière, sans aucuns frais, j'ai agrandi son logement d'un rez-de-chaussée ; car il ne se tenoit plus que sur les deux perchoirs, crainte de salir ses jambes & sa queue. J'ai répandu sur le fond de la cage une couche de sable fin, & je l'ai garnie tout autour de mouron; en sorte qu'il ne tient plus qu'à lui de se croire dans un joli bosquet. Ecoute, mon frère : à l'avenir tu prendras ton parti ; mais c'est moi qui me charge de son entretien. Je veux que son palais te serve de modèle d'ordre & de propreté pour ton appartement. En voilà, je crois, assez pour calmer les inquiétudes que tu m'as témoignées : j'en ai d'autres de mon côté, dont je vais te faire part. Tu es un peu étourdi, & nous avons pour voisin un chat noir fort avisé : prends-y garde à ton retour. J'ai observé qu'il avoit pris pour Favori une tendresse qui m'épouvante. Hier au matin, j'avois, en entrant, laissé la porte ouverte, il se glissa tout doucement à ma suite. Après avoir rendu mes devoirs à l'oiseau, je me mis à feuilleter un peu tes livres. Tout-à-coup j'entendis derrière moi un tendre miaou. Je me retournai, j'apperçus le scélérat huché sur le dos d'un fauteuil, vis-à-vis de la cage. Il regardoit Favori d'un œil caressant, mais hypocrite ; il tortilloit moelleusement sa queue, & sembloit lui dire : » O mon cher petit oiseau ! » viens te percher a mon côté ; ou bien, attends-» moi, je vais sauter légèrement sur ta cage. Vois » les douces pattes de velours que j'ai pour te » caresser. (Remarque bien qu'à ces mots il cachoit soigneusement ses griffes.) » Je te dorlote-» rai tout le long de la journée, en te pressant » contre mon tendre cœur. Ne t'effraye pas de

» mes longues moustaches, elles ne piquent
» point : il y a par-dessous une petite bouche,
» avec laquelle je baiserai si joliment ton petit
» bec ! Viens, viens, mon ami ». Que penses-tu
que Favori répondoit à tous ces beaux discours ?
Rien : mais on voyoit clairement à sa mine que
le petit matois n'en étoit pas la dupe; & j'imagine qu'à la place du chat, il pourroit fort bien
être un aussi grand fripon. Est-ce que tu lui aurois
donné de tes leçons de coquinerie ? Il baissoit, il
relevoit sa tête, il secouoit ses plumes; il jetoit
un œil de méfiance sur l'orateur, & de confiance
vers moi, comme s'il eût voulu dire : » Je te
» connois, méchant; tes paroles mielleuses, tes
pattes de velours, ta petite bouche cachée sous tes
moustaches, sont aussi perfides que ton tendre
cœur de chat. Tu peux tromper une pauvre souris;
mais moi ? Oh, que non ! Je me moque de tes
ruses, & je ne crains pas ta malice : j'ai ici une
amie pour me secourir »; & soudain il se mit à
crier à plein gosier : Cuic, cuic ! cuic, cuic ! Je le
compris à merveille : sans faire semblant de rien,
j'allai vers une cuvette pleine d'eau, & je fis au
tendre matou une si bonne aspersion, que j'éteignis tout d'un coup le feu de son amitié ; car, en
deux sauts, il fut à bas du fauteuil, & il secouoit
son poil humide, comme s'il avoit eu des frissons
de fièvre. Profite de cette observation, s'il venoit

te faire *incognito* sa visite, lorsque tu seras ici.

Cet animal doucereux, à qui tant de personnes ressemblent dans le monde, me rappelle une ariette de notre ami, dans une petite comédie manuscrite qu'il tient au fond de son porte-feuille. Je te l'envoie, pour te prier de la faire mettre en musique, si tu connois quelque bon compositeur dans le pays.

De ces gens aux airs chatemites
Jamais, jamais n'attendez rien de bon.
Toutes ces mines hypocrites
Cachent un cœur fripon.

Je crois voir, autour d'une table,
Un chat roder légèrement ;
D'un ragoût l'odeur agréable
A frappé mon gourmand.
Le voilà, d'un air de simplesse
Qui vient à vous :
Sur vos genoux
Il saute avec souplesse,
Puis de sa queue il vous caresse ;
Puis il fait le gros-dos ; puis miaule tout dour.
Puis de sa patte
Il vous flatte.
Eh! qui croiroit qu'il pense à mal,
Le pauvre animal !
Sur le morceau qu'en son cœur il dévore,
L'adroit caffard !
Il n'ose encore

Qu'en deſſous jeter un regard;
Mais un moment tournez la tête,
Zeſte, l'agile bête
A déjà fait ſa part.

De ces gens aux airs chatemites
Jamais, jamais n'attendez rien de bon,
Toutes ces mines hypocrites
Cachent un cœur fripon.

J'attends avec une vive impatience le journal curieux de ton voyage, que tu m'annonces. Je vais demain dîner à la campagne avec maman : s'il nous arrive quelque choſe d'intéreſſant ſur la route, je m'engage à t'en faire le récit. Puiſque tu vas à la poſtérité, je ferai charmée de partager avec toi l'admiration de nos derniers neveux. En attendant, je veux que tu ſaches en particulier que tu n'auras jamais de meilleure amie que ta ſœur,

Juliette de Lormeuil.

SECONDE LETTRE
DE DIDIER DE LORMEUIL
A JULIETTE SA SŒUR.

JE te remercie, ma chère sœur, de la jolie lettre que tu m'as écrite pour me tirer de mes inquiétudes. La scène du chat noir & de mon serin m'a beaucoup amusé : j'ai trouvé le discours du matou assez adroit, mais le cuic-cuic de Favori, bien plus éloquent, puisqu'il a produit la déroute de son ennemi, graces à ta valeur incroyable. Tu mériterois, pour cet exploit, d'avoir une cuvette dans ton écusson.

J'ai travaillé, pendant trois jours, au journal de mon voyage, que je t'ai fait espérer pour récompense de tes soins. Mon papa trouve fort bonne l'idée de nous communiquer nos aventures : il dit que nous acquerrons, par ce travail, l'habitude d'écrire avec aisance, & de réfléchir sur tout ce qui frappe nos regards. Ma relation lui a paru très-fidèle, & il désire vivement de voir celle que tu m'as promise de ton dîner à la campagne avec maman. Frédéric & Louise auront été sûrement de la partie. Que de folies vous aurez faites ensemble ! mais, quand tu ne me parlerois que des tiennes, je te connois en fonds pour me donner un chapitre assez étendu. Afin de t'engager à me l'envoyer plus vîte, je vais me hâter de rassembler les morceaux de mon histoire de grand chemin, épars sur vingt chiffons de papier : tu la recevras dans quelques jours. Adieu, je t'embrasse en attendant, & suis pour toute ma vie, ton frère & ton ami.

DIDIER DE LORMEUIL.

RÉPONSE
DE JULIETTE DE LORMEUIL
A LA LETTRE PRÉCÉDENTE.

A quoi penses-tu, mon cher Didier, de me faire si long-tems attendre le journal de ton expédition ? Est-ce que tu serois allé, comme Gulliver, dans quelqu'Isle inconnue, pour avoir tant de choses à me raconter ? J'ai bien remarqué l'ordre admirable dont tu te piques, à tes vingt chiffons de papier, épars sans doute dans tous les coins de ta chambre. Heureux encore, si le petit chat de la maison ne s'est pas diverti des plus belles parties de ton ouvrage ! Je ne serois point étonnée d'y trouver de larges lacunes, ou de te le voir entamer par la fin, avec la précaution de mettre la queue tout au commencement; ce qui vaudroit bien le grand chapitre de mes folies. Je ne sais si la cuvette figureroit bien dans mon écusson; mais je crois que les feuilles de la sybille, dont tu m'entretenois l'autre jour, pourroient te composer des armoiries assez parlantes. Puisque mon papa semble desirer de voir ma relation; je m'empresse de te la faire passer, sans attendre la tienne; car je serois fâchée de le renvoyer peut-être aux calendes, comme le dit le bon la Fontaine. Embrasse-le bien respectueusement de ma part, & tu le prieras ensuite de te rendre tendrement tous les baisers que tu lui auras donnés pour moi.

JULIETTE DE LORMEUIL.

P. S. *Tu trouveras ci-inclus mon journal.*

JOURNAL DE MON VOYAGE.

ON n'a pas besoin de faire une route si longue que la tienne, pour avoir aussi des aventures. Nous venions à peine de passer les premières barrières, lorsque nous rencontrâmes sur le chemin, un berger qui conduisoit ses moutons. Notre cocher, croyant son honneur compromis de céder le pas à un vil troupeau, poussa sa voiture tout au travers de la foule. Les pauvres moutons, qui passent pour avoir un cœur fort honnête, mais un esprit assez borné, ne sachant quel parti prendre, se jetoient entre le jambes des chevaux, & jusques dans les rayons de la roue. Le berger crioit à pleine tête au cocher d'arrêter, & le cocher, sourd à tous ses cris, ne rallentissoit point son grand trot. Comme le vent étoit assez frais, notre voiture étoit fermée de toutes parts. Frédéric voulut savoir comment les moutons se tireroient de cet embarras. Malheureusement il avoit oublié que, pour regarder par une portière, il faut d'abord en baisser la glace : il alla donner du front contre le cristal fragile qui se rompit aussitôt en mille pieces. En retirant sa tête de la fenêtre qu'il venoit de s'ouvrir, un éclat de verre le blessa légèrement à la joue. Il y porta la main, & de quelques gouttes de sang qui couloient de sa blessure, il se barbouilla si bien tout le visage, qu'il avoit l'air d'un de ces petits garçons qui courent les rues en mascarade à la fin du carnaval. La tendre Louise, à cette vue, ne doute pas que son frère n'ait laissé tomber son nez au milieu du troupeau, & se mit à crier : ah ! mon pauvre Frédéric ! ah ! mon pauvre Frédéric, jusqu'à ce que maman, avec un peu d'eau de mélisse, qu'elle répandoit sur son mouchoir, eût nettoyé son barbouillage, & rendu à sa petite mine, cet air espiègle que tu lui connois. Eh bien! mon cher Didier, qu'en dis-tu? Il me semble que l'esprit d'étourderie ne dégénère point dans les garçons de notre famille; & voilà ton frère qui soutient déjà dignement ta réputation.

Il ne se passa rien de mémorable depuis cet évènement, jusqu'à notre arrivée dans la maison de notre chère nourrice, cette bonne Marguerite, chez qui nous allions dîner. Après avoir reçu ses tendres caresses, nous allâmes nous promener dans les champs. En passant toute seule le long d'une haie, j'apperçus de pauvres oiseaux, dont la patte se trouvoit prise dans un perfide lacet: ils agitoient pitoyablement leurs aîles, & sembloient me demander leur liberté. Tu penses bien que je ne fus pas insensible à leurs tristes prières: je rompis leur chaîne, & j'eus le plaisir de jouir de leur reconnoissance dans les transports de joie qu'ils faisoient éclater en s'envolant. Ce mouvement de pitié ne fut point du goût d'un petit paysan du voisinage, qui avoit fondé d'avides espérances sur la vente de ces prisonniers; & leur délivrance, comme tu le verras, faillit nous coûter assez cher. Le soleil, vers l'heure de midi, avoit dissipé les brouillards: la journée se trouvoit si belle, que maman voulut nous faire goûter toutes les délices d'un repas champêtre. Le dîner fut servi dans le jardin. Marguerite nous avoit régalés d'une ex-

cellente

cellente soupe au lait. Au moment où Frédéric, suivant la liberté des manières de la campagne, portoit son assiette à la bouche, pour s'épargner la peine de l'exercice de la cuillier, voilà tout à coup une grosse pierre qui, l'atteignant sur le bord, la renverse sur la table, & en fait rejaillir une rosée blanche qui nous éclabousse à la ronde. Il auroit fallu nous voir jeter les uns sur les autres, tout palpitans de frayeur, comme si Jupiter eût laissé tomber au milieu de nous un de ses foudres. Le mari de Marguerite, qui n'est pas homme à s'effrayer du bruit, courut à la porte du jardin pour attraper le dieu du tonnerre, & lui renvoyer son carreau : mais le dieu, semblable à ceux de la fable, qui se joüoient si bien des pauvres mortels, s'étoit rendu invisible. Notre hôte eut beau rester à la porte en sentinelle, il n'y gagna rien, que de nous garantir du péril d'être foudroyés une seconde fois. Notre dîner venoit de finir, & je me disposois à rendre une visite d'humanité à toutes les haies du canton, lorsque maman nous avertit qu'il falloit songer à la retraite. Nous remontâmes à regret dans notre voiture, après avoir fait à la chère Marguerite nos petits cadeaux. Il ne fut jamais une si belle soirée : du haut d'une montagne où nos coursiers fumans s'étoient arrêtés pour reprendre haleine, nous eûmes le plaisir de voir un vaste horizon couvert de nuages des plus brillantes couleurs. Le soleil, qui s'embloit se réjouir de l'accès que Frédéric lui avoit ouvert pour arriver immédiatement jusqu'à nous, coloroit, par reconnoissance, son front & celui de Louise de toute la pourpre de ses rayons. On auroit cru voir ces belles faces dorées de chérubins qui parent les autels. Les moutons de la matinée avoient apparemment donné l'alarme à leurs camarades; car nous n'en trouvâmes point à notre retour. Il ne se présenta, sur notre passage, qu'une troupe d'ânesses, avec quelques ânons de la figure la plus ingénue que tu puisses te représenter. Nos chevaux, qui crurent apparemment y reconnoître un air de famille, voulurent à toute force leur céder le haut du pavé, & firent mille soubresauts & mille courbettes en leur honneur. Mais notre fier cocher soutint à merveille la gloire de son siège : il leur persuada, du bout de son fouet, qu'ils étoient des personnages d'une plus haute importance, & qu'ayant le pas sur eux dans tous les livres d'histoire naturelle, ils devoient le conserver sur les grands chemins. Il fallut bien se rendre à des raisons si frappantes, & ils nous conduisirent, sans autre malencontre, au logis.

TROISIÈME LETTRE
DE DIDIER DE LORMEUIL
A JULIETTE.

IL n'est pas étonnant, ma chère sœur, qu'on se tire si lestement du récit d'un voyage, où l'on n'a eu affaire qu'à des bêtes à petites cornes ou à longues oreilles, à un étourdi qui casse les vitres, & à un polisson qui vous jette des pierres. Si tu appelles cela des aventures, je ne sais quel titre assez magnifique tu trouveras pour les miennes. D'après ce qui m'est arrivé, pour n'avoir traversé qu'un village, tu peux juger aisément de ce que j'aurois eu à te raconter dans une plus longue expédition. Je commence à coire que, du tems des chevaliers errans, j'aurois pu faire une brillante figure sur ce globe, & chanter moi-même mes hauts faits, de peur que personne ne s'avisât de ne les pas célébrer à ma fantaisie.

En voici un petit échantillon que je soumets intrépidement à ta censure; ou plutôt je t'engage, pour tes plaisirs, à le lire avec soin, pour ne perdre aucune de ses rares beautés.

JOURNAL DE MON VOYAGE.

Nous roulions depuis un quart d'heure en silence dans notre voiture, avec la même vîtesse que les nuages qui couroient sur nos têtes. Je bénissois la mémoire de celui qui, le premier, inventa cette manière agréable de nous transporter d'un endroit à l'autre, sans éprouver de fatigue, en attendant qu'on perfectionne le projet de nous voiturer encore plus doucement par les airs, dans un bateau volant, ou sur des ballons. L'aspect de la campagne surprit ensuite ma pensée. Tous les arbres étoient dépouillés de leur parure : à peine y restoit-il quelques feuilles jaunes ou rougeâtres, qui n'attendoient que le moindre souffle du vent, pour devenir son jouet. Les tendres accens du rossignol, le concert joyeux des pinçons & des fauvettes ne remplissoient plus les bocages : on n'entendoit que les cris glapissans des corbeaux & des corneilles qui fuyoient à tire d'aîle, effrayés par le bruit de la coignée du bûcheron. Au lieu de ce grand rideau de verdure, qui présentoit de toutes parts la richesse & la gaieté, on ne découvroit, à travers les têtes chauves des arbres, que des chaumières à demi-ruinées, & des villages enveloppés de fumée & de brouillards. Des femmes occupées à ramasser des branches de bois mort, quelques laboureurs traînant la herse sur leurs guérets, des ramiers sauvages qui cherchoient, dans l'épaisseur du chaume, les grains échappés aux glaneuses, étoient les seules créatures vivantes qu'on apperçût de loin en loin sur les champs. Rien ne consoloit nos regards attristés, que les jeunes semences déjà verdoyantes, qui s'élevoient de la terre pour annoncer l'espoir d'une heureuse récolte.

Nous fûmes tirés de la rêverie où nous plongeoit ce spectacle mélancolique, par les mouvemens extraordinaires que nous vîmes faire soudain à notre cocher. Sa redingotte étoit glissée de son siège sur l'une des petites roues, qui l'emportoit autour de son essieu, comme des aîles de moulin à vent; après bien des tours, il vint à bout d'en saisir une manche, & la tiroit à lui de toutes ses forces, en criant d'une voix enrouée : O ma redingotte! ma redingotte! Je me jetai précipitamment à la portière pour regarder; mon chapeau tomba, & je me mis à crier : ô mon chapeau! mon chapeau! Geoffroi, de son poste, entend nos lamentations, & se penche : son bonnet fourré lui échappe. Il ne crie point : ô mon bonnet! mon bonnet! mais, en voulant le ratrapper dans sa chûte, il se renverse lui-même à terre de toute sa longueur. Heureusement pour le malheureux, que ce fut dans un large & profond bourbier bien douillet;

car, autrement, je ne sais ce qui seroit arrivé de sa vie, au moins de son nez, de ses dents & de son menton. Il n'avoit fallu qu'une minute pour toutes ces catastrophes. Mon papa étoit le seul qui, dans toute cette bagarre, n'eût pas perdu l'esprit : il baissa la glace de devant ; & saisissant les rênes dans les mains du cocher, il arrêta les chevaux. Le cocher descendit, & dégagea de l'essieu sa redingotte : mais quelles furent ses tristes doléances, lorsqu'il vit au milieu de la taille un grand trou, par où sa tête énorme auroit pu passer avec toute la frisure d'un petit-maître !

Geoffroi, de son côté, avoit la bouche si empâtée, qu'il ne pouvoit articuler un seul mot. O ma sœur ! si tu l'avois vu, sous ce masque, essayer de rire pour me tranquilliser sur sa culbute ! Il ne faisoit qu'éternuer, cracher, & se frotter, avec les mains, les genoux & les coudes. Son habit, autrefois tout vert, ne l'étoit plus que par derrière : il avoit l'air d'une perruche grise, à demi-doublée de perroquet. Il retourna quelques pas en arrière, pour chercher son bonnet de peau de renard : par bonheur qu'on y avoit laissé tenir la queue de l'animal, pour figurer en forme de panache. C'est elle qui le fit découvrir, & qui servit à le repêcher de l'ornière profonde où il s'étoit englouti. Il fallut le tordre & le retordre, pour qu'il pût l'emporter sous son bras. On rattrapa aussi mon chapeau, à qui le vent faifoit faire mille fauts périlleux en avant & en arrière : mais il ne perdit rien à toutes ces cabrioles; au contraire, il y gagna une épaiffe calotte, qu'il a fu conferver en partie, à la barbe de toutes les broffes de la maifon.

Quand nous fûmes remontés dans la voiture, & que tout fut rétabli dans fon premier ordre autour de nous, il fut d'abord queftion de faire de la philofophie fur toutes ces difgraces. Mais après en avoir effayé de la plus férieufe, il nous vint dans l'efprit que le parti le plus fage étoit peut-être de prendre la chofe gaiement. Mon papa tira de fa poche des confolations pour le cocher. De mon côté je vis bien que Geoffroi n'étoit en peine que de fon bonnet, parce que l'habit étoit de la livrée de la maifon. Je lui fis un figne qui le remit de belle humeur, & tout le monde continua la route comme fi rien ne fût arrivé. Nous étions près d'entrer dans un village, lorfque nous apperçûmes un vieux foldat affis fur une pierre au bord du chemin. Il avoit une de fes jambes pliée en arrière fous lui, & l'autre, qui étoit de bois, toute roide, & tendue en avant. A fa gauche étoit une longue béquille, à fa droite un grand chien noir. Mon papa, qui fait profeffion d'aimer les foldats les mieux eftropiés, le falua d'un air de bienveillance, & me donna une pièce de vingt-quatre fols, pour la jeter, en paffant, dans fon chapeau; ce que je fis, sans me vanter, avec beaucoup d'adresse. La voix de sa reconnoissance fut si haute, qu'elle réveilla une femme de très-mauvaise mine, qui dormoit, tout près de là, sur un tas de paille. Elle se mit à courir après notre voiture, & l'atteignit au moment où nous en descendions pour entrer dans l'auberge. Ah! monsieur, dit-elle à mon papa, vous placez bien mal vos charités! Si vous donnez de si belles aumônes à un vieux ivrogne, que ferez-vous pour une brave femme, comme je la suis, qui n'a pas bu de vin depuis dix ans? Mon papa, dont l'esprit s'étoit occupé de bien des choses dans cet intervalle, ne songeoit plus à l'invalide, & la regardoit d'un air étonné. Oui, oui, monsieur, reprit-elle, c'est de ce vieux ivrogne de soldat que je parle. J'ai bien entendu comme il vous remercioit pour une pièce de vingt-quatre sols que le petit monsieur lui a jetée de votre part. Je gagerois qu'avant la nuit, il l'aura toute bue en eau-de-vie: & puis n'avez-vous pas vu ce grand chien noir qu'il a toujours à son côté? Un mendiant nourrir un chien! N'est-ce pas voler d'autres malheureux?

Finissez, lui répondit mon papa d'un ton sévère: pourquoi me dire du mal d'un homme qui a besoin, comme vous, de ma pitié? S'il aime un peu l'eau-de-vie, je le pardonne à un vieux soldat. Tandis que nous sommes assis à notre aise au coin du feu, il faut que ces braves gens supportent le vent, la neige, la pluie, toutes les rigueurs de l'hiver : il n'eſt pas ſurprenant qu'ils aient recours à une boiſſon qui les réchauffe, & qu'ils s'y accoutument. Pour ſon chien, c'eſt peut-être l'unique attachement qu'il ait dans le monde ; c'eſt ſon compagnon fidèle, le ſeul ami qui prenne part à ſes bonnes ou mauvaiſes journées. En achevant ces mots, il lui donna, ſans la regarder, une pièce de deux ſols. Elle la reçut d'un air dédaigneux, & s'en retourna en grognant tout le long du chemin. Cette vilaine femme m'avoit donné de l'humeur. Je ſuis bien fâché, dis-je à mon papa, que vous l'ayez ſecourue de la moindre choſe. Dire des injures à ce pauvre ſoldat, & lui envier votre aumône ! il faut être bien méchant ! Tu as raiſon, mon fils, me répondit-il : celui qui veut émouvoir ma pitié envers lui, aux dépens d'un autre, ne fait qu'exciter mon indignation. Cependant je la vois dans le beſoin, & j'oublie ſon mauvais naturel ; elle en eſt aſſez punie par elle-même. Sans la méchanceté de ſa langue, je lui aurois donné autant qu'à lui. Pendant ce dialogue, l'aubergiſte nous avoit conduits dans une chambre, dont une croiſée s'ouvroit ſur le chemin que nous avions parcouru, & l'autre, ſur la cour de l'auberge. En attendant qu'on nous apportât le dîner, je me mis à la fenêtre. Le premier objet que j'aperçus, ce fut la vieille femme qui venoit de s'asseoir au pied d'un ormeau tout près de la maison : elle tiroit de sa poche une petite bouteille de vin, dont elle se mit à boire d'un grand courage. J'appelai mon papa, & je la lui fis remarquer : il m'imposa silence, de peur qu'elle pût nous entendre. Au même instant nous vîmes au loin le vieux soldat qui venoit vers nous, appuyé sur sa béquille, & suivi de son chien noir. Aussitôt que la vieille femme l'aperçut, elle fit rentrer précipitamment la petite bouteille dans sa poche. Nous fûmes curieux d'entendre leur entretien. La bonne mère ! lui dit l'homme à moustache, en l'abordant, est-ce que vous voulez coucher-là sans dîner ? Vous n'avez donc pas faim d'aujourd'hui ? Oh ! ce n'est pas la faim qui me manque, répondit-elle d'un ton pleureur ; c'est de quoi manger. Bon : s'il ne tient qu'à cela, répliqua-t-il, j'en ai pour nous deux. Alors, s'étant assis auprès d'elle, il fit glisser de dessus son dos un vieux havresac, & en tira un morceau de pain noir, avec un bout de cervelat bien enveloppé dans du papier, qu'il lui présenta. Il ne garda pour lui qu'un peu de pain & de fromage : encore, à chaque morceau qu'il mangeoit, en donnoit-il à son chien, qui s'étoit mis par derrière, & qui tenoit sa tête appuyée sur son épaule, de l'air de la plus intime familiarité. Pendant leur repas, la méchante vieille

tourna la conversation sur la dureté des voyageurs, & dit que ce monsieur qui venoit d'arriver à l'auberge, ne lui avoit donné que deux liards. Cela ne peut pas être, répondit l'honnête guerrier : il m'a l'air d'un bien brave homme. Apparemment qu'il ne lui restoit dans sa bourse que de l'or, qu'il ne pouvoit pas changer. Voyez ce qu'il m'a fait jeter par son fils, une pièce de vingt-quatre sols ; la voilà. Il n'en tombe pas souvent de ce calibre dans mon chapeau. Mais ne soyez pas en peine, vous en profiterez comme moi : je ne sais pas être heureux tout seul. Un bon repas demande un coup de vin ; je n'en ai pas fait couler aujourd'hui dans mon estomac, malgré le froid salé qu'il fait ; mais ma pauvre bourse étoit si plate, que je l'aurois enfilée dans le trou d'une aiguille. La voilà devenue rondelette à présent, & je suis en état de dépenser aujourd'hui six sols ; trois pour vous, trois pour moi : le reste sera pour d'autres rencontres. Allons, la bonne mère, donnez-moi la main : il se leva d'un air jovial, en disant ces mots. La méchante vieille se mit à faire le bon valet ; elle lui présenta officieusement sa béquille, & caressa son chien. Je crois que je l'aurois battue pour cette noire fausseté. Ils s'acheminèrent ensemble vers l'auberge, tandis que nous allions nous poster à la fenêtre qui donnoit sur la cour. Nous vîmes bientôt le soldat se faire donner une roquille de vin, & deux petits verres, dont il remplit l'un pour sa convive. Elle l'avala d'un trait.

Mon papa ne put contenir plus longtems son indignation. Fi! la détestable créature, cria-t-il à haute voix! Ils levèrent tous deux la tête: la femme poussa un cri en nous reconnoissant; mais le soldat n'en parut point déconcerté: Mon bon monsieur, cria-t-il à mon papa, vous voyez comme nous nous régalons à votre santé. Permettez que je vous la porte, continua-t-il, en ôtant son chapeau, celle de monsieur votre fils aussi: je n'oublie personne, si petit qu'on soit, quand c'est d'honnêtes gens. Grand bien vous fasse, l'ami! lui répondit mon papa. Vous avez un cœur tel que je les aime: tout pauvre que vous êtes, vous savez obliger. Voici de quoi vous souvenir encore de nous, (en lui jetant un écu sur la table): mais, pour ceux qui boivent le vin d'un brave homme qu'ils viennent de calomnier lâchement..... La méchante femme n'en attendit pas davantage; elle se retira la tête baissée, dans une extrême confusion. Pendant notre dîner, l'hôte nous raconta que le brave soldat, nommé Thierry, avoit servi trente ans; qu'il n'avoit quitté les armes que par une suite du malheur arrivé à sa jambe, & qu'il avoit les certificats les plus honorables de tous ses officiers. C'est lui, continua-t-il, qui maintient le bon ordre & la paix dans le village : ses moustaches grises en imposent encore aux vagabonds. Tout le monde se feroit un plaisir de lui donner du pain, s'il vouloit le prendre; mais il n'en reçoit point, qu'il ne l'ait mérité par quelque service, comme des messages d'une paroisse à l'autre, dont il s'acquitte avec autant d'intelligence que de fidélité. Je l'aurois mis en colère, si j'avois refusé de prendre son argent pour le verre de vin qu'il vient de boire. Il prétend que je dois vivre avec tout le monde des profits de mon état; & que si je lui donnois quelque chose, je serois obligé de le porter sur le compte d'un autre; ce qui ne seroit pas juste. Tous les matins, il va de bonne heure, avec une hotte de cailloux sur les épaules, remplir les ornières faites la veille sur le chemin. Vous avez dû remarquer comme il est bien entretenu : il ne demande jamais rien; mais il n'est guère de voyageurs habitués sur la route, qui ne lui donnent quelque chose au passage; & il le prend en conscience, parce qu'il croit l'avoir gagné. L'hiver, quand le froid est trop rude, il vient faire des sabots d'enfans au coin de ma cheminée, & il les donne pour rien à ceux qui ne sont pas en état de le payer, de peur qu'ils ne s'enrhument. Seulement il les fait danser devant lui pour sa peine.

Eh bien! ma sœur, que dis-tu de ce bon Thierry?

Ce dernier trait de son histoire m'a fait tant de plaisir, que je lui ai commandé pour toi une paire de sabots, que je prendrai à mon retour. Comme tu es trop généreuse, & d'ailleurs trop loin de lui, pour le payer en gambades : je me charge, à ton intention, de le solder en monnoie de meilleur aloi. Je veux lui en donner six francs, afin que le cadeau soit plus digne de t'être présenté. Ils ne te seront pas inutiles pour courir cet hiver dans le jardin.

Si je ne craignois que mon journal n'eût déjà fatigué ta patience, j'aurois vraiment bien d'autres histoires à te raconter. Je te dirois comme, chemin faisant, je mis à fin une grande aventure, par un moyen dont le seigneur don Quichotte, malgré toute sa bravoure, n'auroit jamais eu l'esprit de s'aviser. Tu vas croire, peut-être, d'après ce début, qu'il y avoit un enchanteur, ou tout au moins, un géant dans la querelle, & qu'il s'agissoit de la destinée de quelqu'illustre princesse, & d'un grand royaume à reconquérir. Eh bien, non, ma chère Juliette ! ce n'étoit qu'une petite dindonnière aux prises avec un petit chevrier, pour défendre une petite pomme qu'elle venoit de cueillir. Après m'être informé gravement de la cause de ce duel, je pris, comme tu le devines sans peine, la défense du plus foible, mais en paroles ; car heureusement pour le fort, je n'avois ni lance, ni rondache; d'ailleurs, il faut aussi te dire qu'il étoit de tournure à rosser, malgré toutes ces armes, le pauvre chevalier. Je vis tout de suite que le personnage d'un Salomon, ou d'un Titus, alloit beaucoup mieux à ma taille, & je terminai le combat au grand contentement des deux champions, en partageant entr'eux les restes du pâté que maman nous avoit donné pour la route. Je pourrois encore te représenter la détresse d'un malheureux lièvre que nous vîmes courir à travers les champs, poursuivi par une meute de chiens & de chasseurs. Le pauvre animal, après les avoir mis vingt fois en défaut par ses crochets dans la plaine, étoit grimpé sur la pointe d'une roche pendante tout-à-pic sur des précipices. Un chien furieux l'aperçut dans cette dernière retraite, & eut l'audace de le forcer. Je les vis se précipiter l'un & l'autre, & rouler ensemble tout déchirés...... Mais cette peinture est trop cruelle, n'est-ce pas ? J'aime mieux t'offrir des images plus douces, en te parlant de la joie que notre arrivée inattendue a fait naître ici dans toute la maison. Si tes plaisanteries malignes ne m'avoient pour jamais détrompé de l'idée que j'ai voulu prendre quelquefois de mon mérite, je me croirois un homme important, à la manière dont je suis fêté. Il est plus modeste de croire que je suis redevable de ces regards au souvenir que l'on a conservé de ta visite de l'année dernière, & je mets tout mon orgueil à te devoir ma considération.

Voilà, ma chère sœur, le récit peut-être un peu trop détaillé de mes diverses aventures. La plus périlleuse est celle où je me suis engagé, pour te plaire, en essayant de te les décrire : je n'aurois jamais cru en venir à bout. Je ne veux point te faire valoir mon travail : je me flatte cependant que tu m'en. saurois quelque gré, si je te disois que l'on me sonne depuis un quart-d'heure, pour goûter des beignets qui se refroidissent à m'attendre. Je ne crois pas que l'héroïsme de l'amitié fraternelle puisse aller guère plus loin.

Adieu, ma chère Juliette : je vais me divertir ici le mieux qu'il me sera possible, pour que tu me trouves plus gai, quand je retournerai près de toi. C'est une attention délicate dont tu dois sentir tout le prix, & qui te prouve le tendre attachement avec lequel je suis pour toujours ton frère,

DIDIER LE LORMEUIL.

DERNIÈRE

DERNIÈRE RÉPONSE
DE JULIETTE DE LORMEUIL
A SON FRERE.

J'AVOIS toujours ouï dire que rien ne servoit, comme les voyages, à former l'esprit : ta relation vient de m'en donner une preuve, à laquelle j'étois bien loin de m'attendre. Qui jamais eût pensé qu'un petit écolier de rhétorique, comme toi, se crût déjà philosophe, pour avoir fait six lieues ! Tu me disois, dans ta première lettre, que tu destinois le récit de ton voyage à la postérité : lorsque tu voudras l'envoyer à son adresse, je me charge de faire le dessin de quelques estampes pour l'accompagner. Ta description de la campagne, dans cette triste saison, me fournira le sujet d'un paysage d'automne très-pittoresque. L'opiniâtre cocher qui, sans bouger de son siège, tiraille par la manche sa malheureuse redingotte ; le pauvre Geoffroi se relevant tout confus de son bourbier, mon petit étourdi de frère, tête nue à la portière, suivant des yeux son chapeau dans ses pirouettes ; voilà trois drôles de figures à peindre, tandis que mon papa, toujours fidèle à son caractère de prudence, fera le contraste de mes originaux, en saisissant les rênes, & arrêtant l'attelage. Tu penses bien que je n'oublierai pas le dîner sous l'orme de la méchante femme & du vieux soldat. Quelle bonne physionomie je veux donner à ce brave Thierry, & à son chien noir, mangeant amicalement sur son épaule ! Enfin, je terminerai ma galerie par la scène de la dindonnière & du chevrier. Mon frère sera peint, comme tu te le représentes toi-même, jugeant gravement leur querelle, & les mettant d'accord avec des bribes de pâté. Il est vrai que je ne mettrai au-dessous ni le nom de Salomon ni celui de Titus, que tu ne fais pas la moindre façon à te donner avec ta modestie ordinaire, mais bien celui du nouveau Sancho-Pança, qui ne laissera pas de te faire également honneur; car je n'ai guère vu, dans ma vie, de personnage d'un plus grand sens.

Comme je me flatte que tu ne voudras jamais être en reste avec moi, je t'abandonne aussi mon voyage, pour en tirer tels sujets de dessin qu'il te plaira d'y trouver. Je crois qu'ils pourroient faire très-naturellement le pendant des miens.

N'allois-je pas oublier de te faire mes remercîmens pour les jolis sabots de la façon de Thierry ? Comme je ne me sens pas en état de répondre à un cadeau si magnifique, tu permettras que je te paye à mon retour, comme il se fait payer des pauvres enfans du village : je répète, à cet effet, un nouveau pas de rigodon.

Je suis infiniment touchée du soin que tu prends pour me conserver ta gaîté. Je te prie de croire que je suis capable de la même délicatesse.

Adieu, mon cher Didier, nous sommes, je pense, à deux de jeu pour la malice. Je ne veux l'emporter sur toi, que par les sentimens d'une plus tendre amitié.

JULIETTE DE LORMEUIL.

Fin du Voyage de Didier de Lormeuil.

FRAGMENT D'UN VOYAGE D'ESPAGNE,

PAR M. DE LA DIXMERIE.

FRAGMENT D'UN VOYAGE D'ESPAGNE.

Des voyageurs concentrés dans un même vaisseau, n'ont rien de mieux à faire, que de se voir souvent. Toni & Lucile se lièrent de la manière la plus intime avec un Espagnol nommé don Tellès; c'étoit un homme de quarante ans, qui parloit d'un ton simple, même en parlant sa langue, & en parlant de lui. Il voyageoit depuis plusieurs années, & avoit parcouru, en observateur, l'Italie, l'Allemagne, la France & l'Angleterre. Il retournoit dans sa patrie, absolument délivré du joug de l'orgueil & de la prévention. Il étoit même très-instruit, & se bornoit à ne pas se croire un ignorant. Toni aimoit, il cherchoit sa présence & son entretien. Il se plaisoit surtout à le questionner en ce qui concernoit l'Espagne.

Vous vous adreſſez bien, lui dit un jour don Tellès, tout autre de mes compatriotes pourroit ne vous répondre que pour vous tromper; je ne vous tromperai pas. Vous allez viſiter une nation peu jalouſe qu'on la viſite, & qui ſe confine chez elle comme vos anciens nobles ſe confinoient dans leurs châteaux. Un Eſpagnol voyageur eſt regardé parmi nous comme un échappé de l'ordre des chevaliers errans; & s'il nous reſtoit un Michel Cervantes, je ne ſerois pas ſurpris de me voir un jour traveſti en nouveau don Quichotte. Nous fuyons autant la communication, que les autres la cherchent. On peut même dire que nous prenons d'aſſez bonnes meſures pour qu'on ne vienne pas nous chercher. Notre pays offre peu de commodités aux voyageurs. Nos hôtelleries n'en ont que le titre: on y paye fort cher le ſoin de s'y ſervir & de ſe nourrir ſoi-même. Notre accueil eſt flegmatique & preſque inſultant; car il y a peu de diſtance de l'air de dignité à l'air d'inſulte. Si pourtant vous avez le courage de ſupporter ces prèmières épreuves, peut-être en ſerez-vous dédommagé par la ſuite. L'Eſpagnol d'une certaine claſſe eſt peu affable, mais généreux. Il promettra difficilement, mais il tiendra ce qu'il a promis; il ne s'agit que de le déterminer. Il ſeroit même l'homme le plus laborieux, s'il pouvoit une fois ſe livrer au travail.

On ne peut, dit alors Toni à don Tellès, que bien préfumer de votre nation, quand on a pu vous voir & vous entendre. On ne partage point des défauts qu'on peint avec tant de vérité & de défintéreffement; & j'aime à croire qu'une grande partie de vos compatriotes font dignes de vous imiter.

J'ai, reprit don Tellès, le bonheur d'être né curieux : cette curiofité m'infpira le goût des voyages. Ce fut en comparant les autres nations avec la mienne, que j'apperçus ce qu'il faudroit rectifier en elle. Sans cette utile comparaifon, j'aurois moi-même encore tous les défauts que je viens de fronder : un peuple, qui dédaigne tous les autres peuples, & qui s'eftime infiniment lui-même, conferve auffi précieufement fes vices que fon orgueil.

Et les femmes, demanda Lucile, ont-elles auffi leur petite portion d'orgueil ? Cette portion, répliqua don Tellès, vaudroit bien la nôtre, fi la nature n'y eût pourvu jufqu'à un certain point. Il eft encore d'ufage parmi nous de fe plaindre des rigueurs de fa belle; mais on ne s'en plaint guère aujourd'hui que par ufage.

Ce fut dans des entretiens à-peu-près de cette nature, que nos voyageurs employèrent une partie du trajet : il ne fut troublé par aucun accident, finon que Lucile étoit très-fatiguée en débarquant à Oviédo, port de la province des Asturies. Ce fut une raison pour s'y arrêter quelque tems: don Tellès y avoit aussi quelques affaires, & de-là il devoit se rendre à Madrid. Notre couple voyageur, qui voyageoit sans but, étoit également décidé à voir la capitale d'Espagne. Tous trois furent charmés de ce que leurs arrangemens ne les séparoient pas, & s'accordoient si bien avec leur inclination.

N'oublions pas de dire qu'il y avoit eu, lors du débarquement, une petite discussion entre Toni & le capitaine du vaisseau: celui-ci avoit absolument refusé la rétribution du passage de Toni & de Lucile. Cela ne me regarde point, disoit-il: je me suis arrangé avec M. Wolf; c'est à vous à vous arranger avec lui. Quelques instances qu'on pût lui faire, il persista dans son refus; il rejeta de même toute espèce de présent. Toni s'en tint donc au projet de dédommager Wolf à la première occasion : il le fit aussitôt qu'elle se présenta; mais il n'en fut pas moins sensible à ce procédé amical & généreux. Je vois bien, disoit-il, que tout homme a son foible, comme il a ses vertus; de même que chaque nation a ses défauts, comme elle a ses avantages. Il ne faut rien omettre dans la balance, quand on veut peser ces objets avec équité.

Don Tellès, qui étoit un homme considétable dans l'Espagne, s'étoit arrangé pour rentrer dans Madrid d'une manière convenable à son état. Nos voyageurs traversoient avec lui, dans sa voiture, les montagnes des Asturies : ils se rendirent à Léon, ville qui donne son nom à un royaume. Voici, disoit don Tellès à ses compagnons de voyage, voici le berceau de la nouvelle monarchie espagnole. Ce fut dans les montagnes des Asturies, que se refugièrent les Espagnols qui ne voulurent point être esclaves des Africains : ils fondirent sur eux des montagnes, & leur arrachèrent cette première dépouille, qui fut suivie de beaucoup d'autres. On sera toujours étonné, disoit Toni à don Tellès, d'y voir plus de royaumes que dans tout le reste de l'Europe.

Je viens de vous en dire la raison, dit l'Espagnol : toutes ces couronnes nous rappellent un tems d'esclavage ; il fallut reconquérir l'Espagne pièce à pièce, & chaque lambeau qu'on arrachoit aux Africains, s'érigeoit aussitôt en royaume particulier : eux-mêmes en fondèrent quelques-uns qu'ils n'ont pu conserver. Ainsi, quoique les Maures n'existent plus parmi nous, les traces de leur domination s'y voyent encore : de même que le droit romain, qui régit encore une partie de la France, annonce qu'elle fut autrefois l'esclave des Romains.

Ce n'est pas tout, ajouta don Tellès : l'Espagne avoit plus fait que de reconquérir ses possessions; elle avoit conquis des sujets. Ses tyrans Africains étoient devenus ses esclaves, & cette conquête en valoit bien une autre pour elle; mais elle ne crut pas devoir la conserver. On chassa d'Espagne les seuls hommes laborieux que l'Espagne renfermât; elle eut l'avantage de n'être plus habitée que par des Espagnols, & le désavantage d'avoir très-peu d'habitans.

Pour moi, ajouta Lucile, en souriant, je regrète les Maures. On dit que, sans eux, l'Europe seroit moins galante : on ne peut être femme sans leur savoir gré d'une telle institution.

Nos voyageurs éprouvèrent plus d'une fois ce que don Tellès avoit dit du désagrément de voyager en Espagne : plus d'une fois ils se couchèrent sans lit, & soupèrent de ce qu'ils avoient apporté. L'extrême gaîté de Lucile assaisonnoit ces mauvais repas, & lui faisoit tout supporter avec patience. Le grave don Tellès rioit de ses saillies, & souvent elle faisoit oublier à Toni les raisons qu'il avoit de s'affliger.

De plus, comme il étoit né observateur, ses yeux & son esprit s'occupoient de tout ce qui venoit les frapper. Il jetoit un regard de compassion sur les vastes plaines qu'il traversoit ; il étoit toujours étonné qu'un si beau pays ne fût, pour ainsi dire, qu'un beau désert. Voilà, disoit don Tellès, les tristes fruits de l'indolence & des préjugés qu'on nous reproche. Nous dédaignons tous les arts utiles, & particulièrement le premier & & le plus utile de tous, l'agriculture. Chez nous, l'emploi le plus noble du tems est de ne l'employer à rien; & plus un homme est parfaitement inutile, plus il se croit recommandable. Nous épuisons les mines du nouveau monde, pour payer l'industrie de nos voisins; nous ne sommes que leurs tributaires, & nous ressemblons au Midas de la fable, qui périt pour avoir eu le malheur de tout métamorphoser en or.

Nos voyageurs s'arrêtèrent quelques jours à Salamanque, ville connue par son université, & par quelques-uns de nos romans. Ce qui les détermina à s'y arrêter, c'est qu'ils y trouvèrent un traiteur François, chez lequel on trouvoit à coucher & à vivre. Ils furent moins heureux à Ségovie, renommée par ses laines & son aqueduc. Ils se plurent beaucoup à Valladolid, ville très-agréable par elle-même; & grace encore à un traiteur François, ils y séjournèrent avec agrément. Le voisinage de Madrid, & les affaires de don Tellès, les appeloient dans cette capitale de toute l'Espagne. Il en est, disoit don Tellès à nos voyageurs, de la fortune de certaines villes, comme de celle de certains hommes, le hasard y entre pour beaucoup.

Tolède étoit la capitale de la nouvelle Castille : Charles-Quint, après une maladie, voulut aller prendre l'air à quelques lieues de-là. Il trouva que cet air lui avoit été favorable, & il y fixa son séjour. De-là, l'origine de Madrid, celle de son accroissement, de sa fortune, & de la figure que cette ville fait aujourd'hui dans le monde.

Ils s'arrêtèrent à l'Escurial, où la cour n'étoit point alors. L'Escurial est un beau palais adapté à un beau couvent; car le palais semble avoir été construit pour le couvent, & non le couvent pour le palais. Tous deux furent bâtis par Philippe II, en mémoire de la bataille de Saint-Quentin. C'étoit un vœu qu'il avoit formé durant cette bataille; ce qui fit dire par un François, à ce roi même, qu'il falloit que sa majesté eût une belle peur pour se résoudre à faire un vœu si dispendieux.

Enfin, notre société ambulante arriva à Madrid. Les murailles de cette ville sont construites de cailloux : ce qui fait dire hyperboliquement aux Espagnols, que les murs de Madrid sont de feu. On pourroit ajouter qu'alors les rues de cette ville n'étoient pas même des chemins; leur malpropreté en eût fait autant de cloaques, si l'âpreté du soleil y souffroit rien d'humide. Pour les traverser sans dégoût, il eût fallu au moins être privé de deux sens; l'odorat & la vue.

Don Tellès ne voulut point quitter ses compagnons de voyage. Il avoit son hôtel, & de plus il avoit encore sa mère par qui cet hôtel étoit habité. Rien n'empêchoit que Lucile ne pût l'habiter avec décence. Il falloit qu'elle & Toni cédassent aux invitations de l'Espagnol généreux. Ils furent installés chacun dans un appartement commode, & ne tardèrent point à reconnoître que don Tellès avoit étudié, en France, un point qu'on y regarde comme un des points capitaux du savoir-vivre, les petits-soins.

Don Tellès reçut & rendit beaucoup de visites; mais il ne négligea point ses hôtes. Il s'attacha à leur procurer tous les amusemens que Madrid pouvoit leur offrir. Ces amusemens étoient peu variés: à peine se souvient-on qu'il ait existé un théâtre dans Madrid. Cette nation, qui eut de bonnes comédies avant que nous eussions même de bonnes farces, ne produit plus maintenant ni farces, ni comédies. Quelques courses à cheval, quelques combats d'un homme contre un taureau, forment aujourd'hui leurs amusemens de prédilection; mais ce dernier amusement devient souvent funeste à ceux qui s'y livrent. Nos voyageurs visitèrent d'abord les édifices publics: on rebâtissoit alors le palais du roi, devenu depuis un très-beau palais. Ils virent les autres monumens, ceux du moins qui peuvent mériter ce nom, & en particulier le fameux pont bâti sur le Mancénarès. On a dit de ce pont, qu'il ne lui manquoit rien, excepté une rivière.

Ce qu'un voyageur trouve le plus difficilement dans Madrid, c'est de la société. Don Tellès en avoit déjà prévenu ses hôtes. Vous en aurez cependant, disoit l'Espagnol à Lucile; mes compatriotes désavoueront tous l'usage reçu, lorsqu'ils connoîtront, en vous voyant, tout ce que cet usage leur feroit perdre.

Ce qu'il avoit prévu, arriva; & d'ailleurs il jouissoit d'une considération qui refluoit nécessairement sur ceux qu'il présentoit comme ses amis. En peu de tems, nos jeunes voyageurs furent plus recherchés qu'ils ne désiroient l'être. Lucile trouva beaucoup d'admirateurs, & ne fit point de jalouses : les femmes la louoient & la craignoient. On sait que la grande affaire des dames Espagnoles, c'est l'amour : l'usage & leur propre penchant leur font une loi de s'en occuper : mais le même usage prescrit aux amans des formalités bien minutieuses. L'amour ne marche en Espagne qu'à la suite de la galanterie, & souvent l'éclat de l'une nuit aux projets cachés de l'autre. Il faut paroître authentiquement amoureux, pour oser faire entendre qu'on l'est, & même le paroître encore, quand on a cessé de l'être. Au reste, le caractère national se plie merveilleusement à toutes ces épreuves. Ce qu'un jeune Espagnol
redoute

redoute le plus, c'est de paroître indifférent, lors même qu'il est le moins amoureux.

Il faut avouer aussi que les dames Espagnoles sont très-capables d'inspirer des passions réelles. Presque toutes sont intéressantes, plusieurs sont très-belles, malgré leur teint un peu brun. Une petite stature, mais une taille fine, des yeux pleins de feu, les plus beaux cheveux, les plus belles mains, & certain air passionné qui anime toute leur personne; tout cet ensemble, dis-je, laisse peu de ressources à l'indifférence; il faut ou les fuir ou les chercher. Elles savent, d'ailleurs, donner à leur teint un éclat qu'il ne tient point de la nature. C'est à elles que le beau sexe doit l'invention de la céruse & du carmin.

Elles abusent un peu de la découverte; mais combien n'en abuse-t-on pas ailleurs, sans avoir eu, comme elles, le mérite de l'invention! Lucile, qui n'en faisoit aucun usage, & qui n'avoit nul besoin d'en user, paroissoit une espèce de phénomène au milieu d'elles. Ce n'étoit pas même le seul avantage qui la fît remarquer : chaque jour elle recueilloit de nouveaux suffrages; mais ce qui la touchoit le plus, c'étoit les égards qu'on avoit pour elle dans sa nouvelle demeure. La mère de don Tellès avoit le même caractère que son fils, sans avoir même eu besoin de le perfectionner par des voyages. Elle goûta beaucoup Lucile, & la prévint sur tout ce qui pouvoit la flatter. D'ailleurs, l'arrivée de don Tellès attiroit chez lui une sorte d'affluence; & Lucile, qui vivoit à la françoise, ne se rendoit pas inaccessible aux regards. C'en fut assez pour que l'affluence redoublât : c'en fut aussi plus qu'il n'en falloit pour qu'une foule de jeunes cavaliers Espagnols recherchassent l'amitié de Toni. On ne parloit dans Madrid que de la jeune Françoise : on l'invita dans les meilleures maisons, & la curiosité, dans cette circonstance, l'emporta sur la dignité.

Six semaines s'écoulèrent dans ces sortes de descriptions; &, durant cet intervalle, Lucile eut la gloire de faire plus d'un inconstant parmi la nation qui se pique le plus de constance. Mais Toni, toujours sans y prétendre, la rendoit insensible à tout autre hommage. On étoit surpris qu'elle n'accueillît ni ne rebutât personne. Un de ceux qui paroissoient en être les plus étonnés, & même celui qui s'y intéressoit le plus, étoit don Estevan, jeune homme qui joignoit à la hauteur castillane l'impétuosité françoise. Il ne put soutenir long-tems l'affront de n'être pas distingué par-dessus tous ses rivaux : il en chercha la cause, qui, selon lui, ne pouvoit pas être naturelle. Enfin, il crut s'apercevoir que Lucile regardoit Toni tout autrement qu'on ne regarde un frère; que ses yeux étoient plus animés que ne les anime l'amitié fraternelle; & il en conclut que ces noms de frère & de sœur n'étoient qu'un masque pour couvrir leur intrigue. Tout autre eût pris son parti d'après cette découverte : notre Espagnol n'en devint que plus actif & plus jaloux; il n'en fut aussi que plus maltraité. Dès-lors il désespéra de plaire jamais à Lucile, & il borna ses soins à se venger d'elle. Il se détermina même à faire servir à sa vengeance un des principaux expédiens que la galanterie castillane emploie pour se manifester.

On sait qu'en Espagne tout jeune cavalier doit donner une sérénade, chaque nuit, à celle qu'il aime, ou à ce défaut, à celle qu'il n'aime pas. Cet usage est aussi ancien que la domination des Maures, & il n'a point fini avec elle. On s'y plaint souvent de rigueurs qu'on n'a point éprouvées: On y vante une ardeur souvent très-amortie. Quelquefois on y fait à sa belle de tendres reproches; mais on ne s'étoit pas encore avisé de lui chanter des injures. Don Estevan eut, à cet égard, l'honneur de l'invention. Il se piquoit d'avoir du talent pour les vers, talent malheureux lorsqu'il n'est que médiocre, & presque toujours funeste lorsqu'il est satyrique. On peut dire, en adoptant l'expression vulgaire, qu'il chanta pouille à Lucile, au son de la guitare. Il lui reprocha tout ce qu'il foupçonnoit, & du ton d'un homme qui ne fe borne point à des foupçons.

Lucile ne fut pas moins furprife qu'indignée d'une telle férénade : elle reconnut facilement la voix de don Eftevan, qu'elle avoit plus d'une fois entendue à pareille heure; elle ne trouva de différence que dans l'expreffion des paroles. Toni étoit lui-même logé fur la rue. Il fe couchoit toujours affez tard, quoiqu'il n'eût point de férénades à donner. Il entendit celle qu'on donnoit à Lucile, & quelques mots lui ayant choqué l'oreille, il redoubla d'attention; alors il diftingua facilement une foule d'invectives lyriques, & ne confultant que fon indignation, il prend fon épée, & l'inftant d'après il eft dans la rue. L'Efpagnol chantoit encore, quand le François l'aborda l'épée à la main. Défends-toi! lui cria celui-ci d'un ton furieux. Don Eftevan quitta fa guitare pour prendre fon épée : les muficiens qui l'accompagnoient s'enfuirent felon l'ufage, & les deux champions commencèrent entr'eux un combat trop vif pour être long. Don Eftevan tomba percé d'un grand coup d'épée, & Toni, bleffé lui-même affez grièvement, rentra dans l'hôtel. Cet événement & les cris de Lucile avoient éveillé toute la maifon. Don Tellès, dont l'appartement étoit éloigné, accourut, & fut très-affligé de ce qu'il apprit. On alla voir fi don

Estevan respiroit encore: il ne vivoit déjà plus. Quelque tems après, la sainte-Hermandad s'empara de son corps, il fut reconnu, & on le transporta chez lui. Dans ce moment même, on procuroit au blessé tous les secours nécessaires. On reconnut bientôt que sa blessure n'étoit point mortelle; ce qui rassura Lucile, mais ce qui ne l'empêchoit pas de fondre en larmes. Elle s'imputoit le malheur qui venoit d'arriver, & tous ceux qui pourroient en être la suite. Pour don Tellès, il n'imputoit rien à Lucile ni à Toni. Il exhorta celui-ci à ne s'occuper que de son rétablissement, tandis que lui-même veilleroit à prévenir les suites de cette affaire inattendue.

Elles furent encore plus sérieuses qu'on ne les imaginoit. Don Estevan étoit fils unique, & n'avoit plus de père: sa mère, dont il étoit idolâtré, avoit elle-même beaucoup d'ascendant sur l'esprit de la reine d'Espagne. Elle demanda avec instance la punition du meurtrier de son fils. La reine se sentoit peu disposée à la satisfaire; mais ses pleurs l'intéressoient; il en coûtoit à son cœur pour l'affliger encore davantage. De son côté, don Tellès ne négligeoit rien auprès du roi, ni même auprès de la reine, pour balancer les sollicitations de dona Padilla; c'est le nom de cette mère infortunée & vindicative. L'affaire étoit éclaircie, & toute la cour convenoit que don Estevan avoit mérité son fort. La générofité efpagnole trouva même qu'un étranger, en pareil cas, devoit être mis fous la protection publique. Ainfi, les follicitations de dona Padilla ne purent lui obtenir la vengeance qu'elle efpéroit. Elle fe reftreignit, enfin, à demander que celui qui l'avoit privée d'un fils unique, n'habitât pas les lieux d'où il l'avoit fait difparoître. Epargnez-moi, difoit-elle, en fe jetant aux pieds de la reine, l'horreur de me rencontrer avec l'auteur de mon défefpoir : s'il lui eft permis d'habiter les lieux que j'habite, fouffrez que je m'en exile pour jamais.

Il étoit difficile à la reine de fe refufer à cette demande ; c'eft-à-dire, de préférer l'abfence d'une de fes favorites à celle d'un étranger. Mais Toni avoit prononcé lui-même fon exil avant qu'on le demandât. Tout étoit difpofé pour fon départ, tandis qu'on ne décidoit pas encore s'il devoit partir. Don Tellès regrettoit cette féparation ; mais il en fentoit lui-même la néceffité : il offrit aux deux fugitifs un afyle dans une de fes terres, en ajoutant qu'il s'y retireroit avec eux. Toni, quoique très-fenfible à cette offre généreufe, ne crut point devoir l'accepter. Il ne voulut pas que perfonne s'exilât pour lui, ni changer fon exil en une prifon. Il avoit cette inquiétude d'efprit qui tient à celle du cœur. Ce n'eft point la folitude qui convient à un cœur agité : quiconque eft obligé de fuir un objet qui l'intéresse vivement, doit encore plus se fuir lui-même. C'est dans le tulmulte des voyages, qu'il trouve à se distraire du malheur qui le réduit à voyager.

Ce fut au milieu d'une des belles nuits si communes en Espagne, que nos jeunes aventuriers quittèrent la capitale de cette contrée. Don Tellès les accompagnoit. Ils n'avoient quitté sa respectable mère qu'en pleurant avec elle, & ils s'efforçoient de le détourner du soin qu'il vouloit prendre de les accompagner jusqu'à leur embarquement. Leur dessein, d'ailleurs, étoit de visiter le reste de l'Espagne, puisqu'il n'y avoit que la capitale qui leur fût interdite. Mais ce fut un motif de plus pour don Tellès de leur servir de guide. Je veux, disoit-il, vous sauver autant qu'il dépendra de moi, l'ennui d'un voyage que mes concitoyens vous obligent d'entreprendre. Vous seriez encore à Madrid, sans l'imprudence d'un Espagnol; souffrez qu'un autre Espagnol vous dédommage, autant qu'il le pourra, du désagrément de n'y être plus. D'ailleurs, c'est une contrée absolument inconnue, que vous allez parcourir; l'intérieur de l'Espagne n'est guère plus connu aux autres nations de l'Europe, que l'intérieur de l'Afrique. Je vous en ai dit les raisons, & elles suffiroient seules pour me dicter ce que je dois faire, si mon penchant ne me le dictoit pas encore mieux.

Il fallut que Toni & Lucile cédaſſent à l'em‑
preſſement de cet homme généreux. On prit le
chemin de Tolède, ville mal ſituée pour ceux qui
l'habitent, & même pour ceux qui ne veulent que
la viſiter; elle eſt conſtruite ſur le penchant d'une
montagne. On vante l'étendue de ſa principale
égliſe, & les richeſſes de ſon archevêque : elle
renferme auſſi un château royal, rebâti par Charles-
Quint. Ce que le jeune François y remarqua le
plus, c'eſt une machine hydraulique, inventée
long-tems avant celle de Marly, & beaucoup moins
compliquée. Elle conſiſte, d'abord, en une roue
creuſe & tournante, qui élève & jette l'eau du
Tage dans un canal ſupérieur, d'où une autre roue
la jette dans un canal plus élevé, & toujours ainſi
par progreſſion, juſqu'à ce qu'elle arrive dans un
grand baſſin ſitué au ſommet du château; de-là
elle ſe diſtribue dans le palais & dans la ville.
Cette machine fut l'ouvrage de quelques Italiens.

Lucile & Toni étoient curieux de voir Séville,
capitale de l'Andalouſie ; c'eſt une des villes d'Eſ‑
pagne dont la renommée parle le plus. Nos voya‑
geurs prirent ſur la droite, en quittant Tolède, &
virent une partie de l'Eſtramadure. Il y a peu de
belles routes en Eſpagne, mais il n'y en a preſque
point de mauvaiſes. Quant aux autres difficultés
qui peuvent rebuter les voyageurs, les nôtres en
étoient prévenus; elles ſont les mêmes dans toute

l'Espagne: ils savoient, dis-je, que quiconque ne traîneroit pas avec soi tout son nécessaire, seroit réduit à voyager comme les Pélerins de Saint-Jacques de Compostelle.

Ils arrivèrent au milieu d'une prairie délicieuse: des animaux de différente espèce y étoient rassemblés; des bergers, des bergères s'y exerçoient à différens jeux. Ce n'étoient point les bergers de Fontenelle; mais c'étoient à peu près ceux de Théocrite. Lucile se récrioit sur l'agrément de ce tableau, & sur la beauté de cette plaine. Ce n'est point une plaine, reprit don Tellès en souriant, c'est un pont. Cela ne se peut pas, répliqua-t-elle, je n'aperçois pas même de rivière. C'est, poursuivit-il, que ce pont a, pour le moins, une lieue de largeur: jamais les Romains n'en construisirent de pareil; aussi est-ce la nature qui a bien voulu le construire. Don Tellès, après s'être un peu amusé de l'étonnement de la jeune Françoise, lui donna le mot de l'énigme. C'est, lui dit-il, que la Guadiane, rivière qui traverse cette contrée, se perd tout-à-coup dans la terre. Mes compatriotes, qui animent tout, comme faisoient les anciens Grecs, disent que la Guadiane se cache ainsi par la honte qu'elle a de le céder en grandeur au Guadalquivir. Sans doute, ajouta-t-il, que cette honte se dissipe; car ce fleuve reparoît à quelques milles par-delà, & poursuit fièrement son cours jusqu'à la mer.

Ils s'arrêtèrent à Alcantara : c'est une ville qui doit à son pont toute sa célébrité. Il a près de sept cent pieds de long sur environ trente de largeur, & est élevé de deux cens peids sur le Tage qu'il traverse. Il fut construit sous le regne de Trajan, qui étoit né dans cette contrée. Une petite chapelle taillée dans le roc, à l'entrée de ce pont, étoit autrefois dédiée à cet empereur du monde ; elle l'est maintenant à Saint-Julien-le-Pauvre.

Parvenus dans l'Andalousie & sur les rives du Guadalquivir, nos voyageurs furent frappés d'un autre genre de spectacle. Tout le rivage de ce fleuve est bordé d'oliviers & d'agréables maisons de campagne. On dit que son sable est quelquefois mêlé d'or ; mais les richesses qu'il promène cèdent à celles qui l'environnent. C'est un spectacle délicieux, & qui tempère, dans tout voyageur, l'impatience d'arriver à Séville ; si l'on en croit cependant le proverbe espagnol : qui n'a point vu Séville, n'a point vu de merveilles, & cette exagération n'est point trop outrée. Cette ville en impose aux regards, & par sa situation, & par la multitude de ses édifices publics. Elle est riche par son commerce ; mais on la croiroit pauvre, vu le nombre de ses hopitaux : elle en renferme jusqu'à cent vingt, tous bien bâtis & bien pourvus. Le nombre de ses couvens est encore plus considérable. On seroit, dis-je, tenté de croire qu'autrefois Séville ne fut peuplée que de moines, de fous & de nécessiteux.

Le principal temple de Séville est regardé comme un chef-d'œuvre gothique, & sa citadelle, comme la plus forte de toute l'Espagne. Les palais que cette ville renferme, annoncent qu'elle fut autrefois habitée par des souverains, & quelques-uns de ces palais sont aujourd'hui occupés par de simples négocians. L'aqueduc de Séville est aussi placé, par les Espagnols, au nombre de leurs merveilles : ils disent, en manière de pointe, que c'est un pont sur lequel passe l'eau.

Nos curieux restèrent huit jours à Séville, & trouvèrent de quoi les remplir agréablement. Il n'en falloit pas moins pour voir en détail ce qui les avoit frappés par l'ensemble. Au bout de ce tems, ils prirent le chemin de Grenade, & parvinrent au pied d'un rocher fameux chez les Espagnols : c'est la roche des deux amans. A peine dom Tellès l'eut-il nommée à ses deux compagnons, qu'ils eurent envie de la visiter. Vous n'y verrez rien, leur dit-il, sinon une croix plantée sur la cime du roc, & d'autres à ses pieds : mais voici pourquoi cette roche a conservé un nom qui vous intéresse. Le royaume de Grenade étoit encore sous la domination des Maures, & ils combattoient pour s'y maintenir, comme nous combattions pour les en chasser. Ils firent prisonnier, dans cette bataille, un jeune homme remarquable par sa bonne mine. Le roi de Grenade en fut frappé; il le fut encore davantage des autres qualités que le prisonnier possédoit : il brisa ses fers; mais il le retint auprès de sa personne, & bientôt il lui laissa une très-grande autorité dans son palais. Le prince avoit une fille à qui le jeune étranger plaisoit encore plus qu'au prince lui-même : l'Espagnol s'en aperçut, &, en bon Espagnol, il n'y fut point insensible; mais, non content de plaire, il voulut convertir. Il eut assez d'ascendant sur sa maîtresse, pour en faire une chrétienne, & elle-même eut assez de désintéressement & de résolution pour se déterminer à fuir avec lui : c'est ce qu'ils effectuèrent. Malheureusement on s'en aperçut presqu'aussitôt : ils furent poursuivis, & obligés de se réfugier sur cette montagne. Enfin, prêts à être pris, ils montèrent sur la cime du roc; & là, en s'embrassant pour la dernière fois, ils se précipitèrent & moururent ensemble de la même chûte. La dévotion espagnole a consacré ce martyre volontaire par les croix que vous voyez; l'antiquité galante n'eût pas manqué d'ériger en ce même lieu un temple à l'amour.

Ce récit avoit fortement affecté ceux qui l'écoutoient. Lucile en devint triste & rêveuse : Toni songeoit à la fermeté de ces deux amans, & il en concluoit qu'il vaut encore mieux mourir avec celle que l'on aime, que de vivre pour en être séparé. Quant à don Tellès, il avoit trop d'expérience pour être surpris de l'état où il les voyoit. Il l'attribuoit à la sensibilité si naturelle à leur âge, ou bien à des souvenirs que cette sensibilité rendoit encore plus pressans.

Après un assez mauvais gîte nos voyageurs parvinrent à Grenade : ce fut autrefois la ville capitale du royaume qui portoit ce nom, & ce royaume fut le dernier occupé en Espagne par les Maures. Ce furent aussi eux qui bâtirent Grenade, & bientôt elle devint la plus grande ville d'Espagne. On y comptoit jusqu'à soixante mille maisons. Il seroit difficile d'y trouver aujourd'hui un pareil nombre d'habitans. Elle fut conquise par les Espagnols sous le règne de Ferdinand & d'Isabelle, qui la décorèrent d'une église cathédrale, & qui voulurent que cette église devînt leur tombeau. Les autres grands édifices que cette ville renferme, avoient été construits auparavant par les Maures. Ceux dont l'enrichit leur roi Bulhar, étoient si magnifiques & si dispendieux, qu'on le soupçonna d'avoir trouvé ce qu'on nomme aujourd'hui la pierre Philosophale.

Grenade est regardée comme la plus grande ville de toute l'Espagne : son circuit est de plus de quatre lieues; ses murs son flanqués de plus de mille tours armées de leurs crénaux. Il est vrai qu'on s'occupe très-peu de leur entretien : Grenade a le fort de ces vieux monumens qu'on ne veut ni détruire ni réparer.

Nos observateurs demeurèrent deux jours dans cette ville. Toni admiroit la beauté du local & la fertilité du sol. Il ne demande qu'à produire, disoit don Tellès; mais on ne lui demande presque rien. Vous voyez cette foule prodigieuse de figuiers : c'est un des fruits les plus communs de ce canton. Les Maures le prouvèrent à un de nos anciens rois. Pour l'engager à lever le siège de Grenade, ils lui envoyèrent douze mulets chargés de figues, & chaque figue étoit garnie d'un double ducat.

Interrogez votre cœur, belle Lucile, ajouta l'Espagnol en souriant : ne le sentez-vous pas un peu ému ? Je crois que oui, reprit-elle sur le même ton. C'est, ajouta don Tellès, que nous voici dans le véritable berceau de la galanterie. Voyez-vous cette grande place ? Elle a servi de champ de bataille aux plus anciens tournois qu'ait vu l'Espagne. Ces galeries, qui l'environnent, servoient d'amphithéâtre aux belles qui présidoient à ces jeux ; elles enflammoient l'émulation, & couronnoient les vainqueurs : elles étoient tout ensemble, & les objets & les arbitres de ces divertissemens. Les Maures étoient persuadés que ce qu'on peut faire de mieux sous un si beau ciel, c'est de faire l'amour. Grenade étoit devenue pour eux un second paradis de Mahomet, & ils plaçoient l'autre précisément au-dessus de cette ville.

Je ne sais, répliqua Lucile, mais il me semble qu'on a traité les Maures trop rigoureusement : un peuple qui s'occupe si bien à faire l'amour, ne s'occupe guère à troubler un état.

C'est mon avis, ajouta l'Espagnol : d'ailleurs les Maures n'étoient pas moins laborieux que galans. Nous avons cru pouvoir les remplacer d'un côté, mais nous sommes loin de les imiter de l'autre.

C'est ce que nos voyageurs n'eurent pas de peine à vérifier en quittant Grenade. La campagne étoit presque déserte & inculte : il faut, pour ainsi dire, aller jusqu'à Valence pour voir un certain nombre d'hommes rassemblés. Valence eut aussi l'honneur d'être capitale d'un royaume, & de lui donner son nom. C'est, de toute l'Espagne, la ville qui passe pour avoir la meilleure police intérieure, & les réglemens les plus sages. Elle est d'ailleurs très-bien décorée, d'une symétrie agréable : aussi les Espagnols l'ont-ils nommée par excellence la Belle.

Cette ville est arrosée par le fleuve Turia. Il a peu de profondeur, mais ses eaux sont d'une pureté admirable. Son rivage est toujours couvert de verdure; les bois qui l'environnent, sont toujours garnis de feuilles; c'est ce qui fait dire aux Espagnols, que les habitans de Valence ont, dans toutes les saisons, les mains pleines de fleurs. Valence, dit don Tellès à Lucile, a d'ailleurs de quoi vous intéresser : elle fut enlevée aux Maures par le fameux Cid, l'amant de Chimène, le même que votre grand Corneille a si bien fait connoître en France.

Est-il vrai, demanda Lucile à don Tellès, est-il vrai que Chimène ait épousé le meurtrier de son père? Tout cela est vrai, répondit l'Espagnol, & l'historien doit le dire; mais je pense que le poëte auroit pu en dissimuler quelque chose.

En quittant Valence, nos voyageurs côtoyèrent un bocage uniquement composé d'arbres fruitiers de toute espèce : ils y croissent, & produisent d'excellens fruits sans culture ni préparation. Le véridique don Tellès avoua que la nature n'avoit jamais montré plus de prévoyance qu'en plaçant ce bosquet dans sa patrie.

En côtoyant toujours la Castille, ils se trouvèrent dans le royaume d'Arragon; &, sans s'arrêter beaucoup, ils se rendirent à Sarragosse. On nomme ainsi la capitale du pays. Elle est située sur l'Hébre, autrefois nommé l'Ibère. Parmi les objets de curiosité que Sarragosse renferme, on remarque un pont bâti par les Romains, & les quatre uniques portes de la ville, qui regardent précisément les quatre parties du monde.

Nos curieux ne manquèrent pas non plus d'aller voir la fontaine Sicoris, très-célèbre dans ce canton,

&

& qui produit, outre ses eaux, un sable mêlé d'or. Ils virent plusieurs paysans occupés à fouiller parmi ce sable : ces mêmes hommes dédaignoient de cultiver la terre, qui pourtant leur auroit produit des richesses plus réelles.

Durant toutes ces courses, nos voyageurs n'essuyèrent aucun accident, aucune incommodité. J'en excepte toujours celles des mauvais gîtes. Ils trouvèrent à Sarragosse un traiteur François, chez qui l'on pouvoit loger à la françoise; ce qui les détermina à prolonger leur séjour dans cette ville. Un autre motif y contribuoit encore; ils n'avoient plus que la Catalogne à parcourir ensemble. Ils partirent, enfin, pour Barcelone, malgré les instances de don Tellès qui auroit voulu retarder leur embarquement. Mais leur dessein étoit de passer en Italie. Ils trouvèrent, parmi les Catalans, plus d'activité que parmi les autres Espagnols. Cette activité va même jusqu'à l'inquiétude. Barcelone est en même-tems célèbre par son commerce, par ses révoltes & par les sièges qu'elle a soutenus. L'étranger peut y séjourner plus agréablement que dans le centre de l'Espagne. Cependant, au bout de quelques jours, nos trois voyageurs furent contraints de se séparer. Un vaisseau partoit pour l'Italie, & Toni & Lucile crurent devoir profiter de cette occasion. Ils avoient employé deux mois à circuler en Espagne : la saison les pressoit de s'embarquer, & ils ne vouloient pas retenir plus long-tems don Tellès éloigné de la cour. Tous trois convinrent d'établir entr'eux une correspondance exacte & mutuelle : tous trois marquèrent, en se séparant, une égale sensibilité : mais Toni & Lucile y joignirent les expressions de la reconnoissance la plus tendre, & en emportèrent le sentiment dans leurs cœurs.

Fin du Voyage d'Espagne.

TABLE
DES VOYAGES AMUSANS,
COMIQUES ET CRITIQUES,
CONTENUS DANS CE VOLUME.

VOYAGE SENTIMENTAL.
PREMIÈRE PARTIE.

A͞VERTISSEMENT DE L'ÉDITEUR, pages 1
CHAPITRE PREMIER. *Je pars & j'arrive,* 11
CHAP. II. *Calais. Senfations,* 13
CHAP. III. *Le moine à Calais,* 15
CHAP. IV. *Caufe de repentir,* 18
CHAP. V. *L'utilité des avocats,* 20
CHAP. VI. *La défobligeante à Calais,* 21
CHAP. VII. *Préface dans la défobligeante,* 22
CHAP. VIII. *Un prêté pour un rendu,* 29
CHAP. IX. *Dans la rue à Calais,* 31
CHAP. X. *La porte de la remife à Calais,* 34
CHAP. XI. *Tout fe paffe en converfation,* 37
CHAP. XII. *La tabatière à Calais,* 40

TABLE

CHAPITRE XIII. *Victoire*, pages 43
CHAP. XIV. *Découverte*, 46
CHAP. XV. *Un autre en profiteroit*, 48
CHAP. XVI. *Aveu*, 50
CHAP. XVII. *Le malheur & le bonheur*. 52
CHAP. XVIII. *La manière de voir*, 53
CHAP. XIX. *Montreuil*, 57
CHAP. XX. *Il faut savoir s'accommoder de tout*, 59
CHAP. XXI. *Discours préliminaire*, 61
CHAP. XXII. *Ce qui rend vertueux*, 63
CHAP. XXIII. *Fragment*, 65
CHAP. XXIV. *Plaisir rarement goûté*, 67
CHAP. XXV. *Le bidet*, 70
CHAP. XXVI. *L'âne mort*, 73
CHAP. XXVII. *Le postillon*, 76
CHAP. XXVIII. *Résolution*, 78
CHAP. XXIX. *La lettre*, 81
LETTRE, 86
CHAP. XXX. *Paris*, 87
CHAP. XXXI. *La perruque*, 89
CHAP. XXXII. *Le pouls*, 94
CHAP. XXXIII. *Le mari*, 95
CHAP. XXXIV. *Les gants*, 97
CHAP. XXXV. *La traduction*, 99
CHAP. XXXVI. *Le nain*, 103
CHAP. XXXVII. *La rose*, 108
CHAP. XXXVIII. *La Femme-de-Chambre*, 111

CHAPITRE XXXIX. *Le passe-port,* pages 116
CHAP. XL. *Le sansonnet,* 119
CHAP. XLI. *Le captif,* 124
CHAP. XLII. *Anecdotes,* 126
CHAP. XLIII. *Le placet,* 129
CHAP. XLIV. *Les petits pâtés,* 132
CHAP. XLV. *L'épée,* 136
CHAP. XLVI. *Moyen de se nommer,* 139
CHAP. XLVII. *Passe-tems,* 145
CHAP. XLVIII. *Digression,* 147
CHAP. XLIX. *Caractère,* 149

SECONDE PARTIE.

CHAPITRE PREMIER. *La tentation,* pages 153
CHAP. II. *La conquête,* 157
CHAP. III. *Le mystère,* 158
CHAP. IV. *Le cas de conscience,* 161
CHAP. V. *L'énigme,* 164
CHAP. VI. *Le Dimanche,* 166
CHAP. VII. *Occasion imprévue,* 169
CHAP. VIII. *Fragment,* 171
CHAP. IX. *Le bouquet,* 177
CHAP. X. *L'acte de charité,* 178
CHAP. XI. *L'énigme expliquée,* 182
CHAP. XII. *Essai,* 183
CHAP. XIII. *Histoire de Juliette,* 188
CHAP. XIV. *Suite de l'histoire de Juliette,* 192

CHAPITRE XV. *Les adieux*, pages 194
CHAP. XVI. *La Touraine*, 196
CHAP. XVII. *Le souper & les graces*, 197
CHAP. XVIII. *Le cas de délicatesse*, 201

VOYAGE DE CHAPELLE ET DE BACHAUMONT, 211

VOYAGE DE PARIS EN LIMOUSIN,
Par la Fontaine.

Première Lettre à madame de la Fontaine, 265
Seconde Lettre à la même, 270
Troisième Lettre à la même, 280
Quatrième Lettre à la même, 290

VOYAGE DE LANGUEDOC ET DE PROVENCE,
Par Lefranc de Pompignan.

Première Lettre, 301
Seconde Lettre, 323

VOYAGE DE BOURGOGNE, *par M. Bertin*, 355

VOYAGE DE BEAUNE, *par Piron*, 379

VOYAGE DE DIDIER DE LORMEUIL,
Par M. Berquin.

Lettre de Didier de Lormeuil à Juliette sa sœur, 403
Réponse de Juliette, 406
Seconde Lettre de Didier, 412

DES CHAPITRES. 471

Réponse de Juliette,	pages 413
Journal de mon voyage,	414
Troisième Lettre de Didier,	419
Journal de mon voyage,	420
Dernière réponse de Juliette,	433

FRAGMENT D'UN VOYAGE D'ESPAGNE,
Par M. de la Dixmerie, 439

Fin de la Table.

www.ingramcontent.com/pod-product-compliance
Lightning Source LLC
Chambersburg PA
CBHW051618230426
43669CB00013B/2097